Nomos Universitätsschriften

Recht

Band 1000

Constanze Winter

Auswirkungen der Warenkaufrichtlinie auf den Mangelbegriff des BGB

Nomos

Onlineversion
Nomos eLibrary

Die Deutsche Nationalbibliothek verzeichnet diese Publikation in der Deutschen Nationalbibliografie; detaillierte bibliografische Daten sind im Internet über http://dnb.d-nb.de abrufbar.

Zugl.: Wiesbaden, EBS Universität für Wirtschaft und Recht, Diss., 2022

ISBN 978-3-8487-8842-2 (Print)
ISBN 978-3-7489-3402-8 (ePDF)

1. Auflage 2022

Vorwort

Die vorliegende Arbeit wurde im Wintertrimester 2021 von der Law School der EBS Universität für Wirtschaft und Recht als Dissertation angenommen. Sie wurde deshalb auf der Grundlage des bis zum 31. Dezember 2021 geltenden deutschen Kaufrechts verfasst. Die Umsetzung der Warenkaufrichtlinie in das deutsche Recht ist während des Promotionsverfahrens vorangeschritten. Die Arbeit wurde deshalb insofern stetig ergänzt, als zunächst der Entwurf eines Umsetzungsgesetzes des Bundesministeriums der Justiz und für Verbraucherschutz, darauf aufbauend derjenige der Bundesregierung und schließlich das verabschiedete Umsetzungsgesetz berücksichtigt und am Ende jedes Kapitels den entwickelten Ergebnissen gegenübergestellt wurden.

Besonders bedanken möchte ich mich bei meinem Doktorvater, Professor Dr. Matthias Weller, der durch seine ausdauernde, engagierte und konstruktive Unterstützung einen unverzichtbaren Beitrag zum Gelingen der Arbeit geleistet hat. Mein herzlicher Dank gilt auch Herrn Professor Dr. Matthias Wendland für die freundliche Übernahme des Zweitgutachtens.

Ich danke meiner Mutter, meinen Geschwistern und Freunden, die mich durch die besondere Zeit der Promotion begleitet haben. Ihre Aufmerksamkeit und Zuwendung hat mich auch in den Zeiten getragen, in denen Teile der Dissertation in häuslicher Isolation entstanden sind. Corinna, Julia, Steffi und Soenke danke ich außerdem für ihren Einsatz beim Korrekturlesen der für sie fachfremden Arbeit.

Mein größter Dank gilt meinem Vater, Jörg Winter, nicht nur für seine hilfreichen Anregungen und Hinweise, sondern vor allem für seinen Zuspruch und Rat in jeder Phase meiner juristischen Laufbahn und insbesondere der Promotion.

Münster, im März 2022 Constanze Winter

Inhaltsverzeichnis

A. Einleitung

Am 20. Mai 2019 wurde vom Europäischen Parlament gemeinsam mit dem Rat der Europäischen Union die Richtlinie (EU) 2019/771 über bestimmte vertragsrechtliche Aspekte des Warenkaufs, zur Änderung der Verordnung (EU) 2017/2394 und der Richtlinie 2009/22/EG sowie zur Aufhebung der Richtlinie 1999/44/EG (im Folgenden Warenkaufrichtlinie) erlassen, die ab dem 1. Januar 2022 die Richtlinie 1999/44/EG (im Folgenden Verbrauchsgüterkaufrichtlinie) ablösen wird. Ziel der Warenkaufrichtlinie ist neben der Stärkung des Binnenmarktes durch den Abbau vertragsrechtlicher Hindernisse eine weitere Erhöhung des Verbraucherschutzniveaus.[1] Mit ihr wird das Programm zur Umstellung des Kernbestandes der verbrauchervertragsrechtlichen Richtlinien von der Sicherstellung eines EU-weiten Minimalstandards auf eine Vollharmonisierung abgeschlossen.[2]

Die Arbeit setzt sich mit der Frage auseinander, welche Bedeutung die umzusetzende Warenkaufrichtlinie für den kaufrechtlichen Mangelbegriff des BGB hat. Der Mangel einer Kaufsache steht im Zentrum des deutschen Kaufrechts. Dort ist er der Anknüpfungspunkt für alle Gewährleistungsrechte des Käufers. Er ist darüber hinaus das entscheidende Kriterium für einige Ausschlusstatbestände. So können die großen Gewährleistungsrechte wegen fehlender Erheblichkeit des Mangels und die Anwendbarkeit der Beweislastumkehr des § 477 BGB aufgrund der Art des Mangels ausgeschlossen sein. Der Mangel der Kaufsache ist jedoch wesentlich mehr als nur eine Voraussetzung kaufrechtlicher Gewährleistungsansprüche. Nur wenn ein Mangel der Kaufsache festgestellt werden kann, findet das kaufrechtliche Gewährleistungsrecht überhaupt Anwendung. Der Mangel

1 Art. 1 Warenkaufrichtlinie regelt den Gegenstand und Zweck der Richtlinie, dieser lautet: *„Zweck dieser Richtlinie ist es, zum ordnungsgemäßen Funktionieren des Binnenmarkts beizutragen und gleichzeitig für ein hohes Verbraucherschutzniveau zu sorgen, indem gemeinsame Vorschriften über bestimmte Anforderungen an Kaufverträge zwischen Verkäufern und Verbrauchern festgelegt werden, insbesondere Vorschriften über die Vertragsmäßigkeit der Waren, die Abhilfen im Falle einer Vertragswidrigkeit, die Modalitäten für die Inanspruchnahme dieser Abhilfen sowie über gewerbliche Garantien.“*; siehe auch Erwägungsgründe 2, 5 und 7 bis 10 zur Warenkaufrichtlinie.

2 *Tonner* in VuR 2019, 363, 366.

ist deshalb Eingangstor und Kernelement des kaufrechtlichen Gewährleistungsrechts.

Sollte im Rahmen der Umsetzung der Warenkaufrichtlinie eine erhebliche Umgestaltung des Mangelbegriffs erforderlich werden, hätte das zwangsläufig Auswirkungen auf die übrigen kaufrechtlichen Regelungen im BGB und gegebenenfalls sogar die gesamte Struktur des deutschen Kaufrechts.

I. Die Warenkaufrichtlinie

In ihrem ursprünglichen Entwurf war der Anwendungsbereich der Warenkaufrichtlinie auf den Online-Warenhandel beschränkt. Sie konnte so zum Bestandteil der *digital single market strategy* der EU-Kommission[3] gemacht werden, deren Ziel es ist, den Binnenmarkt der EU für die Herausforderungen und Möglichkeiten des digitalen Zeitalters zu rüsten. Verbraucherkaufverträge außerhalb des Online-Warenhandels hätten danach weiterhin in den Anwendungsbereich der Verbrauchsgüterkaufrichtlinie fallen sollen. Diese Beschränkung entwickelte sich in der weiteren Entstehungsgeschichte der Richtlinie zum Kritikpunkt, weil von vielen Seiten eine Zersplitterung des Kaufrechts befürchtet wurde.[4] Daraufhin wurde der Entwurf so erweitert, dass er nun auf alle Kaufverträge über Waren zwischen einem Verbraucher und einem gewerblich, geschäftlich, handwerklich oder beruflich handelnden Verkäufer anwendbar ist.[5] Die Verbrauchsgüterkaufrichtlinie tritt damit zum 1. Januar 2022 vollständig außer Kraft.

Unter Waren im Sinne der Warenkaufrichtlinie sind in erster Linie körperliche Gegenstände zu verstehen. Diese werden auch dann von dem Anwendungsbereich der Richtlinie erfasst, wenn sie digitale Inhalte oder digitale Dienstleistungen enthalten.[6] Darüber hinaus gelten auch Wasser, Gas und Strom als Waren im Sinne der Richtlinie, sofern sie in einem begrenzten Volumen oder in einer bestimmten Menge zum Verkauf an-

---

3 Mitteilung der Kommission, Strategie für einen digitalen Binnenmarkt für Europa, COM(2015) 192 final.

4 *Tonner* in VuR 2019, 363, 366.

5 Art. 3 Warenkaufrichtlinie.

6 *Lommatzsch/Albrecht/Prüfer* in GWR 2020, 331, 331; *Staudenmayer* in NJW 2019, 2889, 2889.

geboten werden.[7] Ihr Anwendungsbereich stimmt damit weitgehend mit demjenigen der abzulösenden Verbrauchsgüterkaufrichtlinie überein.[8]

Dennoch ist der Warenkaufrichtlinie ihr Ursprung in der *digital single market strategy* der EU-Kommission an verschiedenen Stellen nach wie vor anzumerken. So ist durchaus spürbar, dass es oft Waren mit digitalen Inhalten waren, die der Anlass oder Treiber der verschiedenen Vorschriften gewesen sind. Da die Richtlinie jedoch unabhängig davon, ob digitale Inhalte enthalten sind, für alle Waren gilt, erfahren digitale Inhalte im Rahmen dieser Arbeit keine grundsätzliche Sonderbehandlung. Lediglich hin und wieder werden sie herausgegriffen, um den Hintergrund einer konkreten Regelung zu erläutern oder Besonderheiten aufzuzeigen.

Gemeinsam mit der Warenkaufrichtlinie wurde auch die Richtlinie (EU) 2019/770[9] über digitale Dienstleistungen und digitale Inhalte verabschiedet, die ebenfalls Regelungen zu Fragen der Vertragsmäßigkeit enthält. Im Fokus dieser Arbeit steht die Vertragsmäßigkeit der Waren und damit von körperlichen Gegenständen. Auf diese ist die Richtlinie (EU) 2019/770 über digitale Dienstleistungen und digitale Inhalte nicht anwendbar. Die Warenkaufrichtlinie enthält insoweit eigene, abschließende Regelungen über digitale Elemente in Waren.[10] Ein seitlicher Blick auf die Regelungen und Erwägungsgründe der Richtlinie 2019/770 erfolgt deshalb nur punktuell und um auf deren Grundlage Erklärungsansätze zu entwickeln oder abzusichern.

In Bezug auf den dargestellten Anwendungsbereich fordert Art. 4 Warenkaufrichtlinie die vollständige Harmonisierung der Rechtsvorschriften der Mitgliedsstaaten.[11] Um eine richtlinienkonforme Umsetzung durch

7 Art. 2 Nr. 5 Warenkaufrichtlinie.

8 *Kern* in Das neue europäische Gewährleistungsrecht, 2019, 33, 34, 50.

9 Veröffentlicht im Amtsblatt der Europäischen Union, L 136/1, 62. Jahrgang, 22. Mai 2019.

10 Siehe zur Abgrenzung der Anwendungsbereiche der Warenkaufrichtlinie und der Richtlinie (EU) 2019/770: *Kern* in Das neue europäische Gewährleistungsrecht, 2019, 33, 43ff.

11 Art. 4 Warenkaufrichtlinie lautet: *"Sofern in dieser Richtlinie nichts anderes bestimmt ist, dürfen die Mitgliedstaaten in ihrem nationalen Recht keine von den Bestimmungen dieser Richtlinie abweichenden Vorschriften aufrechterhalten oder einführen; dies gilt auch für strengere oder weniger strenge Vorschriften zur Gewährleistung eines anderen Verbraucherschutzniveaus.*".

die Mitgliedstaaten sicherzustellen, gibt Art. 24 Abs. 1[12] Warenkaufrichtlinie diesen auf, die erforderlichen Vorschriften bis zum 1. Juli 2021 zu erlassen und zu veröffentlichen sowie die Kommission davon in Kenntnis zu setzen und die Vorschriften ab 1. Januar 2022 anzuwenden.

II. Das Konzept der Warenkaufrichtlinie zur Vertragsmäßigkeit der Ware

Das Herzstück der Warenkaufrichtlinie sind die Regelungen zur Vertragsmäßigkeit der Ware. Auch im Rahmen der Warenkaufrichtlinie stellt die Vertragsmäßigkeit der Ware weit mehr als einen Anknüpfungspunkt für die Rechtsbehelfe des Käufers dar. Die Vertragsmäßigkeit der Ware wird bereits in Art. 1[13] Warenkaufrichtlinie im Rahmen der Definition von Gegenstand und Zweck der Richtlinie hervorgehoben. Einziger Regelungsgegenstand der Warenkaufrichtlinie ist das auf einen Verkauf von einem innerhalb seiner gewerblichen, geschäftlichen, handwerklichen oder beruflichen Tätigkeit handelnden Verkäufer an einen Verbraucher anzuwendende Gewährleistungsrecht. Von der Vertragsmäßigkeit der Ware hängt deshalb ab, ob der Anwendungsbereich der Warenkaufrichtlinie insgesamt eröffnet ist. Die Schlüsselrolle der Vertragsmäßigkeit der Ware lässt sich auch aus Erwägungsgrund 25[14] zur Warenkaufrichtlinie entnehmen, der das Gebot der Vollharmonisierung in besonderem Maße auf die Vorschrif-

---

12 Artikel 24 Abs. 1 Warenkaufrichtlinie lautet: „*(1) Bis zum 1. Juli 2021 erlassen und veröffentlichen die Mitgliedstaaten die erforderlichen Vorschriften, um dieser Richtlinie nachzukommen. Sie setzen die Kommission umgehend davon in Kenntnis. Sie wenden diese Vorschriften ab dem 1. Januar 2022 an.*“.

13 Art. 1 Warenkaufrichtlinie lautet: "*Zweck dieser Richtlinie ist es, zum ordnungsgemäßen Funktionieren des Binnenmarkts beizutragen und gleichzeitig für ein hohes Verbraucherschutzniveau zu sorgen, indem gemeinsame Vorschriften über bestimmte Anforderungen an Kaufverträge zwischen Verkäufern und Verbrauchern festgelegt werden, insbesondere Vorschriften über die Vertragsmäßigkeit der Waren, die Abhilfen im Falle einer Vertragswidrigkeit, die Modalitäten für die Inanspruchnahme dieser Abhilfen sowie über gewerbliche Garantien.*“.

14 Erwägungsgrund 25 zur Warenkaufrichtlinie lautet: „*Um Klarheit darüber zu schaffen, was Verbraucher von Waren erwarten können und welcher Haftung der Verkäufer unterliegt, wenn er nicht liefert, was erwartet wird, müssen die Vorschriften zur Bestimmung der Vertragsmäßigkeit der Waren unbedingt vollständig harmonisiert werden. Alle Hinweise auf Vertragsmäßigkeit in dieser Richtlinie beziehen sich auf die Übereinstimmung der Waren mit dem Kaufvertrag. Um die berechtigten Interessen beider Parteien eines Kaufvertrags zu wahren, sollte die Vertragsmäßigkeit auf Grundlage von subjektiven und objektiven Anforderungen an die Vertragsmäßigkeit beurteilt werden.*“.

ten zur Vertragsmäßigkeit bezieht. Für den europäischen Rechtsaktgeber ist die Vertragsmäßigkeit der Ware demnach von so zentraler Bedeutung im Rahmen eines an seinen Zielen orientierten Gewährleistungsrechts, dass er eine einheitliche Regelung in allen Mitgliedsstaaten der EU für noch wichtiger hält, als es bei den anderen Regelungen der Warenkaufrichtlinie der Fall ist.

Eine Grundregel für die Vertragsmäßigkeit der Ware ist in Art. 5[15] Warenkaufrichtlinie formuliert. Die normative Bedeutung dieser Vorschrift erschließt sich allerdings nur sehr schwer. Der Artikel verweist im Grunde schlicht auf die Anforderungen der Folgeartikel, die sämtlich erfüllt werden müssen, soweit sie anwendbar sind. Das dürfte in dem Sinne zu verstehen sein, dass die Anforderungen dann eingehalten werden müssen, wenn die angesprochenen Tatbestände im Einzelfall eröffnet sind. In Bezug auf Art. 6 Warenkaufrichtlinie bedeutet dies das Vorliegen einer auf die konkrete Anforderung gerichteten Vorgabe im Kaufvertrag. Die Anforderungen des Art. 7 Warenkaufrichtlinie sind dann anwendbar, wenn ein Anknüpfungspunkt für eine objektiv geschützte Käufererwartung vorliegt. Die Frage, wie die verschiedenen Anforderungen zum Bestandteil des vertraglichen Pflichtprogramms werden, wird im Rahmen der Untersuchung der Anforderungen im Einzelnen beleuchtet. Allerdings hebt Art. 5 Warenkaufrichtlinie dabei die Kompatibilität mit Rechten Dritter im Sinne des Art. 9 Warenkaufrichtlinie heraus, der von der Einschränkung „soweit anwendbar" offenbar nicht erfasst sein soll. Die Anforderungen des Art. 9 Warenkaufrichtlinie müssen demnach in jedem Fall erfüllt sein. In dieser Klarstellung dürfte die eigentliche Funktion des Art. 5 Warenkaufrichtlinie bestehen.[16]

Die inhaltlichen Regelungen der Anforderungen an die Vertragsmäßigkeit der Ware sind in den Art. 6 bis Art. 9 Warenkaufrichtlinie enthalten. Dort wird eine so auffällig große Anzahl von Anforderungen benannt,[17] dass geprüft werden muss, ob diese überhaupt scharf voneinander abgegrenzt werden können oder sollen. Die Vielzahl an inhaltlich nah beieinander liegenden Anforderungen könnte dafür sprechen, dass es sich um eine eher demonstrative Aufzählung handelt, die sowohl den Vertragspar-

---

15 Art. 5 Warenkaufrichtlinie lautet: „*Unbeschadet des Artikels 9 liefert der Verkäufer dem Verbraucher Waren, die – soweit anwendbar – die Anforderungen der Artikel 6, 7 und 8 erfüllen.*".

16 *Faber* in Das neue europäische Gewährleistungsrecht, 2019, 63, 74.

17 *Bach* in NJW 2019, 1705, 1707; Gebauer/Wiedmann/*Leible/Wilke*, Europäisches Zivilrecht, 2021, Kap. 11 Rn. 46.

teien als auch dem Rechtsanwender vor Augen führen soll, dass sich die Vertragswidrigkeit aus einer Fülle von Aspekten ergeben kann. Im Rahmen der Arbeit wird deshalb untersucht, inwieweit diese Anforderungen mit den im BGB bereits vorhandenen Tatbestandsmerkmalen zur Regelung des Mangels einer Kaufsache abgedeckt sind.

Erhebliche Abweichungen zwischen den beiden Vertragsmäßigkeitskonzepten könnten in Verbindung mit dem Vollharmonisierungsgebot zu großen Schwierigkeiten im Rahmen der Umsetzung führen. Das deutsche Recht enthält ein einheitliches Kaufrecht, das unabhängig davon zur Anwendung kommt, wer die Vertragsparteien und welche Sachen Gegenstand des Kaufvertrags sind. Sollte die Warenkaufrichtlinie nun dazu führen, dass in Bezug auf den von ihrem Anwendungsbereich erfassten Verbrauchsgüterkauf eine massive Umgestaltung der Mängeltatbestände erforderlich wird, die sich an grundlegenden Prinzipien des deutschen Kaufrechts stößt, könnte das im Extremfall dazu führen, dass diese Einheit des Kaufrechts gefährdet wird. Denn eine Aufspaltung des Mangelbegriffs in unterschiedliche Inhalte je nach Vertragsparteien oder Kaufgegenstand wird um jeden Preis zu verhindern sein. Einzelfragen, wie die Möglichkeit, bestimmte Anforderungen an die Ware vertraglich abzubedingen, können demgegenüber – wie bisher – eine Sonderregelung erfahren und in einem eigenen Abschnitt zum Verbrauchsgüterkaufrecht geregelt werden.

III. *Reformbedürftigkeit des Mangelbegriffs im deutschen Kaufrecht zur Umsetzung der Warenkaufrichtlinie?*

Im Rahmen dieser Arbeit werden deshalb die Anforderungen der einzelnen Mangeltatbestände des BGB und der Vertragsmäßigkeitstatbestände der Warenkaufrichtlinie analysiert. Als Annäherungs- und Verständnishilfe werden immer wieder die entsprechenden Tatbestände der Verbrauchsgüterkaufrichtlinie, des Entwurfs eines Gemeinsamen Europäischen Kaufrechts[18] (im Folgenden GEK-E) und des Draft Common Frame of Reference[19] (im Folgenden DCFR) eingebunden. Formaler Beginn einer jeden

---

18 Vorschlag für eine Verordnung des Europäischen Parlaments und des Rates über ein Gemeinsames Europäisches Kaufrecht, KOM(2011) 635 endgültig.

19 Principles, Definitions and Model Rules of European Private Law,Draft Common Frame of Reference (DCFR), Prepared by the Study Group on a European Civil Code and the Research Group on EC Private Law (Acquis Group), Based in part on a revised version of the Principles of European Contract Law.

Untersuchung ist stets eine Gegenüberstellung des Wortlauts der verschiedenen Regelwerke zur Identifikation von Unterschieden und Übereinstimmungen.

Ziel der Arbeit ist es, aus dem Vergleich der Regelungen Schlussfolgerungen für die Frage festzuhalten, ob und in welchem Umfang der Mangelbegriff des BGB im Rahmen der Umsetzung der Warenkaufrichtlinie reformiert werden muss. Der gedankliche Ausgangspunkt der Arbeit liegt also im deutschen Kaufrecht. Aus der Perspektive des deutschen Rechts wird untersucht, welche Auswirkungen die Warenkaufrichtlinie nicht nur für die Regelung der Mängel im BGB, sondern auch auf die im deutschen Recht entwickelten Streitstände und Fallgruppen hat. So wird in Kapitel B. Abschnitt I. zunächst der das deutsche Kaufrecht prägende Beschaffenheitsbegriff dargestellt. Die zahlreichen unmittelbar sachbezogenen Anforderungen an die Vertragsmäßigkeit der Warenkaufrichtlinie werden dann daraufhin untersucht, ob sie über den inhaltlichen Umfang des Beschaffenheitsbegriffs hinausgehen und damit eine Ergänzung des Wortlauts des § 434 BGB erforderlich machen.

Sofern Anforderungen von den europäischen Texten, insbesondere der Warenkaufrichtlinie, neu geprägt werden, wird zunächst eine Begriffsklärung im Hinblick auf Inhalt und Zweck der Anforderungen in der Warenkaufrichtlinie vorgenommen. Auf der Grundlage des dabei entwickelten Inhalts der Anforderungen wird untersucht, ob das deutsche Kaufrecht für das mit den neu entwickelten Anforderungen verfolgte Regelungsbedürfnis bereits eine Lösung anbietet. Sofern das der Fall ist, werden diese Lösungen dann an den Vorgaben der Warenkaufrichtlinie gemessen und auf einen Änderungsbedarf hin untersucht. Diese Methode wird insbesondere in Kapitel F zum Zubehör und Kapitel H zu Aktualisierungen zur Anwendung gebracht. Beide Anforderungen werden weder im BGB noch in der Verbrauchsgüterkaufrichtlinie angesprochen. Mit der Warenkaufrichtlinie sind sie erstmalig in einem in Kraft gesetzten Regelwerk enthalten. Für Vertragsparteien und Rechtsanwender sind sie damit unbekannt und werden in der Praxis erst zukünftig Relevanz entfalten. In den Kapiteln F und H wird deshalb zunächst ermittelt, welchen Zweck der europäische Rechtsaktgeber mit diesen neu entwickelten Anforderungen verfolgt und welche konkreten Verpflichtungen des Verkäufers sie beinhalten. Sodann wird wiederum aus der Perspektive des deutschen Kaufrechts untersucht, ob diese neu entwickelten Anforderungen einen Änderungsbedarf in Bezug auf den Mangelbegriff auslösen.

IV. Besonderheiten der untersuchten Regelwerke

Zwischen den verschiedenen untersuchten Regelwerken bestehen freilich erhebliche Unterschiede. Insbesondere ist das BGB das einzige unter den untersuchten Regelwerken, das jemals in der Praxis unmittelbar zur Anwendung gekommen ist. Die Warenkaufrichtlinie bedarf demgegenüber, ebenso wie es bereits bei der Verbrauchsgüterkaufrichtlinie der Fall war, einer Umsetzung durch die Mitgliedsstaaten, um über diese mittelbar zur Anwendung zu kommen. Der DCFR ist von Beginn an nie für eine Anwendung in der Praxis entwickelt worden, sondern stellt eine wissenschaftliche Vorarbeit für europäische Regelungsentwürfe, unter anderem für den Entwurf eines Gemeinsamen Europäischen Kaufrechts, dar.[20] Der GEK-E ist schließlich der gescheiterte Versuch eines umfassenden kaufrechtlichen Regelwerkes, das, wenngleich seine Anwendbarkeit von einer Einwahl durch die Vertragsparteien abhängen sollte, durchaus für eine unmittelbare Anwendung in der Praxis konzipiert worden ist.

Anders als der GEK-E beschränken sich die Verbrauchsgüterkaufrichtlinie und die Warenkaufrichtlinie auf das Gewährleistungsrecht und sind darüber hinaus nur auf Kaufverträge zwischen einem Unternehmer und einem Verbraucher anwendbar. Auf den DCFR und das BGB trifft das nicht zu. Sie enthalten vielmehr umfassende Regelwerke, die jedenfalls im Grundsatz auf alle Personen und Konstellationen von Vertragsparteien anwendbar sind. Für den in dieser Arbeit untersuchten Bereich ist insbesondere hervorzuheben, dass die im GEK-E, dem DCFR und dem BGB enthaltenen Sach- und Rechtsmangelvorschriften sowohl auf Verbraucher als auch auf Unternehmer in jeder Rolle als Vertragspartei anwendbar sind.

Schließlich unterscheidet sich das BGB von den anderen Regelwerken, weil es nicht positiv die Vertragsmäßigkeit der Ware, sondern die Frage regelt, wann eine Kaufsache nicht mangelhaft ist. Insbesondere der im BGB verwendete Begriff des Sachmangels legt überdies einen stärkeren Sachbezug der Regelung nahe und scheint eher objektiv geprägt, wohingegen allein der Begriff der Vertragsmäßigkeit aus den beiden Richtlinien,

20 Mitteilung der Kommission an das Europäische Parlament und den Rat, Ein kohärentes Europäisches Vertragsrecht, Ein Aktionsplan, KOM(2003) 68, S. 21; Grünbuch der Kommission zu Optionen für die Einführung eines Europäischen Vertragsrechts für Verbraucher und Unternehmen, KOM(2010) 348; DCFR Introduction, The Purpose of the DCFR, S. 8 Rn. 6; Gebauer/Wiedmann/*Wiedmann/Gebauer*, Europäisches Zivilrecht, 2021, Kap.1 Rn. 174.

dem GEK-E und dem DCFR eher vertragsbezogen und subjektiv geprägt anmutet.

Dennoch sind die untersuchten Texte für eine vergleichsweise Annäherung an die verschiedenen Anforderungen an die Vertragsmäßigkeit der Ware geeignet. Alle europäischen Texte wurden in einem überschaubaren Zeitraum von etwa 20 Jahren auf Initiative der Europäischen Union oder im Rahmen der Rechtsetzung durch die Europäische Union entwickelt. Sie entstammen folglich einer einheitlichen Rechtstradition. Anhand der Verbrauchsgüterkaufrichtlinie kann darüber hinaus nachvollzogen werden, wie der deutsche Gesetzgeber in der Vergangenheit bei der Umsetzung vorgegangen ist und an welchen Stellen Schwierigkeiten aufgetreten sind oder heute noch über Umsetzungsdefizite diskutiert wird. Aus dem DCFR und dem GEK-E lassen sich zusätzlich Eindrücke dazu gewinnen, welche Vorstellung der europäische Rechtsaktgeber von einer Eingliederung der in der neuen Warenkaufrichtlinie geregelten Gesichtspunkte in ein zivilrechtliches oder jedenfalls kaufrechtliches Gesamtsystem hat.

V. Stand der Umsetzung der Warenkaufrichtlinie

Am 10. Dezember 2020 wurde vom Bundesministerium der Justiz und für Verbraucherschutz der Referentenentwurf eines Gesetzes zur Regelung des Verkaufs von Sachen mit digitalen Elementen und anderer Aspekte des Kaufvertrags (im Folgenden Referentenentwurf) zum Zwecke der Anhörung an Vertreter interessierter Verbände, Fachkreise und Organisationen verschickt. In diesem Entwurf wird die sich aus der Warenkaufrichtlinie ergebende Notwendigkeit einer Neudefinition des Sachmangels ausdrücklich festgestellt.[21] Der Referentenentwurf enthält deshalb eine einschneidende Umgestaltung des Sachmangelbegriffs. So nimmt der Entwurf die in der Warenkaufrichtlinie enthaltene Aufteilung in subjektive und objektive Anforderungen an die Kaufsache auf, die in jeweils einem Absatz eines neu gestalteten § 434 BGB geregelt werden sollen, und ergänzt diese in einem weiteren Absatz um sogenannte Montageanforderungen.[22] Darüber hinaus sieht der Referentenentwurf eine echte Aufspaltung des Sachmangelbegriffs in zwei Teile vor. Er enthält einerseits einen allgemein kaufrechtlichen Mangeltatbestand, der in § 434 BGB geregelt werden soll. Daneben enthält der Entwurf in den neu in das BGB einzufügenden §§ 475b

21 Referentenentwurf, 1.

22 Referentenentwurf, 3f., siehe dort § 434 Abs. 1 bis 4.

und 475c weitere Mangeltatbestände, die sich nur auf Sachen mit digitalen Inhalten beziehen und nur beim Verbrauchsgüterkauf anwendbar sind.[23]

Am 9. März 2021 wurde dem Präsidenten des Deutschen Bundestages der Gesetzentwurf der Bundesregierung zur Regelung des Verkaufs von Sachen mit digitalen Elementen und anderer Aspekte des Kaufvertrags (im Folgenden Regierungsentwurf) vorgelegt.

Dieser basiert auf dem Referentenentwurf des Bundesministeriums der Justiz und für Verbraucherschutz und enthält in Bezug auf die Mangeltatbestände nur wenige kleine Veränderungen, die überwiegend redaktioneller Natur sind.

Schließlich hat der Deutsche Bundestag am 24. Juni 2021 das Gesetz zur Regelung des Verkaufs von Sachen mit digitalen Elementen und anderer Aspekte des Kaufvertrags (im Folgenden Umsetzungsgesetz) verabschiedet.[24] In Bezug auf die Mangeltatbestände enthält es nur vereinzelte, nicht substanzielle Änderungen im Vergleich zum Regierungsentwurf.

Die im Rahmen dieser Arbeit gewonnenen Ergebnisse werden am Ende jedes Kapitels den einschlägigen Regelungsvorschlägen des Referentenentwurfs gegenübergestellt. Sofern die Regelungsvorschläge des Referentenentwurfs im Rahmen des Regierungsentwurfs oder der endgültigen Fassung des Umsetzungsgesetzes in einer Weise verändert worden sind, die inhaltliche Relevanz entfalten könnte, werden diese Änderungen im Rahmen der Diskussion des Referentenentwurfs hervorgehoben und besprochen.

---

23 Referentenentwurf, 3 ff.

24 Veröffentlicht im Bundesgesetzblatt Jahrgang 2021 Teil I Nr. 37, ausgegeben zu Bonn am 30. Juni 2021.

B. Beschaffenheit, Qualität und sonstige unmittelbar auf die Kaufsache bezogene Anforderungen

Die erste Gruppe an Tatbestandsmerkmalen, anhand derer über die Vertragsmäßigkeit oder Vertragswidrigkeit der Ware entschieden wird, betrifft die Attribute und Charakteristika der Kaufsache selbst. Diese Attribute können auf verschiedenen Wegen Relevanz für die Vertragsmäßigkeit der Ware entfalten. Neben dem Inhalt der einzelnen Attribute ist deshalb zu überprüfen, ob auch die im BGB vorgesehenen Varianten der Einbeziehung dieser Merkmale in das vertragliche Pflichtenprogramm den Vorgaben der Warenkaufrichtlinie genügen.

I. Der Inhalt der einzelnen Begriffe

Die Begriffe, die in den verschiedenen untersuchten Texten zur Regelung dieser sachbezogenen Merkmale der Waren eingesetzt werden, sind ausgesprochen vielfältig.

Insbesondere die Warenkaufrichtlinie arbeitet diesbezüglich mit einer Vielzahl von Begriffen, indem sie die Vertragsmäßigkeit der Ware an den Anforderungen an ihre Beschreibung, Qualität, Funktionalität, Kompatibilität, Interoperabilität, Haltbarkeit, Sicherheit und ihre sonstigen Merkmale misst.[25]

Die Verbrauchsgüterkaufrichtlinie stellt bei der Frage nach der Vertragsmäßigkeit der Verbrauchsgüter auf ihre Qualität, Beschaffenheit, Beschreibung und ihre Eigenschaften ab.[26]

Demgegenüber waren die Verfasser des GEK-E verhältnismäßig zurückhaltend, indem sie lediglich die Begriffe der Qualität und der Eigenschaften verwendet haben.[27] Das Gleiche gilt für den DCFR, in dem nur mit den Begriffen der Quality und der Description gearbeitet wird.[28]

Noch sparsamer im Hinblick auf die Begrifflichkeiten zur Beschreibung der Kaufsache ist nur § 434 BGB, in dem die Mangelfreiheit der Kaufsache

---

25 Art. 6 a) und d) sowie Art. 7 Abs. 1 b) und d) Warenkaufrichtlinie.

26 Art. 2 Abs. 2 a) und d) Verbrauchsgüterkaufrichtlinie.

27 Art. 99 Abs. 1 (a) und Art. 100 c), f) g) GEK-E.

28 IV.A.-2:301 a) und Art. IV.A.-2:302 c) und f).

maßgeblich von ihrer Beschaffenheit abhängt. Allerdings sieht § 434 Abs. 1 S. 3 BGB vor, dass bestimmte Eigenschaften der Kaufsache Bestandteil ihrer Beschaffenheit sind.

Fraglich ist deshalb, ob der Begriff der Beschaffenheit alle sachbezogenen Merkmale der Ware, die die Warenkaufrichtlinie zur Voraussetzung ihrer Vertragsmäßigkeit macht, in ausreichender Form umfasst. Zur Klärung dieser Frage werden im Folgenden zunächst der Bedeutungsgehalt und die Reichweite des Beschaffenheitsbegriffs im deutschen Kaufrecht untersucht. In einem zweiten Schritt wird, teilweise unter Rückgriff auf die anderen europäischen Texte, der Gehalt der verschiedenen Anknüpfungspunkte der Warenkaufrichtlinie ermittelt und dieser dann dem Beschaffenheitsbegriff gegenübergestellt.

1. Die das deutsche Recht prägende Beschaffenheit

Der Begriff der Beschaffenheit prägt insbesondere im deutschen Recht die Anforderungen, die nach § 434 Abs. 1 BGB an eine Kaufsache gestellt werden. Er war bereits im bis zum 31. Dezember 2001 gültigen Schuldrecht enthalten, in dem die Beschaffenheit Bestandteil des Fehlers im Sinne des § 459 Abs. 1[29] BGB aF war und von den Eigenschaften der Kaufsache abgegrenzt werden musste.[30] Letztere spielten nach § 459 Abs. 2[31] BGB aF nur dann eine Rolle, wenn sie vom Verkäufer zugesichert worden waren. Unter einer Zusicherung verstand man die ausdrückliche oder stillschweigende Erklärung eines Verkäufers, dass er für den Bestand einer Eigenschaft einstehen wolle.[32] Diese Unterscheidung zwischen Eigenschaften und Beschaffenheiten sollte mit der Schuldrechtsreform aufgegeben

29 § 459 Abs. 1 BGB aF lautet: „*(1) Der Verkäufer einer Sache haftet dem Käufer dafür, daß sie zu der Zeit, zu welcher die Gefahr auf den Käufer übergeht, nicht mit Fehlern behaftet ist, die den Wert oder die Tauglichkeit zu dem gewöhnlichen oder dem nach dem Vertrage vorausgesetzten Gebrauch aufheben oder mindern. Eine unerhebliche Minderung des Wertes oder der Tauglichkeit kommt nicht in Betracht.*“.

30 Siehe zur Beschaffenheit im alten Schuldrecht: BGH NJW 1955, 340; BGH NJW 1969, 1171; BeckOK BGB/*Faust*, Stand 1.8.2020, § 434 Rn. 13; Staudinger/*Honsell*, BGB, 1995, § 459 Rn. 10, Rn. 18; Soergel/*U.Huber*, BGB, 1991, § 459 Rn. 20; *Wunderlich* in WM 2002, 981, 982.

31 § 459 Abs. 2 BGB aF lautet: „*(2) Der Verkäufer haftet auch dafür, daß die Sache zur Zeit des Überganges der Gefahr die zugesicherten Eigenschaften hat.*“.

32 BGH NJW 2000, 3130, 3131; BGH NJW 1996, 836, 837; BGH NJW 1996, 1337, 1337; BGH NJW 1995, 518, 518 f.; siehe im Übrigen zur Zusicherung BGH NJW 2016, 1815, 1817; BGH WM 1963, 865, 866; *Westermann* in NJW 2002, 241, 217.

werden.[33] Eine Beschaffenheit soll nach heute geltendem Recht jedenfalls all das umfassen, was früher unter den Begriff der Eigenschaft subsumiert wurde.[34]

a) Der Begriff der Beschaffenheit

Der deutsche Gesetzgeber hat bei der Modernisierung des Schuldrechts bewusst auf eine Definition des Begriffs Beschaffenheit verzichtet.[35] Deshalb sind in Rechtsprechung und Literatur, häufig unter Zuhilfenahme von Vergleichen zum alten Schuldrecht, Kriterien und Fallgruppen entwickelt worden, die dem Begriff der Beschaffenheit einige Konturen verleihen.

Unter der Beschaffenheit einer Kaufsache sind danach zum einen deren physische Eigenschaften zu verstehen. Darunter können stark wertbildende Gesichtspunkte[36] einer Kaufsache genauso fallen wie qualitativ wertfreie Elemente wie Größe, Lage oder Zuschnitt einer Sache.[37]

Darüber hinaus umfasst der Beschaffenheitsbegriff aber auch Umweltbeziehungen, die auf irgendeine Art mit diesen physischen Eigenschaften der Sache selbst verknüpft sind.[38] Unter den Beschaffenheitsbegriff fällt deshalb auch die sich aus den physischen Eigenschaften ergebende Einsetzbarkeit und Verwendbarkeit der Kaufsache.[39] Dazu zählen beispielsweise ihre technische Kompatibilität mit anderen Sachen und alle Gesichtspunkte, die mit der Lage der Sache im Raum zusammenhängen.[40] Die Frage, ob eine gekaufte Sache mit einer anderen zusammen oder an den für sie vorgesehenen Ort passt, ist ebenfalls vom Beschaffenheitsbegriff umfasst.[41]

---

33 Fraktionsentwurf, BT Drs. 14/6040, 212; BGH NJW 2013, 1671, 1762; BGH NJW 2011, 1217, 1218.

34 BGH NJW 2011, 1217, 1218; *Canaris* in Karlsruher Forum 2002, 5, 59 ff.; *Eidenmüller* in ZGS 2002, 290, 295; BeckOK BGB/*Faust*, Stand 1.8.2020, § 434 Rn. 21; *Grigoleit/Herrestal* in JZ 2003, 118, 122; *Gruber* in MDR 2002, 433, 435 f.; *Jaques* in BB 2002, 417, 418; *Roth* in NJW 2004, 330, 331; *Wolf/Kaiser* in DB 2002, 411, 412; MüKoBGB/*Westermann*, 2019, § 459 Rn. 9; *Wunderlich* in WM 2002, 981, 984 f.

35 Fraktionsentwurf, BT Drs. 14/6040, 213.

36 BeckOK BGB/*Faust*, Stand 1.8.2020, § 434 Rn. 24; MüKoBGB/*Westermann*, 2019, § 434 Rn. 11.

37 BGH NJW 2012, 373, 374; BGH NJW 1962, 1196.

38 BGH NJW 2013, 1671, 1672.

39 Vgl. BeckOK BGB/*Faust*, Stand 1.8.2020, § 434 Rn. 22 Rn. 33.

40 BeckOK BGB/*Faust*, Stand 1.8.2020, § 434 Rn. 22.

41 BGH NJW 1962, 1196; *Häublein* in NJW 2003, 388, 390; *Mertens* in AcP 203, 2003, 818, 837 f.; MüKo/*Westermann*, BGB, 2019, § 434 Rn. 10, Rn. 13.

Auch rechtliche und wirtschaftliche Konsequenzen der physischen Eigenschaften der Kaufsache werden als Bestandteile ihrer Beschaffenheit aufgefasst. So hat der Bundesgerichtshof in einer Entscheidung aus dem Jahr 2019 zu einem Kfz, das mit unzulässiger Software ausgestattet war, die den Stickoxidausstoß auf dem Prüfstand gegenüber dem normalen Fahrbetrieb reduziert hat, jedenfalls angedeutet, dass eine Abweichung von der geschuldeten Beschaffenheit vorliegen könnte.[42] Auch Urheberrechte, Persönlichkeitsrechte oder gewerbliche Schutzrechte, die die Nutzung der Sache be- oder verhindern oder eine öffentlich-rechtliche Genehmigung, die wegen der besonderen Merkmale der Kaufsache nicht erteilt wird, fallen unter den Beschaffenheitsbegriff.[43] Anders als bei der Eigenschaft nach altem Schuldrecht sollen nun etwa auch die Versicherbarkeit des Inhalts eines Tresors, wenn sie mit den physischen Merkmalen des Tresors in Zusammenhang steht, oder aus einer Sache fließende Mieterträge sowie die aufzuwendenden Betriebskosten vom Beschaffenheitsbegriff umfasst sein.[44]

In bestimmten Fällen kann sogar der Verdacht auf Eigenschaften einer Kaufsache, die Auswirkungen auf ihre Verwendbarkeit oder Weiterveräußerlichkeit entfalten könnten, ausreichen. Das gilt zum Beispiel für den Verdacht einer Verseuchung, der sich aufgrund der Herkunft einer Sache oder der Zugehörigkeit zu einer bestimmten Charge ergibt. Solche Verdachtsfälle sind vor allem in Bezug auf Lebensmittel relevant. Denkbar wäre etwa ein Salmonellen-Verdacht bei Fleischwaren oder anderen tierischen Produkten.[45] Obwohl sich der Verdacht hier allein aus der Vorgeschichte der Sache ergibt und keinen unmittelbaren Bezug zur gegenwärtigen Beschaffenheit der Sache aufweist, kann dieser über die Zugehörigkeit zu einer bestimmten Charge hergestellt werden.[46] Dieser Zusammenhang wird insbesondere dann deutlich, wenn es sich bei dem Käufer um einen Zwischenhändler handelt. Für diesen kann bereits ein sich aus der Her-

---

42 BGH NJW 2019, 1133, 1135 f.; in der Entscheidung kam es auf die Frage, ob die Freiheit von der genannten Software eine Beschaffenheit darstellt, die bei Sachen der gleichen Art üblich ist und die der Käufer erwarten darf, nicht an, weil wegen einer drohenden Betriebsuntersagung festgestellt werden konnte, dass das betroffene Kfz sich nicht für die gewöhnliche Verwendung eignet.

43 BeckOK BGB/*Faust*, Stand 1.8.2020, § 434 Rn. 22.

44 BGH NJW 2011, 1217, 1218; BeckOK BGB/*Faust*, Stand 1.8.2020, § 434 Rn. 22.

45 BGH NJW 1989, 218, 220; BGH NJW-RR 2005, 1218; MüKoBGB/*Westermann*, 2019, § 434 Rn. 13.

46 MüKoBGB/*Westermann*, 2019, § 434 Rn. 13.

kunft der Ware ergebender Verdacht zur Unverkäuflichkeit derselben führen.

Streitig ist im geltenden deutschen Gewährleistungsrecht, ob vom Beschaffenheitsbegriff auch Umweltbeziehungen umfasst sein können, bei denen kein direkter Zusammenhang zu den physischen Eigenschaften der Sache hergestellt werden kann. Zu den umstrittenen Fallgruppen gehören beispielsweise das Datum der Erstzulassung eines Kfz[47], die Anzahl der Vorbesitzer eines Kfz[48], die Dauer eines bestehenden Mietverhältnisses über die Kaufsache[49] oder die Existenz eines Sachverständigengutachtens über eine bestimmte Beschaffenheit der Sache[50]. Sofern Umweltbeziehungen sich auf die Wertschätzung der Kaufsache nach der Verkehrsauffassung auswirken, fasst der Bundesgerichtshof diese auch dann unter den Beschaffenheitsbegriff, wenn sie nicht mit den physischen Eigenschaften der Sache zusammenhängen.[51] Ob unter die Beschaffenheit einer Kaufsache nur solche *„Beziehungen der Sache zur Umwelt, die ihren Ursprung im Kaufgegenstand haben"*, subsumiert werden können oder *„sogar jeder tatsächliche Bezug zum Kaufgegenstand ausreicht"*, wurde vom Bundesgerichtshof bewusst offen gelassen.[52]

Anders als in Bezug auf die Eigenschaft nach altem Schuldrecht wird in Bezug auf die Beschaffenheit nicht mehr verlangt, dass die Merkmale der Sache auf Dauer anhaften müssen.[53] Dies wird zutreffend damit begründet, dass eine solche Beschränkung dem Wortlaut des § 434 BGB nicht zu

---

47 Gegen eine Subsumtion unter den Beschaffenheitsbegriff: OLG Karlsruhe MDR 2009, 501; zweifelnd: BeckOK BGB/*Faust*, Stand 1.8.2020, § 434 Rn. 23; a.A.: MüKoBGB/*Westermann*, 2019, § 434 Rn. 12.

48 Für eine Subsumtion unter den Beschaffenheitsbegriff: OLG Köln VersR 1974, 584; OLG Naumburg NJW-RR 2013, 568, 569; zweifelnd: BeckOK BGB/*Faust*, Stand 1.8.2020, ebd.; MüKoBGB/*Westermann*, 2019, ebd.

49 Zweifelnd: BeckOK BGB/*Faust*, Stand 1.8.2015, § 434 Rn. 23; MüKoBGB/*Westermann*, 2019, § 434 Rn. 14.

50 Für eine Subsumtion unter den Beschaffenheitsbegriff: MüKoBGB/*Westermann*, 2019, § 434 Rn. 76; zweifelnd: BeckOK BGB/*Faust*, Stand 1.8.2020, § 434 Rn. 23.

51 BGH NJW 2016, 2874, 2874f. (Fehlen einer Herstellergarantie für einen Gebrauchtwagen); BGH BeckRS 2014, 17609, Rn. 17 (Erstattungsfähigkeit der mit einem gekauften medizinischen Gerät erbrachten Leistungen durch private Krankenversicherungen).

52 BGH NJW 2016, 2874, 2875; BGH NJW 2013, 1948, 1949.

53 *Eidenmüller* in ZGS 2002, 290, 295; BeckOK BGB/*Faust*, Stand 1.8.2020, § 434 Rn. 25; *Gaul* in ZHR 166, 2002, 35, 51; *Gruber* in MDR 2002, 433, 437; *Schmidt* in BB 2005, 2763, 2766; *Triebel/Hölzle* in BB 2002, 521, 525; *Weiler* in ZGS 2002, 249, 255; *Wolf/Kaiser* in DB 2002, 411, 412.

entnehmen ist. Dieser stellt vielmehr ausschließlich auf den Zeitpunkt des Gefahrübergangs ab.

Ebenfalls unter Hinweis auf den nach § 434 Abs. 1 BGB relevanten Zeitpunkt des Gefahrübergangs wird der Begriff der Beschaffenheit dahin gehend eingeschränkt, dass er sich nur auf die zu diesem Zeitpunkt gegenwärtigen Umstände beziehen könne.[54] Das wird überzeugend damit begründet, dass rein auf die Zukunft oder die Vergangenheit gerichtete Umstände nicht dazu führen, dass der Käufer bei Gefahrübergang eine Sache erhält, deren gegenwärtiger Zustand von der vertraglichen Sollbeschaffenheit abweicht. Es liegt vielmehr eine Fehleinschätzung des Käufers im Hinblick auf die (künftige) Entwicklung der Kaufsache vor. Diese Einschätzung mag zwar Einfluss auf die Kaufentscheidung des Käufers gehabt haben, dies ist jedoch ein klassischer Fall einer culpa in contrahendo.[55] Anders verhält es sich allerdings in Fällen, in denen sich die Vereinbarung der Parteien faktisch auf den Zustand der Kaufsache bei Gefahrübergang bezieht und nur sprachlich so gefasst ist, dass sie den Anschein erweckt, sie beziehe sich auf die Vergangenheit oder Zukunft.[56] Das ist zum Beispiel dann der Fall, wenn beim Kauf eines Grundstücks in Aussicht gestellt wird, ein bestimmtes Bauvorhaben werde genehmigt. Denn diese Aussage enthält faktisch die Erklärung, das Vorhaben sei genehmigungsfähig.[57]

Der Beschaffenheitsbegriff des § 434 BGB wird demnach sehr weit ausgelegt.[58] Im Zentrum der Sachmangeltatbestände des § 434 Abs. 1 BGB steht ein subjektiver Fehlerbegriff, nach dem in erster Linie darauf abzustellen ist, dass die Sache die vereinbarte Beschaffenheit hat.[59] Diesem subjektiven Fehlerbegriff wird die Vorschrift nur dann gerecht, wenn den Vereinbarungen zwischen Käufer und Verkäufer inhaltlich ein möglichst großer Raum belassen wird, innerhalb dessen sie die an die Kaufsache gestellten Anforderungen festlegen können.

---

54 *Eidenmüller, ebd.*; *Fischer* in DStR 2004, 276, 278; BeckOK BGB/*Faust*, Stand 1.8.2020, § 434 Rn. 26; *Jaques* in BB 2002, 417, 418; *Müller* in WM 2017, 929, 933; Reinicke/Tiedtke, KaufR, 2009, Rn. 312; Staudinger/*Matusche-Beckmann*, BGB, 2014, § 434 Rn. 56; aA *Knott* in NZG 2002, 249, 251; *Schröcker* in ZGR 2005, 63, 78: gegenwärtige und vergangene, nicht aber zukünftige Umstände; *Wolf/Kaiser*, aaO., 414.

55 BeckOK BGB/*Faust*, Stand 1.8.2020, ebd.

56 BeckOK BGB/*Faust*, Stand 1.8.2020, ebd.; *Willemsen* in AcP 182, 1982, 515, 545 f.

57 BGH NJW 1979, 34; BeckOK BGB/*Faust*, Stand 1.8.2020, ebd.

58 BeckOK BGB/*Faust*, Stand 1.8.2020, § 434 Rn. 20 f., Rn. 28.

59 Fraktionsentwurf, BT Drs. 14/6040, 212.

b) Die Eigenschaften als Bausteine der Beschaffenheit

Obwohl mit der Schuldrechtsreform ein einheitlicher Beschaffenheitsbegriff geschaffen werden sollte und § 434 BGB bei der Definition der Mangelfreiheit fast konsequent von der Beschaffenheit der Kaufsache spricht, haben auch die Eigenschaften Eingang in den Wortlaut des „neuen“ § 434 BGB gefunden. Zur Beschaffenheit der Kaufsache gehören nach § 434 Abs. 1 S. 3 BGB auch diejenigen Eigenschaften, die der Käufer aufgrund öffentlicher Äußerungen des Verkäufers, des Herstellers oder seines Gehilfen über bestimmte Eigenschaften erwarten kann. Enthält also auch das geltende Schuldrecht zwei unterschiedliche Begriffe, die inhaltlich voneinander getrennt und abgegrenzt werden müssen?

Im Gegensatz zu der Rechtslage vor der Schuldrechtsreform kann der Begriff der Eigenschaft heute nicht mehr weiter verstanden werden als derjenige der Beschaffenheit. Dies ergibt sich bereits aus dem Wortlaut des § 434 Abs. 1 S. 3 BGB, nach dem die öffentlich beschriebenen Eigenschaften zur Beschaffenheit der Kaufsache gehören sollen. Der Begriff der Beschaffenheit muss also zwangsläufig alle Eigenschaften mit umfassen. Auch ein Vergleich mit § 434 Abs. 1 S. 1 BGB gebietet dieselbe Schlussfolgerung. Anderenfalls könnte ein konkreter Umstand, der nicht unter den Begriff der Beschaffenheit fällt und damit auch nicht Gegenstand einer Parteivereinbarung nach § 434 Abs. 1 S. 1 BGB sein kann, als Eigenschaft durch eine Werbeaussage nach § 434 Abs. 1 S. 3 BGB zum erheblichen Kriterium erhoben werden. Es darf bezweifelt werden, dass eine solche Aufwertung vorvertraglicher Werbeaussagen vom Gesetz gewollt ist. Dies gilt umso mehr, weil in letzterem Fall auch die Aussagen am Kaufvertrag nicht beteiligter Dritter Relevanz erhalten können.

Da die Eigenschaften aber nur zu der Beschaffenheit nach § 434 Abs. 1 S. 2 Nr. 2 BGB gehören, wäre es umgekehrt durchaus möglich, dass die Beschaffenheit einer Kaufsache über die Summe ihrer Eigenschaften hinausgeht und so Umstände umfasst, die keine Eigenschaft im Sinne der Vorschrift darstellen.

Sowohl die Begründung zum Fraktionsentwurf des Schuldrechtsmodernisierungsgesetzes als auch die einschlägige Kommentarliteratur sind in dieser Frage wenig ergiebig. Hier wie dort wird betont, dass reißerische Anpreisungen ohne jeglichen Bezug zu Aussagen über die Beschaffenheit der Sache nicht ausreichen sollen.[60] Die Werbeaussagen müssen vielmehr konkrete Eigenschaften der Kaufsache betreffen.[61]

Nun mag es Umstände geben, zu denen eine dritte Person, wie der Hersteller oder dessen Gehilfen, keine Aussage treffen kann, die aber im Verhältnis zwischen Käufer und Verkäufer durchaus eine Rolle spielen. Zu denken wäre in etwa an die Frage, ob eine bestimmte Kaufsache aufgrund ihrer Abmessungen an einen ihr vom Käufer zugewiesenen Platz passt[62] oder an einem bestimmten Ort eingesetzt werden kann. Es wäre daher durchaus denkbar, dass für die zwischen den Parteien zu vereinbarende Beschaffenheit eine größere Vielfalt an Sachzuständen und Umweltbeziehungen zur Verfügung steht, als es bei den von Werbeaussagen betroffenen Eigenschaften der Fall ist. Faktisch ist es kaum vorstellbar, dass es jemals zu solchen Beschreibungen von dritter Seite kommen könnte. Einzelfallgesichtspunkte wie der konkrete zwischen den Kaufvertragsparteien vereinbarte Einsatzort der Ware sind für den werbenden Dritten in der Regel nicht von Interesse. Ein Dritter wird immer nur diejenigen Umstände beschreiben, die ihm relevant erscheinen. Die Beschreibungen werden deshalb stets abstrakt vom Einzelfall und dennoch konkret in Bezug auf die Sache sein müssen. Im angesprochenen Beispiel werden Werbeaussagen des Herstellers oder anderer Dritter sich stets auf die konkreten Abmessungen der Ware in einer gängigen Maßeinheit beziehen oder ihre Funktionsfähigkeit bei bestimmten klimatischen Bedingungen oder Witterungsverhältnissen angeben.

Darüber hinaus sollen Werbeaussagen über die Eigenschaften einer Kaufsache nach *Westermann* inhaltlich so ausgestaltet sein, dass ein Durchschnittskäufer Rückschlüsse auf die Beschaffenheit der Sache ziehen kann.[63] Auch *Faust* hält es für entscheidend, welche Beschaffenheit ein Durchschnittskäufer im Hinblick auf die vorliegenden Äußerungen erwarten kann oder muss.[64] Sinn und Zweck des § 434 Abs. 1 S. 3 BGB ist es also, diejenigen Käufererwartungen zu schützen, die durch zurechenbare, vorvertragliche Äußerungen beeinflusst worden sind.[65] Die Haftungserweiterung des Verkäufers auf Aussagen bestimmter dritter Personen wie des Herstellers wird durch die Überlegung gerechtfertigt, dass der Verkäufer

---

60 Fraktionsentwurf, aaO., 214; BeckOK BGB/*Faust*, Stand 1.8.2020, § 434 Rn. 86.
61 Fraktionsentwurf, ebd.
62 BGH NJW 1962, 1196.
63 MüKoBGB/*Westermann*, 2019, § 434 Rn. 27.
64 BeckOK BGB/*Faust*, Stand 1.8.2020, § 434 Rn. 77, Rn. 85.
65 Fraktionsentwurf, BT Drs. 14/6040, 214.

von der potenziell kaufentscheidenden Werbung durch Dritte profitiert. Wenn aber eine solche zurechenbare Äußerung vorliegt, besteht kein Anlass dafür, die Grenzen der Haftung im Hinblick auf ihren Anknüpfungspunkt enger zu ziehen als bei einer Vereinbarung im Sinne des § 434 Abs. 1 S. 1 BGB.

Die Beschaffenheit einer Kaufsache im Sinne des BGB ist daher nichts anderes als die Gesamtheit ihrer Eigenschaften. Für diese Schlussfolgerung spricht auch der Umstand, dass in Fällen, in denen die Werbeaussagen vom Verkäufer selbst stammen, in der Regel bereits eine Beschaffenheitsvereinbarung im Sinne des § 434 Abs. 1 S. 1 BGB gesehen wird.[66] Wenn aber eine Aussage des Verkäufers über eine Eigenschaft im Sinne des § 434 Abs. 1 S. 3 BGB bei Vertragsschluss zu einer Beschaffenheitsvereinbarung im Sinne des § 434 Abs. 1 S. 1 BGB führt, müssen die beiden Begriffe fast zwangsläufig parallel verstanden werden.

Ein solches paralleles Verständnis der beiden Begriffe entspricht nicht zuletzt dem Willen des Gesetzgebers, der eine Unterscheidung zwischen Eigenschaften und Beschaffenheit aufgeben wollte.[67] In der derzeitigen juristischen Praxis wird dementsprechend nicht zwischen den genannten Begriffen unterschieden.

Die Beschaffenheit einer Sache setzt sich damit aus ihren verschiedenen Eigenschaften zusammen.

2. Die Qualität als prägender Begriff der europäischen Texte

Die Qualität ist neben der Eigenschaft der im Rahmen der europäischen Texte zur Regelung der Vertragsmäßigkeit am häufigsten gebrauchte Begriff. Er wird in Art. 6 a und Art. 7 Abs. 1 b Warenkaufrichtlinie genauso zum Maßstab für die Vertragsmäßigkeit der Ware gemacht wie in Art. 2 Abs. 2 d Verbrauchsgüterkaufrichtlinie, Art. 99 Abs. 1 a GEK-E und Art. IV.A.-2:301 a, Art. IV.A.-2:302 c, f und Art. IV.A.-2:303 DCFR. Lediglich im Wortlaut des BGB kommt der Begriff der Qualität der Kaufsache nicht vor. Fraglich ist deshalb, ob § 434 BGB im Rahmen der Umsetzung der

---

66 Fraktionsentwurf, ebd.; BeckOK BGB/*Faust*, Stand 1.8.2020, § 434 Rn. 77; siehe auch MüKoBGB/*Westermann*, 2019, § 434 Rn. 32, der darauf abstellt, ob die Äußerung des Verkäufers aus den Verkaufsgesprächen stammt.

67 Fraktionsentwurf, aaO., 212: „*Im Übrigen kann für die Umschreibung des Sachmangels auf eine Unterscheidung zwischen Fehlern und dem Fehlen zugesicherter Eigenschaften verzichtet werden,[...]*“.

Warenkaufrichtlinie dahin gehend geändert werden muss, dass ein Tatbestandsmerkmal der Qualität der Kaufsache ergänzt wird. Das wäre dann nicht der Fall, wenn die Qualität der Ware in der Beschaffenheit der Kaufsache ihre Entsprechung fände oder jedenfalls von dieser mit umfasst wäre.

Die Bedeutung des Begriffs Qualität scheint indes so klar zu sein, dass keiner der Texte weiter auf den Inhalt des Begriffs eingeht. So enthält der Kommentar zu Art. IV.A.-2:301 zwar einen Abschnitt mit dem Titel *„Quantity, Quality and Description"*, inhaltlich wird unter dieser Überschrift aber ausschließlich die Frage der Quantität, insbesondere der Zuwenig-Lieferung behandelt.[68] Auch in der Literatur werden kaum Anstrengungen zu einer inhaltlichen Deutung unternommen. So meint *Faber* zu Art. 6 Warenkaufrichtlinie, die Bestimmung sei „im Wesentlichen selbsterklärend".[69]

a) Natürlicher Wortsinn

Wenn eine juristische Erarbeitung des Qualitätsbegriffs gemeinhin für verzichtbar gehalten wird, so legt das nahe, dass eine Orientierung am natürlichen Wortsinn geboten oder jedenfalls zulässig ist.

In sprachlicher Hinsicht ist unter der Qualität die Gesamtheit der charakteristischen Eigenschaften einer Person oder Sache beziehungsweise deren Beschaffenheit zu verstehen.[70] Der Begriff der Qualität kann aber auch genutzt werden, um eine Aussage zu der Güte einer Sache zu treffen.[71] Als Gesamtbild kann für die Qualität daraus ein Bedeutungsgehalt entnommen werden, der auf den charakteristischen Eigenschaften der Sache basiert und dabei eine gewisse, wertende Konnotation enthält.

---

68 Art. IV.A.-2:301 DCFR, Comment C, Quantity, quality and description, 1299.

69 *Faber* in Das neue europäische Gewährleistungsrecht, 2019, 63, 75.

70 Siehe „Qualität" in Duden Online, https://www.duden.de/node/116878/revision/419953, Bedeutung 1 a).

71 Siehe „Qualität" in Duden Online, https://www.duden.de/node/116878/revision/419953, Bedeutung 3 a).

b) Vergleich mit den englischen Sprachfassungen

Dieses sprachliche Ergebnis wird durch einen Vergleich der deutschen mit der englischen Sprachfassung der verschiedenen europäischen Texte gestützt.

Aus den Regelungen der Warenkaufrichtlinie können dabei allerdings insofern keine Rückschlüsse gezogen werden, als der Qualität im deutschen Text die *quality*[72] beziehungsweise die *qualities*[73] im englischen Text gegenüberstehen. In Erwägungsgrund 29[74] zur Warenkaufrichtlinie wurde der Begriff qualities demgegenüber mit „Eigenschaften" übersetzt.

Ein klareres Bild zeigt sich bei einer Analyse des GEK-E. Der englische Text des Entwurfs für ein gemeinsames europäisches Kaufrecht enthält zwar in Übereinstimmung mit dem DCFR in Art. 99 Nr. 1 a GEK-E den Begriff der *quality* und in Art 100 c, f und g GEK-E den Begriff der *qualities*. Im deutschen Text wird allerdings nur in Art. 99 Nr. 1 a GEK-E der Begriff der Qualität verwendet. In Art. 100 GEK-E wird stets mit dem Begriff der Eigenschaften gearbeitet. Inhaltlich müssen diese Eigenschaften den vom Verkäufer vorgelegten Proben und Mustern sowie den dem Verkäufer zurechenbaren Äußerungen Dritter entsprechen. Sie werden außerdem in Art. 100 g GEK-E zum allgemeinen Schutz der vernünftigen Käufererwartungen herangezogen.

In der englischen Sprachfassung des GEK-E wird ausschließlich mit dem Begriff der *quality* gearbeitet. Dieser wird lediglich zum einen im Singular und zum anderen im Plural verwendet. Dieses Vorgehen legt bereits begrifflich nahe, dass hier kein inhaltlicher Unterschied bestehen soll. Die *quality* der Kaufsache setzt sich vielmehr aus verschiedenen Komponenten,

---

72 So in Art. 6 a) Directive (EU) 2019/771.

73 So in Art. 7 Abs. 1 d) Directive (EU) 2019/771.

74 Erwägungsgrund 29 zur Warenkaufrichtlinie lautet: „*Damit Waren vertragsgemäß sind, sollten sie nicht nur die subjektiven Anforderungen an die Vertragsmäßigkeit, sondern darüber hinaus die objektiven Anforderungen dieser Richtlinie an die Vertragsmäßigkeit erfüllen. Die Vertragsmäßigkeit sollte unter anderem anhand des Zwecks, für den Waren dieser Art üblicherweise verwendet werden, ob sie mit dem Zubehör und den Anleitungen geliefert werden, die der Verbraucher vernünftigerweise erwarten kann, und ob sie der Probe oder dem Muster entsprechen, das der Verkäufer dem Verbraucher zur Verfügung gestellt hat, beurteilt werden. Die Waren sollten auch die Eigenschaften und Merkmale aufweisen, die bei Waren derselben Art normal sind und die der Verbraucher angesichts der Art der Waren und unter Berücksichtigung etwaiger öffentlicher Aussagen, die von dem Verkäufer oder im Auftrag des Verkäufers oder einer anderen Person in vorhergehenden Gliedern der Vertragskette gemacht wurden, vernünftigerweise erwarten kann.*".

den einzelnen *qualities*, zusammen. Dementsprechend wird man auch in Bezug auf den deutschen Text davon ausgehen dürfen, dass zwischen der Qualität der Kaufsache und ihren Eigenschaften kein Unterschied besteht. Die Qualität ergibt sich vielmehr aus der Summe der verschiedenen Eigenschaften der Kaufsache.

In der Verbrauchsgüterkaufrichtlinie werden zahlreiche verschiedene Begriffe verwendet. So muss die Kaufsache nach Art. 2 Abs. 2 a Verbrauchsgüterkaufrichtlinie die Eigenschaften des Gutes besitzen, das der Verkäufer dem Verbraucher als Probe oder Muster vorgelegt hat. Zusätzlich muss sie nach Art. 2 Abs. 2 d Verbrauchsgüterkaufrichtlinie die Qualität aufweisen, die der Käufer vernünftigerweise erwarten kann, wenn man die Beschaffenheit des Gutes und die öffentlichen Äußerungen des Verkäufers, des Herstellers oder dessen Vertreters über die konkreten Eigenschaften der Sache in Betracht zieht.

Eine Untersuchung des englischen Textes bringt in diesem Fall kaum Erleichterung. Im Gegenteil, in der englischen Sprachversion wird mit einer noch größeren Zahl an Begriffen gearbeitet. Ebenso wie in der Warenkaufrichtlinie und dem GEK-E entspricht der Qualität im deutschen Text die *quality* in der englischen Sprachversion. An der Stelle der Eigenschaften in Art. 2 Abs. 2 a Verbrauchsgüterkaufrichtlinie findet man die *qualities* im englischen Text. Das stimmt mit der Übersetzungspraxis überein, die auch in den anderen europäischen Texten zur Anwendung gebracht wurde. Und auch in Bezug auf die Verbrauchsgüterkaufrichtlinie ist deshalb davon auszugehen, dass die geschuldete Qualität der Kaufsache mit der Summe der verschiedenen geschuldeten Eigenschaften übereinstimmt.

Bemerkenswert ist, dass in der deutschen Version des Art. 2 Abs. 2 d der Verbrauchsgüterkaufrichtlinie noch einmal der Begriff der Eigenschaften verwendet wird, der im englischen Text aber mit *characteristics* umschrieben ist. Diese Abweichung im englischen Text führt zu der Frage, ob der Begriff der Eigenschaft in Art. 2 Abs. 2 d von dem der Eigenschaft in Art. 2 Abs. 2 a abweicht. Rein sprachlich stellt der Begriff der *qualities* stärker einen Anspruch an die Qualität und Güte der Ware in das Zentrum. Der Begriff der *characteristics* ist demgegenüber eher beschreibender Natur und enthält eine weniger wertende Komponente.

In Bezug auf die Verbrauchsgüterkaufrichtlinie passt diese Auslegung sehr gut zu der Verwendung der jeweiligen Begriffe. In Art. 2 Abs. 2 a Verbrauchsgüterkaufrichtlinie dienen die Eigenschaften zur Festlegung eines Anspruchs, den der Käufer in Bezug auf die Kaufsache haben soll. Sie muss die Eigenschaften oder *qualities* haben, die den vom Verkäufer vorgelegten

Proben und Mustern entsprechen. In Art. 2 Abs. 2 d Verbrauchsgüterkaufrichtlinie dagegen wird der Begriff der Eigenschaften oder *characteristics* verwendet, um zu beschreiben, welche Erwartungen der Käufer vernünftigerweise an die Kaufsache haben darf. Der Anspruch bezieht sich dabei auf die Qualität (*quality*), die der Käufer vernünftigerweise erwarten darf. Nur zur Beschreibung dieser Qualität wird auf die Äußerungen des Verkäufers beziehungsweise des Herstellers über die Eigenschaften (*characteristics*) der Kaufsache Bezug genommen.

Für die Festlegung des Anspruchs des Käufers an eine vertragsgemäße Ware bleibt es daher bei den bereits bekannten Begriffen der Qualität und der Eigenschaften.

Dem Vergleich der englischen und der deutschen Sprachfassungen der Warenkaufrichtlinie, des GEK-E und der Verbrauchsgüterkaufrichtlinie kann entnommen werden, dass auch der europäische Rechtsaktgeber dem Ansatz folgt, die Qualität einer Sache als Summe ihrer Eigenschaften aufzufassen. Insbesondere der Verbrauchsgüterkaufrichtlinie kann darüber hinaus entnommen werden, dass bei der Qualität als Anknüpfungspunkt für die Vertragsmäßigkeit der Ware durchaus auch das wertende Element der Güte mitschwingt.

c) Das Verhältnis zur Beschaffenheit

Auch unter dem Begriff der Beschaffenheit im Sinne des § 434 Abs. 1 BGB ist letztlich die Summe der verschiedenen Eigenschaften einer Kaufsache zu verstehen. Dabei ist die Beschaffenheit ohne Weiteres dazu geeignet, eine wertende Komponente im Hinblick auf die Güte der Kaufsache zuzulassen. Stärker als der Begriff der Qualität ist sie aber auch einer diesbezüglich wertfreien Auslegung zugänglich. Die Qualität der Ware im Sinne der Warenkaufrichtlinie ist deshalb problemlos vom Begriff der Beschaffenheit im Sinne des § 434 Abs. 1 BGB umfasst. Eine ausdrückliche Ergänzung um dieses Merkmal ist daher nicht erforderlich.

3. Die Beschreibung im Sinne der europäischen Texte

Der Begriff der Beschreibung ist nur in einigen europäischen Texten enthalten.

a) Die Regelungen der Beschreibung in den verschiedenen Texten

In der Warenkaufrichtlinie besteht die erste subjektive Anforderung an die Vertragsmäßigkeit darin, dass die verkaufte Ware mit der sich aus dem Kaufvertrag ergebenden Beschreibung übereinstimmen muss.[75] Der Begriff der Beschreibung wird in Art. 7 Abs. 1 b[76] Warenkaufrichtlinie erneut aufgegriffen. Dort ist im Rahmen der objektiven Voraussetzungen an die Vertragsmäßigkeit geregelt, dass die Ware der Beschreibung einer Probe oder eines Musters entsprechen muss, das der Verkäufer dem Verbraucher vor Vertragsschluss zur Verfügung gestellt hat.

Auch in der Verbrauchsgüterkaufrichtlinie ist es die erste Voraussetzung für die Vermutung der Vertragsmäßigkeit, dass die Verbrauchsgüter mit der vom Verkäufer gegebenen Beschreibung übereinstimmen.[77]

Art. IV.A.-2:301 a[78] DCFR verlangt, dass die Güter der vom Vertrag verlangten *description* entsprechen. Auch in der englischen Fassung sowohl der Warenkaufrichtlinie als auch der Verbrauchsgüterkaufrichtlinie wird an den Stellen, an denen in der deutschen Fassung der Begriff Beschreibung gesetzt ist, der Begriff *description* verwendet.

Im GEK-E muss die Ware nach dem englischen Text des Art. 99 Abs. 1 a ebenfalls hinsichtlich der *description* den Anforderungen des Vertrags entsprechen. In diesem Fall wurde *description* für die deutsche Sprachfassung allerdings mit Art übersetzt.[79]

---

75 Art. 6 a) Warenkaufrichtlinie lautet: „*Die Waren entsprechen dem Kaufvertrag, insbesondere wenn sie, soweit dies anwendbar ist,*
a) hinsichtlich der Beschreibung, der Art, der Menge und der Qualität, der Funktionalität, der Kompatibilität, der Interoperabilität und sonstiger Merkmale den Anforderungen entsprechen, die sich aus dem Kaufvertrag ergeben;".

76 Art. 7 Abs. 1 b) Warenkaufrichtlinie lautet: „*(1) Zusätzlich zur Einhaltung der subjektiven Anforderungen an die Vertragsmäßigkeit müssen die Waren*
(…)
b) der Beschreibung einer Probe oder eines Musters entsprechen, das der Verkäufer dem Verbraucher vor Vertragsschluss zur Verfügung gestellt hat,".

77 Art. 2 Abs. 2 Verbrauchsgüterkaufrichtlinie lautet: „*Es wird vermutet, daß Verbrauchsgüter vertragsgemäß sind, wenn sie*
a) mit der vom Verkäufer gegebenen Beschreibung übereinstimmen und die Eigenschaften des Gutes besitzen, das der Verkäufer dem Verbraucher als Probe oder Muster vorgelegt hat;".

78 IV.A.-2:301 (a) DCFR lautet: „*The goods do not conform with the contract unless they: (a) are of the quantity, quality and description required by the contract;*".

79 Art. 99 Abs. 1 (a) GEK-E lautet: „*Die Waren oder digitalen Inhalte sind vertragsgemäß, wenn sie*
(a) in Menge, Qualität und Art den Anforderungen des Vertrags entsprechen,".

Demgegenüber ist im BGB keine Anforderung an die Kaufsache festgeschrieben, die auf den ersten Blick der Beschreibung oder *description* in den anderen Texten zu entsprechen scheint. Fraglich ist deshalb, ob die Mangeltatbestände des § 434 BGB im Rahmen der Umsetzung der Warenkaufrichtlinie um ein Merkmal ergänzt werden müssen, das die Beschreibung einer Sache zum Anknüpfungspunkt eines Sachmangels macht. Das wäre dann der Fall, wenn das Tatbestandsmerkmal der Beschreibung im Kaufrecht des BGB tatsächlich fehlt. Denkbar wäre allerdings auch, dass die Beschreibung der Kaufsache im deutschen Schuldrecht bereits im Begriff der Beschaffenheit enthalten oder einer der anderen Tatbestände des § 434 BGB einschlägig ist. Die Frage kann deshalb nur über eine Klärung des inhaltlichen Gehalts des Begriffs der Beschreibung beantwortet werden.

b) Der Bedeutungsgehalt des Begriffs Beschreibung

(1) Schwierigkeiten bei der Annäherung an den Begriff der Beschreibung

Die Annäherung an den Inhalt des Beschreibungsbegriffs ist schwierig. Keiner der Texte enthält in seinen Erwägungsgründen oder Begriffsbestimmungen Anhaltspunkte dafür, was die Verfasser unter dem Begriff der Beschreibung verstanden haben und wie er sich insbesondere von demjenigen der Qualität unterscheiden soll.

Da keiner der Texte, in denen auf die Beschreibung der Kaufsache abgestellt wird, bisher unmittelbare rechtliche Geltung erlangt hat, existiert keine Rechtsprechung, die den Begriff inhaltlich mit Leben gefüllt hätte. Auch in der Literatur wird die Frage nach einer Definition oder dem inhaltlichen Bedeutungsgehalt des Beschreibungsbegriffs als solches kaum diskutiert.

Der Wortlaut der einzelnen Vorschriften vermittelt wenig Klarheit in Bezug auf die gebotene Auslegung des Begriffs Beschreibung. So ist die bloße Aufzählung der Merkmale Beschreibung, Art, Menge, Qualität, Funktionalität, Kompatibilität, Interoperabilität und sonstige Merkmale in Art. 6 a Warenkaufrichtlinie für Rückschlüsse auf einen bestimmten Bedeutungsgehalt des Begriffs der Beschreibung ebenso ungeeignet wie die Aufzählung *quantity, quality and description* in Art. IV.A.-2:301 a DCFR.

Immerhin wird der Begriff *description* in IV.A.-2:302 b DCFR und der englischen Fassung des Art. 100 b GEK noch einmal verwendet. Inhalt dieser Regelungen sind die angemessenen Käufererwartungen im Hinblick auf die Verwendbarkeit der Kaufsache. Danach muss sich die Kaufsache für jede Verwendung eignen, für die Waren der gleichen *description* gewöhnlich verwendet werden. Es handelt sich inhaltlich also um dieselbe Regelung, bei der in der Warenkaufrichtlinie, der Verbrauchsgüterkaufrichtlinie und auch in der deutschen Fassung des GEK-E der Begriff Art verwendet wurde.[80]

Nun wird in der Warenkaufrichtlinie zwischen der Art und der Beschreibung der Ware unterschieden. Es ist daher unwahrscheinlich, dass die beiden Begriffe im Rahmen der Warenkaufrichtlinie vollständig identisch auszulegen sind. Im Hinblick auf die sich überkreuzende Verwendung der Begriffe Art und Beschreibung in den europäischen Texten darf aber dennoch vermutet werden, dass jedenfalls eine gewisse Nähe zwischen den beiden Begriffen besteht. Schließlich wurden alle europäischen Texte in einem überschaubaren Zeitraum von etwa 20 Jahren auf Initiative der Europäischen Union oder im Rahmen der Rechtsetzung durch die Europäische Union entwickelt. Sie entstammen damit einer einheitlichen Rechtstradition.

(2) Die Beschreibung als Merkmal der vertragsmäßigen Ware

Aus sprachlicher Sicht kann der Begriff der Beschreibung synonym zu den Begriffen Ausführung, Ausmalung und Charakterisierung gebraucht werden und steht für das Beschreiben einer Person oder Sache.[81] Versteht man die Beschreibung in diesem Sinne als Akt des Beschreibens, so könnte die Beschreibung kaum als Merkmal einer Kaufsache und damit als Anknüpfungspunkt einer Vertragswidrigkeit aufgefasst werden. Es läge vielmehr nahe, die Beschreibung im Sinne einer Alternative zu einer vertraglichen Einigung als einen Weg zu verstehen, auf dem ein bestimmtes Merkmal in das vertragliche Pflichtprogramm aufgenommen wird.

Dem steht allerdings entgegen, dass der Begriff der Beschreibung in Art. 7 Abs. 1 b Warenkaufrichtlinie auch in Bezug auf die objektiven Anforderungen an die verkaufte Ware verwendet wird. Die Ware muss danach der Qualität und der Beschreibung einer Probe oder eines Musters entsprechen, das der Verkäufer dem Verbraucher vor Vertragsschluss zur Verfügung gestellt hat. Mit der Beschreibung der Ware im Sinne der Wa-

80 Siehe dazu der Bedeutungsgehalt des Begriffs Art in Kapitel C. Abschnitt I.

81 Vgl. „Beschreibung“ in Duden Online, https://www.duden.de/node/21141/revision/552652, Bedeutung a).

renkaufrichtlinie kann deshalb nicht die Tätigkeit des Beschreibens der Ware gemeint sein, über die ein Merkmal Bestandteil des subjektiven, vertraglichen Pflichtprogramms wird. Es muss sich vielmehr um ein Merkmal der Ware handeln, das objektiv bestimmt werden kann.

Ein solches objektives Merkmal erhält man, indem man nicht auf die Tätigkeit, sondern auf den Inhalt der Beschreibung abstellt. Dafür spricht auch der Wortlaut des Art. 2 Abs. 2 a der Verbrauchsgüterkaufrichtlinie. Danach wird vermutet, dass Verbrauchsgüter vertragsgemäß sind, wenn sie mit der vom Verkäufer gegebenen Beschreibung übereinstimmen. Auch in diesem Zusammenhang kann nur eine Übereinstimmung der Verbrauchsgüter mit dem Inhalt der vom Verkäufer gegebenen Beschreibung gemeint sein.

(3) Der Inhalt der Beschreibung

Legt man den natürlichen Wortsinn zugrunde, so vermittelt eine Beschreibung ebenso wie die synonym zu verwendende Charakterisierung Informationen dazu, wie die Kaufsache beschaffen ist. In Abgrenzung zu einer Qualität stellt die Beschreibung dabei keine Bewertung der Sache in den Mittelpunkt. Eine Verletzung der Verpflichtung zur Lieferung von Waren, die der vertraglichen Beschreibung entsprechen, besteht also nicht unbedingt in der Lieferung schlechterer Waren. Unabhängig von der Qualität und dem Wert der Waren liegt unter dem Gesichtspunkt der Beschreibung eine Vertragswidrigkeit dann vor, wenn die gelieferten Waren anders sind, als es vertraglich geschuldet war.

Zu diesem Ergebnis führt auch eine Analyse der Kommentare zu Art. IV.A.-2:302 DCFR. Daraus ergibt sich, dass die Verfasser des DCFR unter der description genau das verstehen, was bereits der natürliche Wortsinn nahelegt: eine Beschreibung der Kaufsache durch den Verkäufer. Gegenstand dieser Beschreibung kann eine bestimmte Sacheigenschaft genauso sein wie der angestrebte Verwendungszweck. Zur Veranschaulichung greift der DCFR auf ein Kfz zurück, das sowohl als nur noch zum Ausschlachten geeignet[82] oder aber als fahrtüchtig[83] beschrieben werden kann.

Den Kommentaren zu DCFR kann überdies ein weiterer Gesichtspunkt der Beschreibung der Ware entnommen werden. Die Kommentare insgesamt deuten darauf hin, dass dem DCFR ein weiter Beschreibungsbegriff

82 Art. IV.A.-2:302 DCFR, Comment A, General, 1309: „*scrap car, for parts only*“.
83 Art. IV.A.-2:302 DCFR, ebd.

zugrunde liegt. So enthalten sie den ausdrücklichen Hinweis, dass auch solche Aspekte, die nur lose mit der Sache verbunden sind, zum Verlust der Vertragsmäßigkeit führen können.[84] Auch zusätzliche, nicht zur Sache gehörige Bestandteile der Vertragsmäßigkeit sollen unproblematisch unter die Vorschrift fallen, solange die Parteien sie nur vereinbart haben. Als Beleg wird auf die anderen Bestandteile der Vertragsmäßigkeit, wie die Verpackung oder die Gebrauchsanleitung, Bezug genommen. Dies wiederum wird verknüpft mit dem Hinweis, dass viele Beispiele solcher nur lose mit der Kaufsache verbundenen Aspekte ebenso gut unter die „description" der Sache subsumiert werden könnten.[85]

Im Rahmen des DCFR wird von den Verfassern also nicht streng zwischen den einzelnen Merkmalen der Vertragsmäßigkeit unterschieden. Gegenstand einer Beschreibung können danach Gesichtspunkte der Qualität der Ware ebenso sein wie ihre Eignung zu einem bestimmten Zweck oder mitzuliefernde Zubehörteile.

Nach alledem dürfte unter der Beschreibung der Ware im Sinne der Warenkaufrichtlinie der Inhalt der zwischen den Parteien getätigten, charakterisierenden Äußerungen zur Ware zu verstehen sein, wobei auch solche Aspekte Berücksichtigung finden, die nur lose mit der Kaufsache verbunden sind.

c) Das Verhältnis zur Beschaffenheit

Das deutsche Recht stellt, wie oben bereits dargestellt, anders als die europäischen Texte nicht auf die Qualität der gelieferten Ware ab. Es stellt vielmehr die Beschaffenheit der Kaufsache in den Mittelpunkt der Frage nach ihrer Mangelfreiheit. Ebenso wie der Begriff der Beschreibung enthält auch der Begriff der Beschaffenheit aus § 434 Abs. 1 BGB keine qualitative Bewertung der Kaufsache. Er kann daher auch Eigenschaften der Sache umfassen, die in keinem unmittelbaren Zusammenhang mit ihrer Güte oder ihrem objektiven Wert stehen.

Darüber hinaus erfasst der Beschaffenheitsbegriff des § 434 Abs. 1 BGB recht großzügig auch Umweltbeziehungen der Kaufsache und damit Aspekte, die nicht in der Kaufsache selbst liegen, sondern nur mit dieser verbunden sind. Auch die Beschreibung der Ware im Sinne der Warenkauf-

84 Art. IV.A.-2:301 DCFR, Comment D, Conformity includes incidental matters, 1299.
85 Art. IV.A.-2:301 DCFR, ebd.

richtlinie dürfte daher von der Beschaffenheit der Kaufsache im Sinne des BGB umfasst sein.

Das entspricht auch dem erklärten Willen des deutschen Gesetzgebers. Die von Art. 2 Abs. 2 a Verbrauchsgüterkaufrichtlinie verlangte Übereinstimmung des Verbrauchsguts mit der vom Verkäufer gegebenen Beschreibung sollte mit der Regelung eines Sachmangels bei einer Abweichung der Kaufsache von der zwischen den Parteien getroffenen Beschaffenheitsvereinbarung in § 434 Abs. 1 S. 1 BGB umgesetzt werden. Dies ergibt sich ausdrücklich aus der Begründung des Fraktionsentwurfs eines Gesetzes zur Modernisierung des Schuldrechts, die lautet: „*Artikel 2 Abs. 2 Buchstabe a der Verbrauchsgüterkaufrichtlinie enthält eine Vermutung der Vertragsmäßigkeit für den Fall, dass das Verbrauchsgut mit der vom Verkäufer gegebenen Beschreibung übereinstimmt und die Eigenschaften des Gutes besitzt, das der Verkäufer dem Verbraucher (Käufer) als Probe oder Muster vorgelegt hat. Dies wird durch § 434 Abs. 1 Satz 1 RE umgesetzt. Beschreibt der Verkäufer bei Vertragsschluss die Eigenschaften der verkauften Sache in einer bestimmten Weise, so werden, wenn der Käufer vor diesem Hintergrund seine Kaufentscheidung trifft, die Erklärungen des Verkäufers ohne weiteres zum Inhalt des Vertrags und damit zum Inhalt einer Beschaffenheitsvereinbarung im Sinne des Satzes 1.*“[86].

Der im deutschen Recht verwendete Begriff der Beschaffenheit bietet eine ausreichende Flexibilität, um auch diejenigen Gesichtspunkte zu erfassen, die in der Warenkaufrichtlinie mit der Beschreibung der Ware geregelt werden sollen. Eine Änderung des § 434 BGB dahin gehend, dass das Tatbestandsmerkmal einer Beschreibung in die Definition eines Sachmangels aufgenommen werden müsste, ist deshalb nicht erforderlich.

4. Funktionalität, Kompatibilität und Interoperabilität als neue Begriffe

Der Begriff der Funktionalität ist nur in der Warenkaufrichtlinie enthalten und wird dort in Art. 6 a zur subjektiven und in Art. 7 Abs. 1 d zur objektiven Anforderung an die Ware gemacht. Er ist in Art. 2 Nr. 9 Warenkaufrichtlinie legaldefiniert und bedeutet „*die Fähigkeit der Waren, ihre Funktionen ihrem Zweck entsprechend zu erfüllen*“.

Auch der Begriff der Kompatibilität wird nur in der Warenkaufrichtlinie gebraucht. Auch er stellt nach Art. 6 a einen Anknüpfungspunkt der subjektiven und nach Art. 7 Abs. 1 d einen Anknüpfungspunkt für die objektiven Anforderungen an die Vertragsmäßigkeit der Ware dar. In

86 Fraktionsentwurf, BT Drs. 14/6040, Seite 212.

Art. 2 Nr. 8 wird die Kompatibilität als „*die Fähigkeit der Waren, mit der Hardware oder Software zu funktionieren, mit der Waren derselben Art in der Regel benutzt werden, ohne dass die Waren, die Hardware oder die Software verändert werden müssen*“ legaldefiniert.

Schließlich wird aus dem Bereich der funktionalen Anforderungen an die Waren in Art. 6 a Warenkaufrichtlinie die Interoperabilität herausgegriffen. Art. 2 Nr. 10 Warenkaufrichtlinie enthält zur Interoperabilität die folgende Legaldefinition: Interoperabilität ist „*die Fähigkeit der Waren, mit einer anderen Hardware oder Software zu funktionieren als derjenigen, mit den* (sic!) *Waren derselben Art in der Regel benutzt werden*“.

Die Analyse des Beschaffenheitsbegriffs im deutschen Recht hat ergeben, dass darunter auch die sich aus den physischen Eigenschaften ergebende Verwendbarkeit der Kaufsache zu fassen ist. Auch die Frage, ob die Kaufsache aufgrund ihrer spezifischen Merkmale und Funktionsweise an einem bestimmten Ort oder in Verbindung mit anderen Sachen eingesetzt werden kann, fällt unter den Beschaffenheitsbegriff. Jedenfalls solange ein Zusammenhang zu den physischen Eigenschaften hergestellt werden kann, sind die Gesichtspunkte der Funktionalität, Kompatibilität und Interoperabilität vom Beschaffenheitsbegriff nach deutschem Recht umfasst.

In Bezug auf die Eignung der Kaufsache, ihre Funktionen aus sich heraus, aber auch im Zusammenspiel mit anderen Sachen zu erfüllen, wird die Beschaffenheit in § 434 BGB durch die Verwendungseignung nach § 434 Abs. 1 S. 2 Nr. 1 und Nr. 2 BGB ergänzt. Die Frage, ob im Rahmen dieser Verwendungseignung auch diejenige Funktionalität, Kompatibilität und Interoperabilität der Ware, in Bezug auf die keine Verbindung zu den physischen Eigenschaften der Kaufsache hergestellt werden kann, zu einem Sachmangel nach deutschen Recht führt, ist Gegenstand von Kapitel E Abschnitt I und II.

5. Die neue Anforderung der Haltbarkeit

Ein Anknüpfungspunkt für die Vertragsmäßigkeit der Ware, der in der Warenkaufrichtlinie erstmalig genannt wird, ist auch die Haltbarkeit der Ware. Es ist deshalb überaus hilfreich, dass auch dieser einer Legaldefinition zugeführt wurde. Art. 2 Nr. 13 Warenkaufrichtlinie gibt vor, dass unter der Haltbarkeit „*die Fähigkeit der Waren, ihre erforderlichen Funktionen und ihre Leistung bei normaler Verwendung zu behalten*“ zu verstehen ist. Die konkreten Anforderungen an die Haltbarkeit sind dabei im Hinblick auf die jeweils betroffenen Waren im Einzelfall zu ermitteln.[87]

Der Versuch einer Subsumtion der Haltbarkeit unter den Beschaffenheitsbegriff bereitet große Schwierigkeiten.[88] § 434 Abs. 1 S. 1 BGB sieht ausdrücklich vor, dass für die Feststellung eines Sachmangels auf den Zeitpunkt des Gefahrübergangs abzustellen ist. Entscheidend ist danach der Zustand der Kaufsache zu diesem und allein diesem Zeitpunkt. Die Haltbarkeit der Kaufsache erfährt deshalb im Rahmen des § 434 BGB nur insoweit faktische Berücksichtigung, als es einen Sachmangel darstellen kann, wenn ein die Funktionen oder die Leistung der Kaufsache beeinträchtigender Umstand bereits zum Zeitpunkt des Gefahrübergangs in der Sache angelegt ist, die Beeinträchtigung sich aber erst später zeigt.

Auch die Vorschrift des § 443 BGB spricht dagegen, dass die Haltbarkeit ein Bestandteil des Beschaffenheitsbegriffs ist. Die Haltbarkeit der Kaufsache ist Gegenstand von § 443 Abs. 2 BGB, in dem sie zum möglichen Inhalt einer Garantie gemacht wird. Dort wird sie der Beschaffenheitsgarantie aus § 443 Abs. 1 BGB gegenübergestellt. Im Rahmen der Legaldefinition der Haltbarkeitsgarantie wird auf die Beschaffenheit der Kaufsache Bezug genommen, indem es zum Gegenstand der Garantie gemacht wird, dass die Kaufsache eine bestimmte Beschaffenheit für einen bestimmten Zeitraum behält. Vor diesem Hintergrund erscheint es unwahrscheinlich, dass die Haltbarkeit im deutschen Kaufrecht bereits Bestandteil der Beschaffenheit ist. Die Haltbarkeit der Kaufsache wäre sonst Gegenstand und Bezugspunkt einer Haltbarkeitsgarantie zugleich.

Auch unter dem Regime der Warenkaufrichtlinie ist wegen Art. 10 Abs. 1 Warenkaufrichtlinie der Zeitpunkt der Lieferung entscheidend. Und auch in der Warenkaufrichtlinie haben Haltbarkeitsgarantien in Art. 17 eine eigene Regelung erfahren. Das spricht dafür, dass sich die Haltbarkeit der Ware auch im Rahmen der Warenkaufrichtlinie nur dann auf die Vertragsmäßigkeit der Ware auswirkt, wenn sie sich aus dem Zustand der Ware bei der Lieferung ergibt.[89] Ein solcher Ansatz lässt sich auch mit der Legaldefinition vereinbaren. Diese stellt nicht direkt auf eine bestimmte Lebens- oder Verwendbarkeitsdauer, sondern auf die Fähigkeit der Waren, ihre Funktionen und ihre Leistung zu behalten, ab.

---

87 Erwägungsgrund 32 zur Warenkaufrichtlinie; *Lommatzsch/Albrecht/Prüfer* in GWR 2020, 331, 332.

88 Vgl. *Bach* in NJW 2019, 1705, 1707.

89 I.d.S. auch *Faber* in Das neue europäische Gewährleistungsrecht, 2019, 63, 80; *Staudenmayer* in NJW 2019, 2889, 2890 f.; *Zöchling-Jud* in GPR 2019, 115, 123.

In diesem Zusammenhang ist jedoch auch das mit der Warenkaufrichtlinie verfolgte Ziel der Gewährleistung einer längeren Haltbarkeit zur Förderung nachhaltigerer Verbrauchergewohnheiten zu berücksichtigen. Zur Verfolgung dieses Ziels wurde die Haltbarkeit der Ware bewusst als zusätzliche Anforderung an die Ware in die Richtlinie eingeführt. Die Motive des europäischen Rechtsaktgebers dazu können aus Erwägungsgrund 32 zur Warenkaufrichtlinie entnommen werden. Dort wird ausgeführt: *„Die Gewährleistung einer längeren Haltbarkeit von Waren ist wichtig für die Förderung nachhaltigerer Verbrauchergewohnheiten und einer Kreislaufwirtschaft. Zur Stärkung des Vertrauens in das Funktionieren des Binnenmarkts ist es gleichermaßen von zentraler Bedeutung, dass Produkte, die nicht den Anforderungen genügen, aus dem Unionsmarkt ausgeschlossen werden, was durch eine bessere Marktüberwachung und das Setzen der richtigen Anreize für die Wirtschaftsteilnehmer erreicht werden kann. Vor diesem Hintergrund sind produktspezifische Rechtsvorschriften der Union das am besten geeignete Instrument, um für bestimmte Arten oder Gruppen von Produkten unter Zugrundelegung geeigneter Kriterien Anforderungen an die Haltbarkeit und andere Produkteigenschaften einzuführen. Die Ziele dieser Richtlinie sollten daher die mit solchen produktspezifischen Rechtsvorschriften der Union verfolgten Ziele ergänzen, und die Haltbarkeit sollte als objektives Kriterium für die Beurteilung der Vertragsmäßigkeit von Waren in die Richtlinie aufgenommen werden. Dabei sollte sich die Haltbarkeit in dieser Richtlinie auf die Fähigkeit der Waren beziehen, ihre erforderlichen Funktionen und ihre Leistung bei normaler Verwendung zu behalten. Damit Waren vertragsgemäß sind, sollten sie eine Haltbarkeit haben, die für Waren derselben Art üblich ist und die der Verbraucher in Anbetracht der Art der spezifischen Waren, einschließlich der möglichen Notwendigkeit einer vernünftigen Wartung der Waren, wie etwa der regelmäßigen Inspektion oder des Austausches von Filtern in einem Auto, und unter Berücksichtigung öffentlicher Erklärungen, die von dem Verkäufer oder im Auftrag des Verkäufers oder einer anderen Person in vorhergehenden Gliedern der Vertragskette abgegeben wurden, vernünftigerweise erwarten kann. Bei der Beurteilung sollten auch alle anderen maßgeblichen Umstände berücksichtigt werden, wie beispielsweise der Preis der Ware und die Intensität oder Häufigkeit der Verwendung seitens des Verbrauchers. Darüber hinaus sollte sich der Verbraucher, soweit eine etwaige vorvertragliche Erklärung, die Bestandteil des Kaufvertrags ist, spezifische Angaben zur Haltbarkeit enthält, darauf als Bestandteil der subjektiven Anforderungen an die Vertragsmäßigkeit berufen können.“*.[90]

90 Erwägungsgrund 32 zur Warenkaufrichtlinie.

Aus dem Umstand, dass Erwägungsgrund 32 zur Warenkaufrichtlinie auf Gesichtspunkte wie die Wartung der Ware und die Intensität beziehungsweise Häufigkeit ihrer Verwendung abstellt, kann abgeleitet werden, dass auch Entwicklungen, die erst nach dem Gefahrübergang stattfinden, in die Bewertung der Vertragsmäßigkeit unter dem Aspekt der Haltbarkeit einfließen sollen.[91] Es findet damit eine gewisse Zukunftsöffnung des Mangelbegriffs dergestalt statt, dass die Entwicklung der Ware nach Gefahrübergang für die Frage, ob die Ware zum Zeitpunkt des Gefahrübergangs die geschuldete Haltbarkeit besaß, zu berücksichtigen ist. Auf tatsächlicher Seite ist ein solcher Ansatz dem deutschen Recht nicht völlig fremd. Auch im deutschen Recht kann bei der in der Retrospektive stattfindenden Prüfung der Frage, ob ein Mangel zum Zeitpunkt des Gefahrübergangs vorlag, berücksichtigt werden, wie der Käufer die Sache eingesetzt hat und mit dieser umgegangen ist.

Nach alledem ist sowohl in Bezug auf die Warenkaufrichtlinie als auch in Bezug auf das BGB der Zeitpunkt des Gefahrübergangs für die Frage der Vertragsmäßigkeit entscheidend. BGB und Warenkaufrichtlinie enthalten dabei einen unterschiedlichen Fokus auf die Frage der Haltbarkeit. Nach deutschem Recht sind es allein die übrigen Anknüpfungspunkte, die auch dann zu einem Sachmangel führen, wenn sich eine Verletzung später realisiert, aber bereits zum Zeitpunkt des Gefahrübergangs in der Sache angelegt war. Im Rahmen der Warenkaufrichtlinie stellt die Haltbarkeit der Ware eine eigenständige, von den anderen Anknüpfungspunkten unabhängige Anforderung dar. Auch dann, wenn zum Zeitpunkt der Lieferung nachweislich alle anderen Anforderungen an die Vertragsmäßigkeit erfüllt waren, kann sich eine Vertragswidrigkeit allein aus dem Fehlen der geschuldeten Haltbarkeit ergeben. Mit der Haltbarkeit hebt die Warenkaufrichtlinie also einen Aspekt hervor, der vom Sachmangel nach deutschem Recht keine gesonderte Beachtung erfährt.[92]

Der deutsche Sachmangelbegriff deckt die Vertragsmäßigkeit der Ware im Sinne der Warenkaufrichtlinie bei dem Anknüpfungspunkt der Haltbarkeit demnach nicht ab. Wird eine richtlinienkonforme Umsetzung angestrebt, so muss der Gesichtspunkt der Haltbarkeit in die Sachmangeltatbestände des § 434 BGB neu aufgenommen werden.

Haltbarkeitsgarantien im Sinne des § 443 Abs. 2 BGB bleiben auch bei einer solchen Aufnahme der Haltbarkeit in den Mangelbegriff möglich. Anders als nach geltendem Recht treten Haltbarkeitsgarantien dann aller-

91 *Faber* in Das neue europäische Gewährleistungsrecht, 2019, 63, 80.
92 Vgl. *Kupfer/Weiß* in VuR 2020, 95, 97.

dings neben gesetzliche Gewährleistungsrechte. Es ist deshalb damit zu rechnen, dass sie an Bedeutung verlieren. Als vertragliche Verstärkungen der Käuferrechte, beispielsweise durch eine Absenkung der Voraussetzungen für Gewährleistungsrechte oder durch die Gewährung zusätzlicher Rechte, behalten sie dennoch einen Anwendungsbereich.

Abzuwarten bleibt, welche Auswirkungen die Aufnahme der Haltbarkeit in die Anforderungen an die Vertragsmäßigkeit der Ware auf die in Art. 11 Warenkaufrichtlinie beziehungsweise § 477 BGB enthaltene Beweislastumkehr entfaltet. Danach wird innerhalb der jeweils vorgesehenen Fristen vermutet, dass eine offenbar werdende Vertragswidrigkeit bereits bei Gefahrübergang in der Kaufsache angelegt war. Nach deutschem Recht kann sich der Verkäufer entlasten, indem er beweist, dass die Vertragswidrigkeit zum Zeitpunkt des Gefahrübergangs nicht in der Kaufsache angelegt und diese zu diesem Zeitpunkt in jeder Hinsicht mangelfrei war.[93] Die Haltbarkeit als Kriterium der Vertragsmäßigkeit kann nun dazu führen, dass ein Verbraucher sich, wenn dem Verkäufer dieser Beweis gelingt, immer noch darauf berufen kann, ein später aufgetretener Mangel beruhe darauf, dass in der Ware jedenfalls nicht die ausreichende Haltbarkeit angelegt gewesen sei. Im Rahmen der Entlastungsmöglichkeiten des Verkäufers erlangte der Nachweis eines fehlerhaften Umgangs mit der Sache durch den Verbraucher, übermäßig intensiver oder häufiger Verwendung oder beschädigender Fremdeinwirkung, damit entscheidende Bedeutung. Damit kämen einmal mehr die zur Frage der Haltbarkeit in Erwägungsgrund 32 zur Warenkaufrichtlinie angesprochenen Gesichtspunkte der Entwicklung der Ware nach Gefahrübergang zum Tragen. Es besteht deshalb Anlass zu der Vermutung, dass ein solcher Ansatz durchaus im Sinne des Richtliniengebers wäre. Meines Erachtens darf das für die Beweisverteilung zwischen den Parteien allerdings nicht bedeuten, dass der Verkäufer zwingend den Beweis über Umstände führen muss, die vollständig im Einflussbereich des Verbrauchers liegen. Eine in höchstem Maße sorgfältige und detaillierte Untersuchung der Kaufsache samt vollständiger Dokumentation darf auch im Rahmen von Art. 11 Warenkaufrichtlinie beziehungsweise § 477 BGB jedenfalls nicht von Beginn an als tauglicher Entlastungsbeweis ausgeschlossen sein.

---

93 BeckOK BGB/*Faust*, Stand 1.8.2020, § 477 Rn. 13.

6. Das ausdrückliche Nennen der Sicherheit als Anforderung

Die Sicherheit der Ware wird in der Warenkaufrichtlinie ebenfalls erstmalig ausdrücklich als Anforderung an ihre Vertragsmäßigkeit aufgeführt. Sie dürfte stets in einem direkten Zusammenhang mit den physischen Eigenschaften der Kaufsache stehen. Eine Subsumtion unter den Beschaffenheitsbegriff ist deshalb auch dann unproblematisch möglich, wenn man bei der Frage nach der Sicherheit in erster Linie darauf abstellt, ob der Einsatz oder Gebrauch der Kaufsache möglich ist, ohne den Verwender oder einen Dritten dabei unvorhersehbaren Gefahren auszusetzen.

7. Sonstige Merkmale im Sinne der Warenkaufrichtlinie

Schließlich sehen Art. 6 a und Art. 7 Abs. 1 d Warenkaufrichtlinie generalklauselartig vor, dass die Waren auch hinsichtlich ihrer sonstigen Merkmale den Anforderungen des Kaufvertrags und objektiven Käufererwartungen entsprechen müssen. In beiden Fällen stehen diese sonstigen Merkmale neben der Qualität der Ware, in Art. 6 a Warenkaufrichtlinie zusätzlich neben ihrer Beschreibung. Nach dem hier festgehaltenen Analyseergebnis stellt die Qualität die Summe aller Eigenschaften der Ware dar. Über die Beschreibung sind im Rahmen der subjektiven Anforderungen auch Merkmale erfasst, die nur eine lose Verbindung zur Substanz der Ware aufweisen. Vor diesem Hintergrund ist nur sehr schwer greifbar, welche zusätzlichen Attribute der Ware über das Merkmal ihrer sonstigen Merkmale geregelt werden sollen.

Insbesondere aufgrund der Tatsache, dass die Vertragsmäßigkeit der Ware im Rahmen der Art. 6 und 7 Warenkaufrichtlinie mit einer Vielzahl von Begriffen sehr detailliert geregelt worden ist, liegt die Vermutung nahe, dass auch der europäische Rechtsaktgeber bei der Formulierung der sonstigen Merkmale keine klaren Konturen vor Augen hatte. Die Vorschrift soll vielmehr alle Gesichtspunkte, die wertungsmäßig für die Vertragsmäßigkeit der Ware relevant sind, aber aus irgendeinem Grund nicht unter die anderen Anknüpfungspunkte subsumiert werden können, auffangen.

Die Beschaffenheit der Ware nach deutschem Recht umfasst nicht nur die Summe aller Eigenschaften der Kaufsache. Sie umfasst nach der Rechtsprechung des Bundesgerichtshofs zusätzlich auch ihre Umweltbeziehungen, und zwar nicht nur dann, wenn sie mit den physischen Eigenschaften der Kaufsache zusammenhängen, sondern auch dann, wenn sie sich auf die Wertschätzung der Kaufsache auswirken.[94] Auch wertungsmäßige Gesichtspunkte werden bei der Anwendung des Beschaffenheitsbegriffs im deutschen Recht daher bereits berücksichtigt. Es liegt deshalb nahe, dass der Begriff der Beschaffenheit jedenfalls grundsätzlich auch die sonstigen Merkmale der Ware mit umfasst. Dem Anknüpfungspunkt der sonstigen Merkmale aus Art. 6 a und Art. 7 Abs. 1 d Warenkaufrichtlinie kann diesbezüglich allenfalls der Appell entnommen werden, die weite Auslegung des Beschaffenheitsbegriffs beizubehalten. Eine noch weitere Öffnung der Sachmangeltatbestände ins Blaue hinein ist jedenfalls abzulehnen. Sie kann frühestens dann erfolgen, wenn weitere Klarheit darüber besteht, auf welche konkreten Gesichtspunkte der Anknüpfungspunkt der sonstigen Merkmale im Rahmen der Warenkaufrichtlinie abzielt.

8. Feststellung der über den Beschaffenheitsbegriff hinausgehenden Aspekte der sachbezogenen Anforderungen der Warenkaufrichtlinie

Die Anknüpfungspunkte der Qualität und Beschreibung aus der Warenkaufrichtlinie sind vom Beschaffenheitsbegriff des BGB vollständig umfasst. Auch die Merkmale der Funktionalität, Kompatibilität und Interoperabilität sind Bestandteile des Beschaffenheitsbegriffs, soweit sie in Zusammenhang mit den physischen Eigenschaften der Sache stehen. Ob sie nach geltendem deutschen Recht auch dann zu einem Sachmangel führen, wenn kein solcher Zusammenhang hergestellt werden kann, bedarf einer weiteren Untersuchung. Diese ist Gegenstand von Kapitel E Abschnitt I und II.

Einen neuen Aspekt enthält demgegenüber die Anforderung der Haltbarkeit aus Art. 7 Abs. 1 d Warenkaufrichtlinie. Dieser ist im Sachmangelbegriff des deutschen Rechts bislang nicht ausreichend enthalten. Für eine richtlinienkonforme Umsetzung der Warenkaufrichtlinie muss er in den Tatbestand des § 434 BGB aufgenommen werden.

Aufgrund der Konturenlosigkeit des Anknüpfungspunktes sollte einstweilen keine Änderung des § 434 BGB zur Aufnahme der sonstigen Merkmale aus Art. 6 a und Art. 7 Abs. 1 d Warenkaufrichtlinie vorgenommen werden. Es spricht viel dafür, dass auch diese sonstigen Merkmale bereits vom Beschaffenheitsbegriff umfasst sind. Ob sich dies bewahrheitet, bleibt zunächst abzuwarten. Erst nachdem der Begriff der sonstigen Merkmale in

94 BGH NJW 2016, 2874, 2874 f.; BGH BeckRS 2014, 17609, Rn. 17.

der Praxis mit Leben gefüllt worden ist, kann – sofern erforderlich – eine entsprechende Anpassung des deutschen Sachmangelbegriffs erfolgen.

II. Die Einbeziehung in das vertragliche Pflichtenprogramm

Im Hinblick auf die Einbeziehung der sachbezogenen Elemente in das vertragliche Pflichtenprogramm sieht die Warenkaufrichtlinie ebenso wie der GEK-E und der DCFR vier Varianten vor.

Zunächst soll die Sache nach Art. 6 a[95] Warenkaufrichtlinie in Bezug auf ihre Beschreibung, Qualität, Funktionalität, Kompatibilität, Interoperabilität und ihre sonstigen Merkmale den Anforderungen entsprechen, die sich aus dem Vertrag ergeben. Vergleichbare Regelungen enthalten in Bezug auf die Qualität und Art (*quality* and *description*) auch Art. 99 Abs. 1 a[96] GEK-E und Art. IV.A.-2:301 a[97] DCFR.

Daneben muss die Ware die Anforderungen des Art. 7 Warenkaufrichtlinie erfüllen. Für die sachbezogenen Merkmale der Vertragsmäßigkeit bedeutet das im Einzelnen: Hinsichtlich ihrer Qualität und der Beschreibung muss die Ware nach Art. 7 Abs. 1 b[98] Warenkaufrichtlinie der Probe oder dem Muster entsprechen, das der Verkäufer dem Verbraucher vor

---

95 Art. 6 a) Warenkaufrichtlinie lautet: „*Die Waren entsprechen dem Kaufvertrag, insbesondere wenn sie, soweit dies anwendbar ist,*
a) hinsichtlich der Beschreibung, der Art, der Menge und der Qualität, der Funktionalität, der Kompatibilität, der Interoperabilität und sonstiger Merkmale den Anforderungen entsprechen, die sich aus dem Kaufvertrag ergeben;“.

96 Art. 99 Abs. 1 (a) GEK-E lautet: *Die Waren oder digitalen Inhalte sind vertragsgemäß, wenn sie*
(a) in Menge, Qualität und Art den Anforderungen des Vertrags entsprechen,“.

97 Art. IV.A.-2:301 (a) DCFR lautet „*The goods do not conform with the contract unless they*
a) are of the quantity, quality and description required by the contract;“.

98 Art. 7 Abs. 1 b) Warenkaufrichtlinie lautet: "*(1) Zusätzlich zur Einhaltung der subjektiven Anforderungen an die Vertragsmäßigkeit müssen die Waren*
(...)
b) soweit anwendbar, der Qualität und der Beschreibung einer Probe oder eines Musters entsprechen, das der Verkäufer dem Verbraucher vor Vertragsschluss zur Verfügung gestellt hat,“.

Vertragsschluss zur Verfügung gestellt hat. Diese Regelung wiederum entspricht Art. IV.A.-2:302 c[99] DCFR und Art. 100 c[100] GEK-E.

Schließlich muss die Ware auch den vernünftigen Käufererwartungen gerecht werden. Die Ware muss deshalb wegen Art. 7 Abs. 1 d[101] Warenkaufrichtlinie hinsichtlich ihrer Qualität und ihrer sonstigen Merkmale – einschließlich ihrer Haltbarkeit, Funktionalität, Kompatibilität und Sicherheit – dem entsprechen, was bei Waren der gleichen Art üblich ist. Dabei ist auch entscheidend, was der Verbraucher in Anbetracht der Art der Waren und unter Berücksichtigung öffentlicher Erklärungen, die dem Verkäufer zuzurechnen sind, vernünftigerweise erwarten kann. Der letztere Gesichtspunkt ist auch nach Art. 100 f[102] GEK-E und in Art. IV.A.-2:303[103] DCFR entscheidend für die Vertragsmäßigkeit der Ware.

99 Art. IV.A.-2:302 (c) DCFR lautet: „*The goods must*
(c) possess the qualities of goods which the seller held out to the buyer as a sample or model;".

100 Art. 100 c) GEK-E lautet: „*Die Waren oder digitalen Inhalte müssen:*
(c) die Eigenschaften der Waren oder digitalen Inhalte besitzen, die der Verkäufer dem Käufer als Probe oder Muster vorgelegt hat;".

101 Art. 7 Abs. 1 d) Warenkaufrichtlinie lautet: „*(1) Zusätzlich zur Einhaltung der subjektiven Anforderungen an die Vertragsmäßigkeit müssen die Waren*
(…)
d) hinsichtlich ihrer Menge, Qualität und sonstigen Merkmale — einschließlich ihrer Haltbarkeit, Funktionalität, Kompatibilität und Sicherheit — dem entsprechen, was bei Waren der gleichen Art üblich ist und was der Verbraucher in Anbetracht der Art der Waren und unter Berücksichtigung öffentlicher Erklärungen, die von dem Verkäufer oder im Auftrag des Verkäufers oder einer anderen Person in vorhergehenden Gliedern der Vertragskette einschließlich des Herstellers, insbesondere in der Werbung oder auf dem Etikett, abgegeben wurden, vernünftigerweise erwarten kann.".

102 Art. 100 f) GEK-E lautet: „*Die Waren und digitalen Inhalte müssen*
(…)
f) diejenigen Eigenschaften und diejenige Tauglichkeit besitzen, die in einer vorvertraglichen Erklärung angegeben sind, die gemäß Artikel 69 Teil der Vertragsbestimmungen ist,".

103 IV.A.-2:303 DCFR lautet: „*The goods must possess the qualities and performance capabilities held out in any statement on the specific characteristics of the goods made about them by a person in earlier links of the business chain, the producer or the producer's representative which forms part of the terms of the contract by virtue of II.-9:102 (Certain pre-contractual statements regarded as contract terms).*".

Im Übrigen werden die vernünftigen Käufererwartungen in Art. 100 g GEK-E[104] und Art. IV.A.-2:302 f DCFR[105] abstrakt, das heißt ohne Bezugnahme auf Waren der gleichen Art, zum Anknüpfungspunkt der Vertragsmäßigkeit der Ware gemacht.

Diese Varianten der Einbeziehung lassen sich in eine subjektive, an den Vereinbarungen der Parteien orientierte Gruppe, und eine objektive, an allgemeinen Erwartungen orientierte Gruppe einteilen.

Fraglich ist, ob alle vier Varianten der Einbeziehung in das vertragliche Pflichtenprogramm auch im BGB eine hinreichende Entsprechung finden.

1. Die Anforderungen des Vertrags

Nach § 434 Abs. 1 S. 1 BGB ist die Sache frei von Sachmängeln, wenn sie bei Gefahrübergang die vereinbarte Beschaffenheit hat.

Erforderlich ist dafür eine reguläre vertragliche Vereinbarung in Bezug auf die Beschaffenheit, die bei einer Formbedürftigkeit des Vertrags auch dem Formzwang unterliegt.[106] An das Vorliegen einer Beschaffenheitsvereinbarung werden strenge Anforderungen gestellt.[107] So wird die übliche Beschaffenheit einer Sache ohne weitere Anhaltspunkte nicht im Wege einer konkludenten Vereinbarung Bestandteil der vereinbarten Beschaffenheit.[108]

---

104 Art. 100 g) GEK-E lautet: „*Die Waren und digitalen Inhalte müssen*
(...)
f) diejenigen Eigenschaften und diejenige Tauglichkeit besitzen, die in einer vorvertraglichen Erklärung angegeben sind, die gemäß Artikel 69 Teil der Vertragsbestimmungen ist, und
g) diejenigen Eigenschaften und diejenige Tauglichkeit besitzen, die der Käufer erwarten kann. Wenn zu bestimmen ist, was der Verbraucher von digitalen Inhalten erwarten kann, ist dem Umstand Rechnung zu tragen, ob die digitalen Inhalte gegen Zahlung eines Preises bereitgestellt wurden oder nicht.“.

105 IV.A.-2:302 (f) DCFR lautet: „*The goods must:*
(...)
(f) possess such qualities and performance capabilities as the buyer may reasonably expect.“.

106 BGH NJW 2018, 1954, 1954 f.; BGH NJW-RR 2018, 752, 753; BGH NJW 2016, 1815.

107 BGH NJW 2018, 146, 146; BGH NJW 2017, 2817, 2818; BGH NJW 2008, 1517, 1517.

108 Freilich ist die übliche Beschaffenheit im Hinblick auf die objektiv geschützten Käufererwartungen im Rahmen von § 434 Abs. 1 S. 2 Nr. 2 BGB dennoch erheblich.

Art. 6 a Warenkaufrichtlinie sieht dagegen nur vor, dass die gelieferten Waren hinsichtlich der Beschreibung, der Qualität, der Funktionalität, der Kompatibilität, der Interoperabilität und sonstiger Merkmale den Anforderungen entsprechen müssen, die sich aus dem Kaufvertrag ergeben.

Anders als § 434 Abs. 1 S. 1 BGB enthält Art. 6 a Warenkaufrichtlinie also keine klare Formulierung dahin gehend, dass es sich hierbei um zwischen den Parteien vereinbarte Merkmale handelt. Ein Vertrag entsteht jedoch gerade durch die Vereinbarungen zweier Parteien, die bei einem Kaufvertrag darauf gerichtet sind, dass eine bestimmte Sache erworben werden soll. Inhalt und Gegenstand des Vertrags werden deshalb durch eben diese Vereinbarungen bestimmt, sodass die Anforderungen eines Vertrags an eine Kaufsache nur dem entsprechen können, was die Parteien in Bezug auf diese Sache vereinbart haben.

Eine Kaufsache entspricht deshalb sowohl im Rahmen der Warenkaufrichtlinie als auch im Rahmen des BGB dann den Anforderungen des Vertrags, wenn sie diejenigen Merkmale aufweist, auf die die Parteien sich vertraglich geeinigt haben.

2. Proben und Muster

Art. 7 Abs. 1 b Warenkaufrichtlinie verlangt, dass die Waren, soweit anwendbar, der Qualität und der Beschreibung einer Probe oder eines Musters entsprechen, das der Verkäufer dem Verbraucher vor Vertragsschluss zur Verfügung gestellt hat.

Eine vergleichbare Regelung ist im BGB nicht enthalten, obwohl die Orientierung an vom Verkäufer vorgelegten Proben oder Mustern bereits Gegenstand von Art. 2 Abs. 2 a Verbrauchsgüterkaufrichtlinie gewesen ist. Fraglich ist deshalb, ob das Fehlen einer solchen Regelung bereits in Bezug auf die Verbrauchsgüterkaufrichtlinie ein Umsetzungsdefizit darstellt. Das wäre dann nicht der Fall, wenn die Fallgruppe vorgelegter Proben und Muster bereits durch einen anderen Fall der Einbeziehung in das vertragliche Pflichtenprogramm abgedeckt wäre.

Faktisch stellen vom Verkäufer vorgelegte Proben und Muster nichts anderes als eine besondere, nämlich gegenständliche Form der Beschreibung der Kaufsache dar.[109] Der deutsche Gesetzgeber ging deshalb davon aus,

---

109 Gebauer/Wiedmann/*Leible/Wilke*, Europäisches Zivilrecht, 2021, Kap. 11 Rn. 55; siehe auch Art. IV.A.-2:302 DCFR, Comment B, Default requirements of conformity, sample or model, 1310; Schulze/*Zoll*, CESL, 2012, Art. 100 Rn. 8.

dass eine Beschaffenheitsvereinbarung im Sinne des § 434 Abs. 1 S. 1 BGB vorliege, wenn dem Abschluss eines Kaufvertrags die Vorlage einer Probe oder eines Musters vorausgehe.[110] Dieser Ansatz ist durchaus überzeugend. Er soll allerdings dann nicht zur Anwendung kommen, wenn die Probe oder das Muster nur zu Werbezwecken vorgelegt werden.[111] Auch diese Einschränkung ist korrekt, denn für die Annahme einer Beschaffenheitsvereinbarung ist nur dann Raum, wenn die Vorlage der Probe oder des Musters zur Darstellung und Festlegung der Eigenschaften der Kaufsache dient. Werden mit der Vorlage ausschließlich Werbezwecke verfolgt, lässt sich eine entsprechende vertragliche Vereinbarung nicht konstruieren. Im geltenden deutschen Recht wird die Vorlage einer Probe oder eines Musters folglich als ein Unterfall eines vertraglich vereinbarten subjektiven Merkmals der Vertragsmäßigkeit der Ware behandelt.

Mit Anwendungsbeginn der Warenkaufrichtlinie wird diese Linie nicht weiterverfolgt werden können. Die Warenkaufrichtlinie enthält keine Einschränkung der Relevanz von Proben und Mustern, je nachdem zu welchem Zweck sie dem Verbraucher zur Verfügung gestellt wurden. Anders als in Art. 2 Abs. 2 Verbrauchsgüterkaufrichtlinie begründen die in Art. 6 bis 8 Warenkaufrichtlinie geregelten Tatbestände auch nicht nur eine Vermutung für die Vertragsmäßigkeit der Ware.[112] Jede Abweichung von den dort geregelten Merkmalen lässt vielmehr unmittelbar die Vertragsmäßigkeit der Waren entfallen. In diesem Zusammenhang listet die Warenkaufrichtlinie die Orientierung an Proben und Mustern ausdrücklich im Rahmen der objektiven Anforderungen an die Vertragsmäßigkeit der Ware auf. Im Zentrum des Schutzes sollen folglich die vernünftigen objektiven Käufererwartungen stehen. Für diese kommt es nicht darauf an, ob eine Probe oder ein Muster zur Festlegung der geschuldeten Eigenschaften der Kaufsache oder nur zu Werbezwecken vorgelegt wird.

Im Rahmen der Umsetzung der vollharmonisierenden Warenkaufrichtlinie müssen deshalb auch im BGB Proben und Muster zum objektiven Anknüpfungspunkt der geschützten Käufererwartungen gemacht werden. Insbesondere müssen sie auch dann zum Kriterium für einen Sachmangel

110 Fraktionsentwurf, BT Drs. 14/6040, 207; so auch BeckOK BGB/*Faust*, Stand 1.8.2020, § 434 Rn. 46.

111 Fraktionsentwurf, ebd.; so auch BeckOK BGB/*Faust*, Stand 1.8.2020, ebd.

112 In Bezug auf die Verbrauchsgüterkaufrichtlinie konnte deshalb argumentiert werden, es bestehe deshalb keine Pflicht zur Übernahme des Vermutungstatbestandes, weil sich die Vermutung des Art. 2 Abs. 2 Verbrauchsgüterkaufrichtlinie zugunsten des Verkäufers auswirke.

gemacht werden, wenn eine Vorlage ausschließlich zu Werbezwecken erfolgt.

3. Vernünftige Erwartungen des Käufers

a) Vergleich mit Waren der gleichen Art

Eine weitere Fallgruppe der objektiv geschützten vernünftigen Käufererwartungen sind diejenigen Annahmen des Käufers, die sich aus einem Vergleich der Qualität und der sonstigen Merkmale der gelieferten Ware mit Waren derselben Art ergeben.

Sie werden in Art. 7 Abs. 1 d Warenkaufrichtlinie[113] geschützt. Auch nach § 434 Abs. 1 S. 2 Nr. 2 BGB darf der Käufer erwarten, dass die Kaufsache die Beschaffenheit aufweist, die bei Waren der gleichen Art üblich ist und die der Käufer nach der Art der Sache erwarten kann.

(1) Selbstständigkeit der Anforderung

Sowohl Art. 7 Abs. 1 d Warenkaufrichtlinie als auch § 434 Abs. 1 S. 2 Nr. 2 BGB enthalten allerdings eine zusätzliche Voraussetzung. So werden die objektiven Käufererwartungen nach Art. 7 Abs. 1 d Warenkaufrichtlinie zusätzlich unter Berücksichtigung öffentlicher Erklärungen, die von dem Verkäufer oder im Auftrag des Verkäufers oder einer anderen Person in vorhergehenden Gliedern der Vertragskette einschließlich des Herstellers, insbesondere in der Werbung oder auf dem Etikett, abgegeben wurden, ermittelt. In § 434 Abs. 1 S. 2 Nr. 2 BGB werden die objektiven Käufererwartungen zusätzlich durch die Eignung zur gewöhnlichen Verwendung bestimmt.

---

113 Art. 7 Abs. 1 d) Warenkaufrichtlinie lautet: „*Zusätzlich zur Einhaltung der subjektiven Anforderungen an die Vertragsmäßigkeit müssen die Waren*
d) hinsichtlich ihrer Menge, Qualität und sonstigen Merkmale — einschließlich ihrer Haltbarkeit, Funktionalität, Kompatibilität und Sicherheit — dem entsprechen, was bei Waren der gleichen Art üblich ist und was der Verbraucher in Anbetracht der Art der Waren und unter Berücksichtigung öffentlicher Erklärungen, die von dem Verkäufer oder im Auftrag des Verkäufers oder einer anderen Person in vorhergehenden Gliedern der Vertragskette einschließlich des Herstellers, insbesondere in der Werbung oder auf dem Etikett, abgegeben wurden, vernünftigerweise erwarten kann.“.

Während die Vorschriften also dahin gehend übereinstimmen, dass die gelieferten Waren an den Merkmalen beziehungsweise der Beschaffenheit anderer Waren der gleichen Art gemessen werden, weichen sie im Hinblick auf die jeweils zweite Voraussetzung voneinander ab. Fraglich ist deshalb, ob ein bestimmtes Merkmal nur dann zum Bestandteil der geschützten Käufererwartungen wird, wenn jeweils beide Voraussetzungen kumulativ vorliegen. In Bezug auf die Warenkaufrichtlinie würde das bedeuten, dass eine objektiv geschützte Käufererwartung erst dann zustande käme, wenn ein bestimmtes Merkmal nicht nur bei Waren der gleichen Art üblich ist, sondern darüber hinaus eine entsprechende, dem Verkäufer zuzurechnende öffentliche Erklärung vorläge. Im BGB dagegen hinge die Zugehörigkeit eines Merkmals zur objektiven Käufererwartung nicht nur davon ab, ob die Kaufsache die Beschaffenheit hat, die bei Waren der gleichen Art üblich ist, sondern auch davon, ob sie sich zusätzlich für die übliche Verwendung eignet.

Allerdings hat Art. 7 Warenkaufrichtlinie die Vertragsmäßigkeit der Ware und § 434 BGB die Mangelfreiheit der Kaufsache zum Regelungsgegenstand. Sowohl Art. 7 Abs. 1 d Warenkaufrichtlinie als auch § 434 Abs. 1 S. 2 Nr. 2 BGB enthalten dazu mehrere Tatbestandsmerkmale, die kumulativ erfüllt sein müssen, damit diese Vertragsmäßigkeit beziehungsweise Mangelfreiheit erreicht wird.[114] In beiden Fällen führt deshalb das Nichtvorliegen jeder einzelnen Voraussetzung zur Vertragswidrigkeit beziehungsweise Mangelhaftigkeit. Daraus ergibt sich, dass bereits jede einzelne Voraussetzung ausreicht, um eine objektiv geschützte Käufererwartung auszulösen.[115] Konkret bedeutet das: Im Rahmen der Warenkaufrichtlinie kann sich eine vernünftige Käufererwartung hinsichtlich der Qualität und der sonstigen Merkmale der Ware bereits allein aus dem Vergleich mit Waren der gleichen Art ergeben. Auch im BGB wird die objektive Käufererwartung an die Beschaffenheit der Kaufsache allein auf der Grundlage eines Vergleichs mit Sachen der gleichen Art geschützt, ohne dass es zusätzlich darauf ankommt, ob eine Beeinträchtigung der gewöhnlichen Verwendung vorliegt.

Die Anforderungen stehen folglich selbstständig nebeneinander. Der von der Warenkaufrichtlinie zusätzlich angelegte Maßstab öffentlicher Äußerungen des Verkäufers oder diesem zuzurechnender Personen ist Gegen-

---

114 *Faber* in Das neue europäische Gewährleistungsrecht, 2019, 63, 92; BeckOK BGB/*Faust*, Stand 1.8.2020, § 434 Rn. 55.

115 So auch *Faber*, ebd.

stand des nächsten Gliederungspunktes.[116] Die Eignung zur gewöhnlichen Verwendung der Kaufsache aus § 434 Abs. 1 S. 2 Nr. 2 BGB wird in Kapitel E Abschnitt III 2 behandelt.

(2) Inhalt der Anforderung

Inhaltlich ist die Anforderung zunächst nicht schwer zu greifen. Sowohl Art. 7 Abs. 1 d Warenkaufrichtlinie als auch § 434 Abs. 1 S. 2 Nr. 2 BGB geben klar den Vergleich mit Waren derselben Art vor. Abstrakt wird dem Rechtsanwender damit eindeutig vorgegeben, wie der Maßstab an die Qualität beziehungsweise Beschaffenheit der Ware zu ermitteln ist. Große Schwierigkeiten kann im Einzelfall allerdings die Ermittlung der Art der Ware und damit die Festlegung einer geeigneten Referenzgruppe bereiten. Von zentraler Bedeutung ist dabei sicherlich die von den Parteien vorgenommene Beschreibung der Ware.[117] Im Übrigen werden die Linien, anhand derer eine solche Festlegung stattfinden kann, in Kapitel C Abschnitt II dargestellt.

(3) Handlungsbedarf im Rahmen der Umsetzung

Im Hinblick auf die sich aus einem Vergleich mit anderen Waren ergebenden objektiven Käufererwartungen ist kein Bedarf zur Änderung des Wortlauts des § 434 Abs. 1 S. 2 Nr. 2 BGB im Rahmen der Umsetzung der Warenkaufrichtlinie erkennbar.

b) Öffentliche Erklärungen des Verkäufers und bestimmter Dritter

Nach allen untersuchten Regelwerken entfalten öffentliche Äußerungen des Verkäufers oder diesem im Verhältnis zum Käufer zuzurechnender Personen in Bezug auf die Ware eine die geschützte Käufererwartung bestimmende Wirkung.

Nach Art. 7 Abs. 1 d Warenkaufrichtlinie ist die gelieferte Ware nur dann vertragsgemäß, wenn sie dem entspricht, was der Verbraucher unter

---

116 Kapitel B. Abschnitt II. 3. b).

117 Vgl. auch *Faber* in Das neue europäische Gewährleistungsrecht, 2019, 63, 87, der allerdings auf eine Information des Verbrauchers abstellt.

Berücksichtigung öffentlicher Erklärungen, die von dem Verkäufer oder im Auftrag des Verkäufers oder einer anderen Person in vorhergehenden Gliedern der Vertragskette einschließlich des Herstellers, insbesondere in der Werbung oder auf dem Etikett, abgegeben wurden, vernünftigerweise erwarten kann.

Eine ähnliche Vorschrift enthält auch Art. 2 Abs. 2 d Verbrauchsgüterkaufrichtlinie, dessen Vermutung für die Vertragsmäßigkeit der Verbrauchsgüter greift, wenn diese die Qualität und Leistungen aufweisen, die der Verbraucher vernünftigerweise erwarten kann. Dafür sind die insbesondere in der Werbung oder bei der Etikettierung gemachten öffentlichen Äußerungen des Verkäufers, des Herstellers oder dessen Vertreters über die konkreten Eigenschaften des Gutes in Betracht zu ziehen.

Diese Vorschrift wurde in § 434 Abs. 1 S. 3 BGB umgesetzt. Danach gehören zur Beschaffenheit nach § 434 Abs. 1 S. 2 Nr. 2 BGB auch Eigenschaften, die der Käufer nach den öffentlichen Äußerungen des Verkäufers, des Herstellers (§ 4 Abs. 1 und 2 des Produkthaftungsgesetzes) oder seines Gehilfen insbesondere in der Werbung oder bei der Kennzeichnung über bestimmte Eigenschaften der Sache erwarten kann.

Sowohl Art. 7 Warenkaufrichtlinie als auch § 434 Abs. 1 S. 3 BGB enthalten Ausschlusstatbestände, auf die sogleich im Einzelnen einzugehen sein wird.

(1) Kein Vertragsbestandteil

Zunächst soll jedoch ein vergleichender Blick auf Art. 100 f[118] GEK-E und Art. IV.A.-2:303[119] DCFR geworfen werden. Die Vorschriften unterscheiden sich bereits auf den ersten Blick in einem entscheidenden Punkt von denjenigen der Warenkaufrichtlinie, der Verbrauchsgüterkaufrichtlinie und des BGB. Dieser besteht darin, dass Art. 100 f GEK-E und Art.

---

118 Art. 100 f) GEK-E lautet: „*Die Waren oder digitalen Inhalte müssen:*
(..)
diejenigen Eigenschaften und diejenige Tauglichkeit besitzen, die in einer vorvertraglichen Erklärung angegeben sind, die gemäß Artikel 69 Teil der Vertragsbestimmungen ist,".

119 Art. IV.A.-2:303 DCFR lautet: „*The goods must possess the qualities and performance capabilities held out in any statement on the specific characteristics of the goods made about them by a person in earlier links of the business chain, the producer or the producer's representative which forms part of the terms of the contract by virtue of II.-9:102 (Certain pre-contractual statements regarded as contract terms).*".

IV.A.-2:303 DCFR ausdrücklich voraussetzen, dass die Erklärungen des Verkäufers oder der dritten Person Teil der Vertragsbestimmungen geworden sind.

Fraglich ist, ob es auch im Rahmen der Warenkaufrichtlinie, der Verbrauchsgüterkaufrichtlinie und auch des BGB eine ungeschriebene Tatbestandsvoraussetzung ist, dass die Erklärungen Bestandteil des Vertrags geworden sind. Im Hinblick auf die Verbrauchsgüterkaufrichtlinie und das BGB kann ein solches Erfordernis nicht angenommen werden. Bereits ihrem Wortlaut ist klar zu entnehmen, dass solche Erklärungen deshalb relevant sind, weil sie in maßgeblicher Weise bestimmen, was der Käufer vernünftigerweise und aus objektiver Sicht erwarten darf. Es ist deshalb gerade nicht erforderlich, dass die Erklärungen zum Vertragsinhalt werden. Sind sie Vertragsinhalt, so ist bereits § 434 Abs. 1 S. 1 BGB bzw. Art. 2 Abs. 1 Verbrauchsgüterkaufrichtlinie einschlägig.[120]

Auch im Rahmen der Warenkaufrichtlinie müssen die Erklärungen des Verkäufers oder ihm zuzurechnender Dritter nicht Vertragsbestandteil werden. Der Wortlaut der Warenkaufrichtlinie enthält keine Hinweise auf ein solches Erfordernis. Während die Aufnahme in den Vertrag im Rahmen des DCFR und des GEK-E also ausdrücklich geregelt wurde, ist im Rahmen der Warenkaufrichtlinie auf diese Voraussetzung verzichtet worden. Es kann vor diesem Hintergrund ausgeschlossen werden, dass es vergessen worden sein könnte, eine eigentlich gewollte Voraussetzung in den Text der Warenkaufrichtlinie zu formulieren. Vielmehr ist davon auszugehen, dass man sich bewusst dagegen entschieden hat, dass Erklärungen des Verkäufers oder Dritter Vertragsbestandteil werden müssen. Dafür spricht insbesondere der Standort der Regelung im Rahmen der ausdrücklich so bezeichneten objektiven Anforderungen an die Vertragsmäßigkeit der Ware. Hätte man eine vertragliche Regelung voraussetzen wollen, hätte eine Regelung im Rahmen der subjektiven Anforderungen erfolgen müssen.

(2) Die erklärenden Personen

Relevante Abweichungen enthalten die verschiedenen Vorschriften in Bezug auf den Personenkreis, dessen Erklärungen zu einer Gewährleistungshaftung des Verkäufers führen können.

---

120 Fraktionsentwurf, BT Drs. 14/6040, 212; BeckOK BGB/*Faust*, Stand 1.8.2020, § 434 Rn. 77.

Im Rahmen von Art. 7 Abs. 1 d Warenkaufrichtlinie sind diejenigen öffentlichen Erklärungen relevant, die vom Verkäufer, im Auftrag des Verkäufers oder einer anderen Person in vorhergehenden Gliedern der Vertragskette einschließlich des Herstellers, abgegeben wurden.

Art. IV.A.-2:303 DCFR hält den Verkäufer an den Erklärungen aller Personen aus vorhergehenden Gliedern der Vertragskette sowie des Herstellers und dessen Vertreters fest.

Im Rahmen von Art. 100 f i.V.m. Art. 69 Abs. 2, Abs. 3 GEK-E entfalten Äußerungen Dritter in erstaunlich großem Umfang Relevanz. Insbesondere sind nach Art. 69 Abs. 3 GEK-E gegenüber einem Verbraucher auch Erklärungen, die *„von oder im Auftrag eines Herstellers oder einer anderen Person abgegeben werden“*, mit umfasst. Der deutsche Wortlaut der Vorschrift legt also nahe, auch die Äußerungen beliebiger Dritter könnten ohne Weiteres Vertragsinhalt werden, solange nur der Verkäufer die Erklärung kannte oder kennen musste. Vermutlich handelt es sich dabei jedoch um einen Übersetzungsfehler.[121] Sowohl die englische[122] als auch die französische[123] Fassung des GEK-E enthalten eine Beschränkung auf solche Personen, die in der Vertragskette vor dem Verkäufer stehen.

Demgegenüber beschränkt sich der Kreis der neben dem Verkäufer in Betracht genommenen Dritten im Rahmen des BGB auf den Hersteller oder seine Gehilfen, wobei auch Gehilfen des Verkäufers selbst erfasst sein sollen.[124] Der gleiche Personenkreis ist auch Gegenstand von Art. 2 Abs. 2 d Verbrauchsgüterkaufrichtlinie, selbst wenn dort von Vertretern anstelle von Gehilfen gesprochen wird. Hintergrund der sprachlichen Abweichung

---

121 *Faust* in Gemeinsames Europäisches Kaufrecht für die EU?, 2012, 161, 167; *Lorenz* in AcP 212, 2012, 702, 728.

122 Art. 69 Abs. 3 CESL: *„Where the other party is a consumer then, for the purposes of paragraph 1, a public statement made by or on behalf of a producer or other person in earlier links of the chain of transactions leading to the contract is regarded as being made by the trader unless the trader, at the time of conclusion of the contract, did not know and could not be expected to have known of it.“*.

123 Art. 69 Abs. 3 DCEV: *„Aux fins du paragraphe 1, lorsque l'autre partie est un consommateur, une déclaration publique faite par un producteur ou en son nom, ou par une autre personne située plus en amont de la chaîne de transactions ayant abouti au contrat, est considérée comme faite par le professionnel sauf si ce dernier, lors de la conclusion du contrat, n'en avait pas connaissance et n'était pas censé en avoir connaissance.“*.

124 BeckOK BGB/*Faust*, Stand 1.8.2020, § 434 Rn. 81; *Grigoleit/Herresthal* in JZ 2003, 233, 237f.

ist lediglich die Verhinderung von Verwechslungen mit einer Stellvertretung im Sinne des § 164 BGB, um die es hier nicht gehen soll.[125]

§ 434 Abs. 1 S. 3 BGB weicht folglich insofern von den europäischen Texten und insbesondere der Warenkaufrichtlinie ab, als über den Hersteller und dessen Gehilfen hinaus keine Haftung für die Erklärungen von Personen vorgesehen ist, die vor dem Verkäufer in der Vertragskette stehen. Eine solche Haftung ist meines Erachtens kritisch zu beurteilen. Ein sachlicher Grund dafür, dass sich der Käufer auf Erklärungen, die weder von seinem Vertragspartner noch vom Hersteller als Fachmann stammen, verlassen können soll, ist nicht ersichtlich.[126] Für den Verkäufer führt die Vorschrift zu erheblichen Haftungsrisiken. Um sicher zu gehen, müsste er die Vertragsketten all seiner Waren stets bis zum Hersteller zurückverfolgen. Zwar ist er in den Fällen geschützt, in denen er die Äußerungen der Zwischenglieder der Vertragskette nicht kannte oder kennen konnte. Der Wert dieses Ausnahmetatbestands hängt jedoch stark davon ab, welche Anforderungen an das Kennen-Können gestellt werden. Im Übrigen ist zu beachten, dass der Verkäufer für eine Haftung nur die Erklärung, nicht aber deren Unrichtigkeit kennen muss.[127]

Dennoch wird im Hinblick auf Art. 4 Warenkaufrichtlinie, der eine vollständige Harmonisierung vorschreibt, und Erwägungsgrund 25 zur Warenkaufrichtlinie, der diese ganz besonders auf die Vorschriften zur Vertragsmäßigkeit bezieht, jedenfalls im Rahmen des Verbrauchsgüterkaufs kein Raum bleiben, von einer Erweiterung der Haftung des Verkäufers auf Äußerungen von vor ihm in der Vertragskette stehenden Personen abzusehen. Rein faktisch wird es einem Verbraucher sehr schwerfallen, den konkreten Großhändler zu benennen, von dem der Verkäufer seine Ware im Einzelfall bezogen hat. Es ist also unklar, ob eine solche Erweiterung große praktische Relevanz entwickeln wird.

---

125 Fraktionsentwurf, BT Drs. 14/6040, 214.
126 *Faust* in Gemeinsames Europäisches Kaufrecht für die EU?, 2012, 161, 167.
127 *Faust*, aaO., 168.

(3) Ausschlusstatbestände

Die in Art. 7 Abs. 2[128] Warenkaufrichtlinie, Art. 2 Abs. 4[129] Verbrauchsgüterkaufrichtlinie und § 434 Abs. 1 S. 3 BGB enthaltenen Ausschlusstatbestände, die eine dem Verkäufer zuzurechnende Erklärung für die Vertragsmäßigkeit der Ware irrelevant werden lassen, stimmen inhaltlich weitgehend überein.

In allen drei Regelwerken entfällt eine Haftung des Verkäufers, wenn die Erklärung bis zum Zeitpunkt des Vertragsschlusses in derselben oder einer vergleichbaren Weise wie jener, in der sie abgegeben wurde, berichtigt worden ist. Eine Haftung entfällt in den drei Regelwerken auch dann, wenn die Erklärung die Kaufentscheidung nicht beeinflussen konnte.

Schließlich stimmen die Verbrauchsgüterkaufrichtlinie und die Warenkaufrichtlinie insofern überein, als eine Haftung dann entfällt, wenn der Verkäufer die betreffende öffentliche Erklärung nicht kannte und vernünftigerweise nicht kennen konnte. Demgegenüber entfällt sie nach § 434 Abs. 1 S. 3 BGB bereits dann, wenn der Verkäufer die Erklärung nicht kennen musste. Im deutschen Recht kann sich der Verkäufer nach § 122 Abs. 2 BGB also damit entlasten, dass seine Unkenntnis der Erklärung eines Dritten nicht auf Fahrlässigkeit beruht. In Anbetracht der für den Verkäufer strengeren Regelung der Verbrauchsgüterkaufrichtlinie ist das kritisch.[130] Die Vorschrift ist deshalb bereits heute richtlinienkonform

---

128 Art. 7 Abs. 2 Warenkaufrichtlinie lautet: „*2) Der Verkäufer ist durch die in Absatz 1 Buchstabe d genannten öffentlichen Erklärungen nicht gebunden, wenn er nachweisen kann, dass*
a) er die betreffende öffentliche Erklärung nicht kannte und vernünftigerweise nicht kennen konnte,
b) die betreffende öffentliche Erklärung bis zum Zeitpunkt des Vertragsschlusses in derselben oder einer vergleichbaren Weise wie jener, in der sie abgegeben wurde, berichtigt worden ist, oder
c) die Kaufentscheidung nicht durch die öffentliche Erklärung beeinflusst worden sein konnte.“.

129 Art. 2 Abs. 4 Verbrauchsgüterkaufrichtlinie lautet: „*Der Verkäufer ist durch die in Absatz 2 Buchstabe d) genannten öffentlichen Äußerungen nicht gebunden, wenn er*
— nachweist, daß er die betreffende Äußerung nicht kannte und vernünftigerweise nicht davon Kenntnis haben konnte,
— nachweist, daß die betreffende Äußerung zum Zeitpunkt des Vertragsschlusses berichtigt war, oder
— nachweist, daß die Kaufentscheidung nicht durch die betreffende Äußerung beeinflußt sein konnte.“.

130 A.A.: Gebauer/Wiedmann/*Leible/Wilke*, Europäisches Zivilrecht, 2021, Kap. 11 Rn. 70.

auszulegen, indem an die Sorgfalt des Verkäufers ein strenger Maßstab anzulegen ist. Insoweit wird eine Entlastung in Bezug auf eigene Erklärungen des Verkäufers oder seiner Gehilfen nicht möglich sein. Soweit Äußerungen des Herstellers, dessen Gehilfen oder zukünftig auch anderer Dritter, die in der Vertragskette vor dem Verkäufer stehen, betroffen sind, kommt es darauf an, inwieweit von einem Verkäufer verlangt werden kann, deren Äußerungen und insbesondere Werbung zu verfolgen. Von einem unternehmerischen Verkäufer wird man dabei erwarten dürfen, dass er sich durch Lektüre der Kataloge und Internetseiten seiner Lieferanten und der Hersteller der von ihm verkauften Produkte informiert hält.[131]

In Bezug auf die Beweislast ergeben sich dann wieder keine Unterschiede. Sowohl in der Warenkaufrichtlinie als auch in der Verbrauchsgüterkaufrichtlinie und im BGB trägt der Verkäufer die Beweislast für das Vorliegen eines Ausschlusstatbestandes. In Art 7 Abs. 2 Warenkaufrichtlinie („*wenn er nachweisen kann*") und Art. 2 Abs. 4 Verbrauchsgüterkaufrichtlinie („*wenn er nachweist*") ist diese Beweislastverteilung ausdrücklich formuliert. Auch dem Wortlaut des § 434 Abs. 1 S. 3 BGB ist die Umkehr der in Bezug auf das Vorliegen eines Mangels sonst beim Käufer liegenden Beweislast eindeutig zu entnehmen („*es sei denn*").

In Anbetracht des weitgehenden Gleichklangs der Vorschriften ist der im Rahmen der Umsetzung der Warenkaufrichtlinie zu bewältigende Änderungsbedarf überschaubar. Hinsichtlich der Ausschlusstatbestände ist lediglich das Nicht-Kennen-Müssen einer Erklärung in § 434 Abs. 1 S. 3 BGB durch ein Nicht-Kennen-Können zu ersetzen.

c) Abstrakter Schutz objektiver Käufererwartungen

Art. 100 g[132] GEK-E und Art. IV.A.-2:302 f[133] DCFR enthalten zusätzlich einen abstrakten Schutz der objektiven Käufererwartungen. Die Vorschriften verzichten dabei auf jede Bezugnahme auf Anhaltspunkte, aus denen

---

131 BeckOK BGB/*Faust*, Stand 1.8.2020, § 434 Rn. 88.

132 Art. 100 g) GEK-E lautet: „*Die Waren oder digitalen Inhalte müssen:*
(…)
(g) diejenigen Eigenschaften und diejenige Tauglichkeit besitzen, die der Käufer erwarten kann. Wenn zu bestimmen ist, was der Verbraucher von digitalen Inhalten erwarten kann, ist dem Umstand Rechnung zu tragen, ob die digitalen Inhalte gegen Zahlung eines Preises bereitgestellt wurden oder nicht.".

133 Art. IV.A.-2:302 (f) DCFR lautet: „*The goods must:*
(…)

sich diese Käufererwartungen in Bezug auf die Waren ergeben könnten. Die Vorschriften stellen Auffangtatbestände dar[134] und halten das vielen anderen Fallgruppen zugrunde liegende Leitmotiv der objektiv berechtigten Käufererwartung fest.

Dieses Merkmal der Vertragsmäßigkeit wird in den Kommentaren zum DCFR als besonders wichtig gelobt.[135] Eine abstrakte Bestimmung dessen, was der Käufer vernünftigerweise erwarten darf, ist allerdings kaum möglich. Auch die Kommentare zu Art. IV.A.-2:302 f bleiben hier jede echte Hilfestellung schuldig. Es wird bewusst offengelassen, welche Erwartungen des Käufers vernünftig sind. Die Entscheidung dieser Fragen soll, so der Kommentar zu Art. IV.A.-2:302 f, der Rechtsprechung überlassen bleiben.[136] Festgehalten wird lediglich, dass auch vernünftige Käufererwartungen dann nicht immer Einfluss auf die Vertragsmäßigkeit haben können, wenn der Verkäufer sie nicht kennt. Gleichzeitig soll die Vorschrift aber über die benannten Fallgruppen, aus denen sich vernünftige Käufererwartungen ergeben können, wie die übliche Verwendung oder Verpackung vergleichbarer Kaufsachen, hinausgehen.[137] Erfasst werden nur diejenigen Fälle, die nicht bereits in eine der anderen in Art. 99 bis Art. 102 GEK-E beziehungsweise Art. IV.A.-2:301 bis Art. IV.A.-2:305 DCFR bezeichneten Gruppen fallen.[138]

Keine der genannten Vorschriften ist jemals in Kraft getreten oder gar zur Anwendung gekommen. Ob überhaupt ein Anwendungsbereich für diese Vorschriften vorhanden wäre, darf bezweifelt werden.[139] Denkbar wären allenfalls Merkmale, die sich nicht auf die Verwendbarkeit der Kaufsache auswirken.[140] In jedem Fall hätte sichergestellt werden müssen, dass durch eine Anwendung von Art. 100 g GEK-E beziehungsweise Art. IV.A.-2:302 f DCFR nicht die Beschränkungen der anderen Tatbestände

---

(f) possess such qualities and performance capabilities as the buyer may reasonably expect.".

134 Schmidt-Kessel/*Remien*, Der Entwurf für ein gemeinsames Europäisches Kaufrecht, Art. 100 Rn. 8; so auch Comment B zu Art. IV.A.-2:302 DCFR.

135 Art. IV.A.-2:302 DCFR, Comment B, Default requirements of conformity, Buyer's reasonable expectations, 1311.

136 Art. IV.A.-2:302 DCFR, ebd.

137 Art. IV.A.-2:302 DCFR, ebd.

138 *Faust* in Gemeinsames Europäisches Kaufrecht für die EU?, 2012, 161, 168.

139 *Lorenz* in AcP 212, 2012, 702, 728f.

140 *Faust* in Gemeinsames Europäisches Kaufrecht für die EU?, 2012, 161, 168.

unterlaufen werden oder einseitigen Käufervorstellungen Tür und Tor geöffnet wäre.[141]

Den Vorschriften fehlen letztlich sowohl jede Kontur als auch eine klare Idee für einen möglichen Anwendungsbereich. Sie bergen das Risiko, dass die übrigen, bewusst formulierten Tatbestände der Vertragsmäßigkeit ausgehöhlt werden. Es ist vor diesem Hintergrund zu begrüßen, dass in der Warenkaufrichtlinie auf eine vergleichbare Vorschrift verzichtet worden ist.

d) Beschränkung der Erwartungshaltung auf ein vernünftiges Maß

Nachdem die die Käufererwartungen konstituierenden Merkmale beleuchtet worden sind, stellt sich die Frage, ob es auch Gesichtspunkte gibt, die die objektiv geschützten Käufererwartungen beschränken. Eine solche Beschränkung ist in Art. 7 Abs. 1 d Warenkaufrichtlinie durchaus angelegt, der diesbezüglich den Ausdruck „vernünftigerweise erwarten kann" anbietet.

Zu der Frage der Vernünftigkeit enthält Erwägungsgrund 24 zur Warenkaufrichtlinie die folgende Aussage: *„Im Interesse eines ausgewogenen Gleichgewichts zwischen dem Erfordernis der Rechtssicherheit und einer angemessenen Flexibilität der Rechtsvorschriften sollte der Verweis in dieser Richtlinie darauf, was eine Person erwarten kann bzw. was von einer Person erwartet werden kann, als Verweis darauf verstanden werden, was „vernünftigerweise" erwartet werden darf. Der Standard für „Vernünftigkeit" bzw. „Angemessenheit" sollte objektiv unter Berücksichtigung der Art und des Zwecks des Vertrags, der Umstände des Einzelfalls und der Gebräuche und Gepflogenheiten der Vertragsparteien bestimmt werden.*"[142]

Dem können die folgenden Informationen entnommen werden. Zum einen ist auch die Vernünftigkeit einer Erwartung anhand eines objektiven Maßstabs zu ermitteln. Zum anderen kann die Frage der Vernünftigkeit nur im Einzelfall beantwortet werden, weil sie von den Umständen des jeweiligen Einzelfalls und den Gebräuchen und Gepflogenheiten der Vertragsparteien abhängig ist.[143]

Einen vergleichbaren Ausdruck enthält § 434 Abs. 1 S. 2 Nr. 2 BGB nicht. Allerdings wird auch im Rahmen des BGB unter Bezugnahme auf

---

141 *Lorenz* in AcP 212, 2012, 702, 728f.

142 Erwägungsgrund 24 zur Warenkaufrichtlinie.

143 *Faber* in Das neue europäische Gewährleistungsrecht, 2019, 63, 93.

den Relativsatz „die der Käufer nach der Art der Sache erwarten kann" eine Beschränkung vorgenommen. Die in der Vorschrift enthaltenen Aspekte der Beschaffenheit, die bei Sachen der gleichen Art üblich ist und die der Käufer nach der Art der Sache erwarten kann, werden dabei so miteinander verbunden, dass eine bei Sachen der gleichen Art übliche Beschaffenheit nur geschuldet wird, sofern der Käufer diese auch erwarten kann.[144] Das Gleiche soll dann gelten, wenn die übliche Beschaffenheit der Kaufsache durch öffentliche Erklärungen im Sinne des § 434 Abs. 1 S. 2 BGB beeinflusst wird.[145] Die Kaufsache sei folglich dann frei von Sachmängeln, wenn sie entweder die übliche Beschaffenheit aufweist oder diejenige Beschaffenheit, die der Käufer erwarten kann.[146] Eine solche Einschränkung sei deshalb erforderlich, weil anderenfalls die Regelung des § 434 Abs. 1 S. 1 BGB zur vertraglich vereinbarten Beschaffenheit der Kaufsache unterlaufen werde.[147]

Grundsätzlich ist dieser Ansatz auch dem europäischen Rechtsaktgeber nicht fremd.[148] Die Parteien sollen grundsätzlich frei sein, die Parameter ihrer Vereinbarung selbst festzulegen. Das gilt auch für die Merkmale der geschuldeten Kaufsache. Bereits die den Mustervorschriften des DCFR vorangestellten, allgemeinen Prinzipien legen einen starken Fokus auf die Vertragsfreiheit. *„freedom"* wird dort neben *„security, justice and efficiency"* als eines der grundlegenden Prinzipien des Privatrechts aufgezählt. Unter diesen vier Prinzipien wird der Freiheit besonders für den Bereich der Verträge eine besondere Bedeutung attestiert.[149]

Die vier Prinzipien sollen nach dem DCFR jedoch nicht grenzenlos gelten. In einem Konfliktfall beschränken sie sich gegenseitig.[150] Als Beispiel greift der DCFR unter anderem den Verbrauchsgüterkauf auf, in dem wegen der faktisch stärkeren Position des Verkäufers ein Konflikt zwischen *„freedom"* und *„justice"* möglich und interessengerecht aufzulösen sei. Der

---

144 BeckOK BGB/*Faust*, Stand 1.8.2020, § 434 Rn. 56.

145 BeckOK BGB/*Faust*, Stand 1.8.2020, § 434 Rn. 57.

146 BeckOK BGB/*Faust*, Stand 1.8.2020, § 434 Rn. 56; *Höpfner* in NJW 2009, 2057, 2057 f.; Reinicke/Tiedtke, KaufR, 2009, Rn. 329; aA Erman/*Grunewald*, BGB, 2017, § 434 Rn. 22; Staudinger/*Matusche-Beckmann*, BGB, 2014, § 434 Rn. 81, 93 f.; MüKoBGB/*Westermann*, 2019, § 434 Rn. 24.

147 BeckOK BGB/*Faust*, Stand 1.8.2020, ebd.

148 Siehe zum GEK-E: *Lorenz* in AcP 212, 2012, 702, 730.

149 DCFR, Principles, The underlying principles of freedom, security, justice and efficiency, 47 ff.

150 DCFR, ebd.

vom DCFR vorgeschlagene Weg führt in erster Linie über Transparenz.[151] Der Verbraucher soll vom Verkäufer so aufgeklärt werden, dass er aus seiner benachteiligten Position befreit wird, um dann wieder von der Freiheit, eine Entscheidung zu treffen, Gebrauch machen zu können.

Wie diese Transparenz in Bezug auf die Vertragsmäßigkeit der Ware sichergestellt werden soll, ist dem Kommentar zu Art. IV.A.-2:302 zu entnehmen, der ausdrücklich die Beschreibung der Kaufsache in den Fokus stellt. Dort wird ausgeführt, dass Art. IV.A.-2:309 DCFR im Rahmen eines Verbrauchsgüterkaufs zwar keine Abweichung von der im DCFR getroffenen rechtlichen Regelung zulässt, innerhalb dieser Regeln bei der Beschreibung der Kaufsache aber erhebliche Freiräume bestünden. Die Kaufsache kann also in Bezug auf ein bestimmtes Merkmal als defizitär beschrieben werden, mit der Folge, dass sie dann auch gegenüber einem Verbraucher nur konkret dieser Beschreibung entsprechen muss.[152] Das führt für die Verkäufer zu der Verpflichtung, die Kaufsache sehr genau und transparent zu beschreiben. In Bezug auf die beschreibbaren Merkmale setzt der DCFR rechtlich jedoch keine Grenze.

Dennoch ist fraglich, ob der im deutschen Recht vertretene Ansatz über den Geltungsbeginn der Warenkaufrichtlinie hinaus aufrechterhalten werden kann. Die Vorgaben an die Information und Einbeziehung des Verbrauchers werden im Rahmen der Warenkaufrichtlinie nicht nur sehr klar beschrieben, sie werden dabei im Vergleich zu den vorausgehenden europäischen Texten auch strenger ausgestaltet.[153] In Art. 7 Abs. 5[154] Warenkaufrichtlinie ist ausdrücklich geregelt, unter welchen Voraussetzungen die Abweichung von einer objektiven Anforderung nach Art. 7 Abs. 1 Warenkaufrichtlinie ausnahmsweise nicht die Vertragswidrigkeit der Ware auslöst. Danach ist neben einer expliziten Information des Verbrauchers zusätzlich dessen ausdrückliche und gesonderte Zustimmung erforderlich. Diese Voraussetzungen gehen über diejenigen einer regulären vertraglichen Vereinbarung hinaus.

---

151 DCFR, aaO. 47, 51 f.

152 Art. IV.A.-2:302 DCFR, Comment A, General, 1309.

153 *Faber* spricht gar von einem Paradigmenwechsel, in Das neue europäische Gewährleistungsrecht, 2019, 63, 81.

154 Art. 7 Abs. 5 Warenkaufrichtlinie lautet: *„Es liegt keine Vertragswidrigkeit im Sinne der Absätze 1 oder 3 vor, wenn der Verbraucher zum Zeitpunkt des Abschlusses des Kaufvertrags eigens darüber in Kenntnis gesetzt wurde, dass ein bestimmtes Merkmal der Waren von den in den Absätzen 1 und 3 vorgesehenen objektiven Anforderungen an die Vertragsmäßigkeit abweicht, und er bei Abschluss des Kaufvertrags dieser Abweichung ausdrücklich und gesondert zugestimmt hat.“*.

Daran ändert auch die in Art. 7 Abs. 1 d Warenkaufrichtlinie enthaltene Beschränkung auf die vom Käufer verlangte Vernunft nichts. Diese ist nach Erwägungsgrund 24 objektiv zu ermitteln. In Verbindung mit der klaren Regelung des Art. 7 Abs. 5 Warenkaufrichtlinie ergibt sich daraus, dass eine schlichte Beschreibung der Kaufsache im Rahmen der vertraglichen Einigung die Vernünftigkeit einer Käufererwartung nicht beseitigt.

Der im deutschen Recht vertretene Ansatz, nach dem allein eine vertragliche Vereinbarung einer Beschaffenheit dazu führen kann, dass die übliche Beschaffenheit von Sachen der gleichen Art nicht mehr geschuldet wird, wird daher aufzugeben sein. Auswirkungen auf den Wortlaut des § 434 Abs. 1 S. 2 Nr. 2 BGB wird dies indes nicht haben. Art. 7 Abs. 1 d Warenkaufrichtlinie enthält den dem Ansatz zugrunde liegenden Relativsatz in fast wortgleicher Formulierung.[155] Im Übrigen darf jedenfalls in Bezug auf die Fallgruppe der aus dem Vergleich mit Waren der gleichen Art ermittelten Käufererwartungen bezweifelt werden, dass eine Aufgabe des Ansatzes faktisch zu großen Veränderungen führt. Auch zukünftig werden für die Festlegung der Art einer Sache sachgerechte Gattungsgrenzen zu bestimmen sein. Dabei kommt es nicht zuletzt auf die zwischen den Parteien getroffene Vereinbarung und die darin enthaltene Beschreibung der Kaufsache an. Inhaltlich würde eine im Rahmen des Kaufvertrags vorgenommene Beschreibung der Kaufsache also nicht mehr dazu führen, dass die Kaufsache von der unter Berücksichtigung ihrer Art ermittelten üblichen Beschaffenheit abweichen darf. Sie gestaltet diese Üblichkeit vielmehr inhaltlich, indem sie Einfluss auf die Festlegung der Art der Kaufsache nimmt.

4. Erforderliche Erweiterung objektiv geschützter Käufererwartungen

In Bezug auf die Einbeziehung der sachbezogenen Merkmale der Ware in das vertragliche Pflichtprogramm ist zur Umsetzung der Warenkaufrichtlinie an verschiedenen Stellen eine Anpassung des § 434 BGB erforderlich. So müssen Proben und Muster als Anknüpfungspunkt der geschützten objektiven Käufererwartungen aufgenommen werden. Im Hinblick auf geschützte Erwartungen des Käufers, die sich aus öffentlichen Erklärungen ergeben, müssen Personen, die in der Vertragskette vor dem Verkäufer stehen, in den Kreis der Personen aufgenommen werden, deren Erklärungen

155 Art. 7 Abs. 1 d) Warenkaufrichtlinie lautet insoweit: *„und was der Verbraucher in Anbetracht der Art der Waren (...) erwarten kann.“*.

Relevanz entfalten. Die den Verkäufer entlastenden Ausschlusstatbestände müssen dahin gehend verschärft werden, dass es nicht länger ausreicht, wenn ein Verkäufer eine Erklärung nicht kennen musste. Erforderlich für eine Entlastung muss vielmehr sein, dass er sie nicht kennen konnte.

III. Schlussfolgerungen zur Reformbedürftigkeit des Mangelbegriffs hinsichtlich der unmittelbar auf die Kaufsache bezogenen Anforderungen

Die Analyse der verschiedenen Begriffe ergibt, dass die Beschaffenheit der Kaufsache nach deutschem Recht grundsätzlich sehr gut geeignet ist, die sachbezogenen Anforderungen, die die Warenkaufrichtlinie an die Vertragsmäßigkeit der Ware stellt, umzusetzen. Lediglich die Haltbarkeit aus Art. 7 Abs. 1 d Warenkaufrichtlinie ist nach der hier vertretenen Auffassung nicht vom Beschaffenheitsbegriff abgedeckt.

Auch in Bezug auf die Einbeziehung der verschiedenen Merkmale in das vertragliche Pflichtprogramm ist keine Grundlagenreform des § 434 BGB erforderlich. Nur einzelne Gesichtspunkte, wie die Relevanz von Proben und Mustern sowie von Erklärungen Dritter, die in der Vertragskette über dem Verkäufer stehen, müssen aufgenommen werden. Schließlich müssen die Anforderungen an den Entlastungsbeweis des Verkäufers in Bezug auf öffentliche Äußerungen zur Kaufsache angehoben werden, sodass ein Nicht-Kennen-Können der Erklärungen nachgewiesen werden muss.

IV. Kritik am aktuellen Stand der Umsetzung

Der Begriff der Beschaffenheit soll nach dem Umsetzungsvorschlag des Referentenentwurfs auch weiterhin erhalten bleiben und einen der zentralen Anknüpfungspunkte an die Mangelfreiheit der Kaufsache darstellen.[156] Dies ist wenig überraschend, hat sich der Begriff der Beschaffenheit im Rahmen der Untersuchung doch als ausgesprochen geeignet erwiesen, die verschiedensten Anforderungen und Gesichtspunkte der Mangelfreiheit abzubilden.

---

156 Referentenentwurf, 3, siehe dort Art. 1 Nr. 1, § 434 Abs. 2 S. 1 Nr. 1 und Abs. 3 S. 1 Nr. 2 und Nr. 3.

Allerdings enthalten sowohl § 434 Abs. 2 S. 2[157] als auch § 434 Abs. 3 S. 2[158] in der im Referentenentwurf vorgeschlagenen Version (im Folgenden BGB Fassung im Referentenentwurf) jeweils eine Aufzählung von Aspekten, die von dem Begriff der Beschaffenheit umfasst sein sollen. Es handelt sich bei diesen Aufzählungen jedoch nicht um eine echte Definition der Beschaffenheit. Sie scheinen eher den Versuch darzustellen, alle in Art. 6 a beziehungsweise Art. 7 Abs. 1 d Warenkaufrichtlinie genannten Aspekte zum Bestandteil der Beschaffenheit zu machen und so die eigene Umsetzungsbereitschaft zu dokumentieren. Vor dem Hintergrund des Vollharmonisierungs-Gebots kann die starke Anlehnung des Referentenentwurfs an den Wortlaut der Warenkaufrichtlinie nicht überraschen.[159] Die Anreicherung des Beschaffenheitsbegriffs um verschiedenste Tatbestandsmerkmale der Art. 6 und 7 Warenkaufrichtlinie erscheint indes nur auf den ersten Blick geschickt.

Der Versuch, die Menge der nach dem Kaufvertrag geschuldeten Kaufsachen unter den Begriff der Beschaffenheit der Kaufsache zu zwingen, begegnet dabei in erster Linie stilistischen Bedenken.

Rechtlich problematisch ist demgegenüber die Erstreckung des Beschaffenheitsbegriffs auf die Art der Sache. Die Aliud-Lieferung soll nach dem Referentenentwurf weiterhin gesondert, in einem neu zu schaffenden § 434 Abs. 5[160] BGB, geregelt werden. Die Abgrenzungsschwierigkeiten bei der Frage, wann die Lieferung der Sache einer anderen Art einen Sachmangel nach § 434 Abs. 2 oder Abs. 3 BGB Fassung im Referentenentwurf auslöst und wann sie eine Aliud-Lieferung darstellt und daher nach § 434 Abs. 5 BGB Fassung im Referentenentwurf einem Sachmangel gleichsteht, werden kaum zu überwinden sein.

Eine den jeweiligen Aufzählungen in Art. 6 und 7 Warenkaufrichtlinie folgende Aneinanderreihung von Aspekten, um sie zum Bestandteil der

---

157 Referentenentwurf, 3 f., siehe dort Art. 1 Nr. 1, § 434 Abs. 2 S. 2; dieser lautet: *„Zu der Beschaffenheit nach Satz 1 Nummer 1 gehören Art, Menge, Qualität, Funktionalität, Kompatibilität, Interoperabilität und sonstige Merkmale der Sache, für die die Parteien Anforderungen im Vertrag vereinbart haben.“*.

158 Referentenentwurf, ebd., siehe dort Art. 1 Nr. 1, § 434 Abs. 3 S. 2; dieser lautet: *„Zu der üblichen Beschaffenheit nach Satz 1 Nummer 2 gehören Menge, Qualität und sonstige Merkmale der Sache, einschließlich ihrer Haltbarkeit, Funktionalität, Kompatibilität und Sicherheit.“*.

159 Gebauer/Wiedmann/*Wiedmann/Gebauer*, Europäisches Zivilrecht, 2021, Kap. 1 Rn. 182.

160 Referentenentwurf, 4., siehe dort Art. 1 Nr. 1, § 434 Abs. 5; dieser lautet: *„(5) Einem Sachmangel steht es gleich, wenn der Verkäufer eine andere Sache als die vertraglich geschuldete Sache liefert.“*.

Beschaffenheit einer Sache zu machen, ist aber vor allem deshalb abzulehnen, weil die Aufzählungen nicht deckungsgleich sind. So sind die Aspekte der Haltbarkeit und der Sicherheit der Kaufsache in der die subjektiven Anforderungen an die Beschaffenheit betreffenden Aufzählung in § 434 Abs. 2 S. 2 BGB Fassung im Referentenentwurf nicht enthalten. Sie werden jedoch in der die objektiven Anforderungen an die Beschaffenheit betreffenden Aufzählung in § 434 Abs. 3 S. 2 BGB Fassung im Referentenentwurf genannt. Umgekehrt werden die Merkmale der Art und der Interoperabilität der Kaufsache in § 434 Abs. 2 S. 2 BGB Fassung im Referentenentwurf als Bestandteile ihrer Beschaffenheit genannt, sie fehlen jedoch in § 434 Abs. 3 S. 2 BGB Fassung im Referentenentwurf. Sofern die jeweiligen Aufzählungen nicht rein politisch und ohne jede rechtliche Bedeutung zu verstehen sind, besteht deshalb die Gefahr, dass die im Referentenentwurf gewählte Regelungstechnik zu einem unterschiedlichen Gehalt des Beschaffenheitsbegriffs führt, je nachdem, ob es sich um subjektive oder objektive Anforderungen handelt.

Das sollte dringend korrigiert werden! Es erscheint auch unnötig, alle Gesichtspunkte zwangsweise zum Gegenstand der Beschaffenheit der Ware zu machen. Die Anforderungen der Menge, der Art und der Haltbarkeit können ohne Weiteres in eigenständige Regelungen gegossen werden. Demgegenüber sind die Gesichtspunkte der Interoperabilität und Sicherheit auch nach der hier vertretenen Auffassung Bestandteile der Beschaffenheit der Kaufsache. Dies muss jedoch unabhängig davon gelten, ob eine bestimmte Beschaffenheit als subjektive oder als objektive Anforderung an die Kaufsache geschuldet wird.

Weitgehend zuzustimmen ist dem Referentenentwurf im Hinblick auf die Änderung von Regelungen der Frage, wie eine bestimmte Anforderung zum Bestandteil des vertraglichen Pflichtenprogramms gemacht werden kann. Proben und Muster werden in § 434 Abs. 3 S. 1 Nr. 3[161] BGB Fassung im Referentenentwurf zu einem eigenständigen und objektiven Auslöser für die Verpflichtung des Verkäufers, eine Kaufsache mit einer bestimmten Beschaffenheit zu liefern, gemacht. In § 434 Abs. 3 S. 1 Nr. 2 b[162] BGB Fassung im Referentenentwurf wird der Kreis von Personen, an

161 Referentenentwurf, 4, siehe dort Art. 1 Nr. 1, § 434 Abs. 3 Nr. 3; dieser lautet: „*(3) Die Sache entspricht den objektiven Anforderungen, wenn sie*
(…)
2. der Beschaffenheit einer Probe oder eines Musters entspricht, die oder das der Verkäufer dem Käufer vor Vertragsschluss zur Verfügung gestellt hat,“.

162 Referentenentwurf, 4, siehe dort Art. 1 Nr. 1, § 434 Abs. 3 S. 1 Nr. 2 b); dieser lautet: „*(3) Die Sache entspricht den objektiven Anforderungen, wenn sie*

deren öffentlichen Äußerungen sich der Verkäufer im Hinblick auf die Beschaffenheit der Kaufsache messen lassen muss, um diejenigen Personen erweitert, die vor dem Verkäufer in der Vertragskette stehen. In § 434 Abs. 3 S. 1 Nr. 2 b[163] BGB Fassung im Regierungsentwurf wird der vorgeschlagene Regelungswortlaut in zweierlei Hinsicht korrigiert. Zum einen wurde der ausdrückliche Hinweis gestrichen, dass nur die Äußerungen von solchen Gliedern der Vertragskette Auswirkungen auf die objektiven Anforderungen an die Kaufsache entfalten können, die vor dem Verkäufer in der Vertragskette stehen. Dieser ausdrückliche Hinweis ist nicht nur im Referentenentwurf, sondern auch in Art. 7 Abs. 1 d Warenkaufrichtlinie enthalten. Es darf in der Tat bezweifelt werden, ob ein ausdrücklicher Hinweis tatsächlich erforderlich ist. Ein Kaufvertrag wird zwischen Käufer und Verkäufer geschlossen. Die Vertragskette enthält keine dazwischen liegenden Glieder. Die bei einer Weiterveräußerung denkbaren dem Käufer nachfolgenden Glieder in der Vertragskette dürften kaum jemals öffentliche Äußerungen abgeben, die die Kaufentscheidung des Käufers beeinflussen können, da diese denklogisch vor dem Vertragsschluss liegen müssten. Dennoch wäre es zu befürworten, wenn diese Klarstellung wieder in den Wortlaut des Gesetzentwurfs aufgenommen würde. Dies wäre durch die schlichte Ergänzung des Wortes „vorhergehenden" leicht zu bewerkstelligen und könnte für eventuell auftretende Sonderfälle insbesondere im B2B-Bereich Rechtsklarheit schaffen.

Zum anderen wird in § 434 Abs. 3 S. 1 Nr. 2 b BGB Fassung im Regierungsentwurf klargestellt, dass die objektiven Anforderungen an die

---

(...)
2. eine Beschaffenheit aufweist, die bei Sachen derselben Art üblich ist und die der Käufer erwarten kann unter Berücksichtigung
(...)
b) der öffentlichen Äußerungen, die von dem Verkäufer oder im Auftrag des Verkäufers oder von einer anderen Person in vorhergehenden Gliedern der Vertragskette, insbesondere in der Werbung oder auf dem Etikett, abgegeben wurden,“.

163 Regierungsentwurf, 5, siehe dort Art. 1 Nr. 1, § 434 Abs. 3 S. 1 Nr. 2 b); dieser lautet: „*(3) Soweit nicht wirksam etwas anderes vereinbart wurde, entspricht die Sache den objektiven Anforderungen, wenn sie*
1. sich für die gewöhnliche Verwendung eignet,
2. eine Beschaffenheit aufweist, die bei Sachen derselben Art üblich ist und die der Käufer erwarten kann unter Berücksichtigung
a) der Art der Sache und
b) der öffentlichen Äußerungen, die von dem Verkäufer oder einem anderen Glied der Vertragskette oder in deren Auftrag, insbesondere in der Werbung oder auf dem Etikett, abgegeben wurden,“.

Kaufsache auch durch solche Äußerungen bestimmt werden, die nicht durch, sondern im Auftrag eines anderen Glieds der Vertragskette getätigt werden. Nach dem Wortlaut des Referentenentwurfs waren lediglich Äußerungen relevant, die im Auftrag des Verkäufers oder von einer Person in den vorhergehenden Gliedern der Vertragskette, nicht jedoch in deren Auftrag, getätigt wurden. Tatsächlich lässt der Wortlaut der Warenkaufrichtlinie den Schluss zu, dass auch öffentliche Äußerungen, die im Auftrag von vor dem Verkäufer in der Vertragskette stehenden Personen getätigt wurden, die objektiven Anforderungen an die Vertragsmäßigkeit der Ware bestimmen sollen. Der korrigierte Wortlaut des Regierungsentwurfs entspricht daher den Vorgaben der Warenkaufrichtlinie.

Der Maßstab für Entlastung des Verkäufers wird für den Fall einer zuzurechnenden öffentlichen Äußerung eines Dritten in § 434 Abs. 3 S. 3[164] BGB Fassung im Referentenentwurf auf ein Nicht-Kennen-Können heraufgesetzt. All diese Änderungen werden von der Warenkaufrichtlinie vorgegeben und sind nach dem Ergebnis der hiesigen Untersuchung erforderlich.

Die Regelungen zur Beschaffenheit sind vom Bundestag im Wortlaut des Regierungsentwurfes beschlossen worden. Sie wurden für die endgültige Fassung des Umsetzungsgesetzes nicht mehr verändert.

---

164 Referentenentwurf, 4, siehe dort Art. 1 Nr. 1, § 434 Abs. 3 S. 3; dieser lautet: *„Der Verkäufer ist durch die in Satz 1 Nummer 2 Buchstabe b genannten öffentlichen Äußerungen nicht gebunden, wenn er sie nicht kannte und auch nicht kennen konnte, wenn die Äußerung im Zeitpunkt des Vertragsschlusses in derselben oder in gleichwertiger Weise berichtigt war oder wenn die Äußerung die Kaufentscheidung nicht beeinflussen konnte.“*.

C. Art

Die Lieferung der Sache einer bestimmten Art ist nur nach Art. 6 a[165] Warenkaufrichtlinie und Art. 99 Abs. 1 a[166] GEK-E eine Voraussetzung für die Vertragsmäßigkeit der Ware.

Allerdings muss die Ware nach dem englischen Text des Art. 99 Abs. 1 a GEK-E ebenfalls hinsichtlich ihrer *„description"* den Anforderungen des Vertrags entsprechen. Es ist deshalb möglich, dass hier ein Übersetzungsfehler vorliegt und die Verfasser des GEK-E eigentlich eine Regelung der Beschreibung der Ware, wie sie in Kapitel B Abschnitt I 3 behandelt wird, im Sinn hatten.

§ 434 BGB enthält auf den ersten Blick ebenso wie Art. 2 Verbrauchsgüterkaufrichtlinie keine Regelung, die die Art einer Sache zum Anknüpfungspunkt eines Sachmangels macht beziehungsweise die Vermutung für die Vertragsmäßigkeit entfallen lässt.

Um beantworten zu können, ob und gegebenenfalls wie § 434 BGB im Rahmen der Umsetzung der Warenkaufrichtlinie umgestaltet werden muss, muss zunächst geklärt werden, was sich hinter der Art der Ware im Sinne der Warenkaufrichtlinie verbirgt.

I. Der Bedeutungsgehalt des Begriffs Art

Der Begriff der Art ist zunächst rein sprachlich wertfrei im Hinblick auf die Güte oder Qualität einer Sache und bezeichnet vielmehr ihre Natur oder die Sorte. Er deutet auf eine Gruppe von Dingen hin, in die die Kaufsache einzusortieren ist.[167]

---

165 Art. 6 a) Warenkaufrichtlinie lautet: *„Die Waren entsprechen dem Kaufvertrag, insbesondere wenn sie, soweit dies anwendbar ist,*
a) hinsichtlich der Beschreibung, der Art, der Menge und der Qualität, der Funktionalität, der Kompatibilität, der Interoperabilität und sonstiger Merkmale den Anforderungen entsprechen, die sich aus dem Kaufvertrag ergeben;".

166 Art. 99 Abs. 1 (a) GEK-E lautet: *„Die Waren oder digitalen Inhalte sind vertragsgemäß, wenn sie*
(a) in Menge, Qualität und Art den Anforderungen des Vertrags entsprechen,".

167 Im Duden wird die Art als als besondere, bestimmte Sorte von etwas (Bedeutung 4 a)) beziehungsweise als angeborene Eigenart, Eigentümlichkeit; We-

Die Bestimmung des rechtlichen Bedeutungsgehalts des Begriffs Art wird durch den Umstand erleichtert, dass der Begriff in allen untersuchten Regelwerken in einem anderen Zusammenhang erneut verwendet wird.

So wird die Art der Ware neben Art. 6 a Warenkaufrichtlinie auch in Art. 7 Abs. 1 d[168] Warenkaufrichtlinie genannt. Dort stellt die Art allerdings keine Anforderung an die Ware als Voraussetzung ihrer Vertragsmäßigkeit dar. Der Begriff wird vielmehr als Kriterium zur Einsortierung der Ware in eine bestimmte Gruppe verwendet. Die Ware muss hinsichtlich ihrer Merkmale dem entsprechen, was bei Waren derselben Art üblich ist und was der Verbraucher in Anbetracht der Art der Waren vernünftigerweise erwarten kann. Die besondere Bedeutung der Art der Ware besteht folglich in der Definition einer Referenzgruppe bestehend aus Waren, an denen die gelieferte Sache zu messen ist.

Dieselbe Funktion erfüllt der Begriff der Art auch in Art. 2 Abs. 2 d[169] Verbrauchsgüterkaufrichtlinie.

Art. 100 GEK-E stellt unter den Buchstaben b[170] und d[171] für die geschuldete Zweckeignung beziehungsweise Verpackung der Ware auf die

---

sen[sart], Natur, die jemandem innewohnt (Bedeutung 1), bezeichnet; https://www.duden.de/node/8848/revision/694467.

168 Art. 7 Abs. 1 d) Warenkaufrichtlinie lautet: „*(1) Zusätzlich zur Einhaltung der subjektiven Anforderungen an die Vertragsmäßigkeit müssen die Waren*
(…)
d) hinsichtlich ihrer Menge, Qualität und sonstigen Merkmale — einschließlich ihrer Haltbarkeit, Funktionalität, Kompatibilität und Sicherheit — dem entsprechen, was bei Waren der gleichen Art üblich ist und was der Verbraucher in Anbetracht der Art der Waren und unter Berücksichtigung öffentlicher Erklärungen, die von dem Verkäufer oder im Auftrag des Verkäufers oder einer anderen Person in vorhergehenden Gliedern der Vertragskette einschließlich des Herstellers, insbesondere in der Werbung oder auf dem Etikett, abgegeben wurden, vernünftigerweise erwarten kann.“.

169 Art. 2 Abs. 2 d) Verbrauchsgüterkaufrichtlinie lautet: „*(2) Es wird vermutet, daß Verbrauchsgüter vertragsgemäß sind, wenn sie*
(…)
d) eine Qualität und Leistungen aufweisen, die bei Gütern der gleichen Art üblich sind und die der Verbraucher vernünftigerweise erwarten kann,“.

170 Art. 100 b) GEK-E lautet: „*Die Waren oder digitalen Inhalte müssen:*
(…)
b) sich für die Zwecke eignen, für die Waren oder digitale Inhalte der gleichen Art gewöhnlich gebraucht werden;“.

171 Art. 100 d) GEK-E lautet: „*Die Waren oder digitalen Inhalte müssen:*
(…)
d) in der für Waren dieser Art üblichen Weise oder, falls es eine solche Weise nicht gibt, in einer für die Erhaltung und den Schutz der Waren angemessenen Weise umschlossen und verpackt sein.“.

Standards ab, die bei Waren der gleichen Art üblich sind. Auch hier dient der Begriff der Art der Ware also der Schaffung einer Referenzgruppe, innerhalb derer die Waren miteinander verglichen werden sollen.

Diese Regelungen der europäischen Texte haben mit § 434 Abs. 1 S. 2 Nr. 2 BGB auch Eingang in das deutsche Kaufrecht gefunden. Dort wird in Bezug auf die Verwendungseignung und die Beschaffenheit der Kaufsache ebenfalls auf die Art, der die Sache angehört, abgestellt. Anstelle der Art wird im Rahmen der Diskussion im deutschen Recht häufig der Begriff der Gattung verwendet. Für die Frage der Mangelhaftigkeit einer Kaufsache ist es danach entscheidend, in welche Gattung die Kaufsache einzuordnen ist. Diejenige Verwendbarkeit, die bei den Produkten innerhalb dieser Gruppe besteht, soll der Käufer auch von der Kaufsache erwarten dürfen.[172]

Unter dem Begriff Art ist folglich die Gruppe oder Gattung von Gegenständen zu verstehen, denen die Kaufsache angehört beziehungsweise nach dem vertraglichen Pflichtenprogramm angehören muss.

II. Die Bestimmung der Gattung beziehungsweise Art der Sache

Die konkrete Bestimmung der Art beziehungsweise Gattung als Vergleichsgruppe kann sich jedoch schwierig gestalten.[173] In den vergangenen Jahrzehnten sind zu dieser Frage im deutschen Recht in Literatur und Rechtsprechung zahlreiche Anhaltspunkte entwickelt worden. Fraglich ist, ob die entwickelten Linien im Hinblick auf die Regelungen der Warenkaufrichtlinie aufrechterhalten werden können.

1. Die Bestimmung der Gattung im deutschen Recht

Zunächst liegt es nahe, eine Kaufsache mit Produkten desselben Typs desselben Herstellers zu vergleichen. Allein damit würden die Grenzen für die Bestimmung einer gesamten Gattung jedoch zu eng gezogen. Für die Bestimmung des Erwartungshorizonts des Käufers sind deshalb auch

172 BeckOK BGB/*Faust*, Stand 1.8.2020, § 434 Rn. 60.

173 Siehe zur Diskussion zum GEK-E: *Faust* in Gemeinsames Europäisches Kaufrecht für die EU?, 161, 172; *Gsell* in Der Entwurf für ein optionales europäisches Kaufrecht, 2012, 229, 241 f.; *Lorenz* in AcP 212, 2012, 702, 726; Schulze/*Zoll*, CESL, 2012, Art. 100 Rn. 8.

im Wettbewerb stehende Produkte zu berücksichtigen.[174] Ein Sachmangel nach § 434 Abs. 1 S. 2 Nr. 2 BGB liegt damit auch dann vor, wenn die konkrete Kaufsache zwar nicht von den übrigen Produkten desselben Typs und Herstellers abweicht, Produkte dieses Typs aber zum Beispiel aufgrund einer konstruktiven Schwäche generell nicht für einen üblichen Verwendungszweck eingesetzt werden können.[175]

In der Rechtsprechung führte dies zum Teil dazu, dass bei Kraftfahrzeugen auf den generellen technischen Entwicklungsstand und nicht denjenigen der betreffenden Marke abgestellt wurde.[176] Bei Importautos wurde der technische Standard der gesamten Automobilindustrie ohne Berücksichtigung der Besonderheiten des Herstellerlandes angelegt.[177] Diese weitgehende Auffassung birgt die Gefahr, dass einem Verkäufer stets die höchste am Markt verfügbare Qualität und Verwendbarkeit abverlangt werden kann. Das wäre jedoch mit dem Zweck des Gewährleistungsrechts, der in erster Linie im Schutz des Äquivalenzinteresses und damit im Ausgleich der sich vertraglich gegenüberstehenden Pflichten und Erwartungen besteht, nicht zu vereinbaren. Sowohl das Herkunftsland als auch die Marke der Kaufsache sind für die Erwartungen, die ein vernünftiger Durchschnittsverbraucher an eine Sache stellt, von entscheidender Bedeutung.[178] Ist eine Marke am Markt etabliert und wird sie entsprechend gepflegt, führt dies zu gehobenen Erwartungen der Käufer an ihre Qualität.[179] Da es sich hierbei gerade um den Effekt handelt, den der Verkäufer erzielen möchte, ist es durchaus angemessen, auch diesen Umstand bei der Festlegung der zu vergleichenden Konkurrenzprodukte zu berücksichtigen.

Für die Auswahl der zu vergleichenden Konkurrenzprodukte kann, neben dem Typ der Ware (Sportschuh, Wanderstiefel, Pumps etc.), darüber hinaus ihre Preisklasse zu berücksichtigen sein. Es ist jedenfalls möglich, dass aus der Vereinbarung eines besonders hohen Kaufpreises darauf geschlossen werden kann, dass die Parteien sich auch auf eine außergewöhnlich hohe Qualität und damit Vorteile im Zusammenhang mit der Verwendbarkeit der Kaufsache geeinigt haben. Dies wäre in etwa hinsichtlich

174 BeckOK BGB/*Faust*, Stand 1.8.2020, § 434 Rn. 61.

175 BGH NJW 2011, 2872, 2873; OLG Düsseldorf NJW 2006, 2858; OLG Stuttgart NJW-RR 2006, 1720, 1722; OLG Koblenz NJW-RR 2003, 1380; *Reinking* in DAR 2002, 15, 16.

176 OLG Köln MDR 1991, 943.

177 OLG Köln NJW-RR 1992, 1147.

178 BeckOK BGB/*Faust*, Stand 1.8.2020, § 434 Rn. 61.

179 BeckOK BGB/*Faust*, Stand 1.8.2020, § 434 Rn. 62.

der Verwendbarkeit in besonders widrigen äußeren Verhältnissen durchaus denkbar.[180]

Allein der Preis wird für eine solche Auslegung jedoch keinen hinreichenden Anhaltspunkt bieten. Hinzutreten müssen vielmehr Umstände, die darauf schließen lassen, dass beiden Parteien nach den Umständen des Einzelfalles bewusst gewesen ist, dass aus dem Kaufpreis auf eine bestimmte Qualität oder Verwendbarkeit der Kaufsache geschlossen werden soll.[181] Ein solches Bewusstsein liegt insbesondere dann nahe, wenn nicht auf den konkret vereinbarten Preis, sondern auf die Preisklasse abgestellt wird.[182] Diese kann beispielsweise durch den Marktpreis oder vom Hersteller gegebene unverbindliche Preisempfehlungen ermittelt werden. Faktisch werden die Erwartungen des Käufers an die Kaufsache durch die Positionierung derselben im Hoch- oder Niedrigpreissektor stark beeinflusst.[183]

Ähnlich verhält es sich bei der Art der Herstellung einer Kaufsache. Die Anforderungen des Verkehrs an die Qualität und Verwendbarkeit der Ware können sich bei der Herstellung im Rahmen einer Manufaktur gegenüber Fabrikware erheblich unterscheiden.[184]

Die Frage, ob zwischen neuen und gebrauchten Sachen zu unterscheiden ist, erfährt im deutschen Recht keine einheitliche Behandlung. Im Hinblick auf die übliche Beschaffenheit wird zwischen neuen und gebrauchten Sachen unterschieden. So können beispielsweise äußere Gebrauchsspuren zwar nicht als eine übliche Beschaffenheit neuer Sachen, wohl aber als eine solche von Kaufsachen aus der Gattung gebrauchter Waren aufgefasst werden. Demgegenüber soll es in Bezug auf die Verwendbarkeit der Kaufsache jedenfalls grundsätzlich nicht darauf ankommen, ob die Sache neu oder gebraucht ist. Sofern keine anders lautende vertragliche Vereinbarung vorliegt, sei auch von gebrauchten Sachen zu erwarten, dass diese regulär verwendet werden können.[185] Dieser Ansatz ist dem Grunde nach überzeugend, er kann jedoch nicht uneingeschränkt gelten. Das Alter der Kaufsache kann dazu führen, dass von einem neuen oder aber veralteten Stand der Technik ausgegangen werden muss. Daraus können sich durchaus Unterschiede bei den legitimen Käufererwartungen im Hinblick auf die Verwendbarkeit der Kaufsache ergeben. Auch die

---

180 MüKoBGB/*Westermann*, 2019, § 434 Rn. 19.

181 MüKoBGB/*Westermann*, 2019, ebd.

182 Erman/*Grunewald*, BGB, 2017, § 434 Rn. 21; Reinicke/Tiedtke, KaufR, 2009, Rn. 327; Staudinger/*Matusche-Beckmann*, BGB, 2014, § 434 Rn. 92.

183 BeckOK BGB/*Faust*, Stand 1.8.2020, § 434 Rn. 62.

184 MüKoBGB/*Westermann*, 2019, § 434 Rn. 25.

185 BeckOK BGB/*Faust*, Stand 1.8.2020, § 434 Rn. 60.

Nutzungsdauer einer Kaufsache, insbesondere die Laufleistung eines Kfz, kann erheblichen Einfluss darauf haben, wie lange mit einer störungsfreien Verwendbarkeit der Kaufsache gerechnet werden darf.

2. Mögliche Friktionen mit dem Verbraucherschutz der Warenkaufrichtlinie

Die dargestellten Linien könnten mit Art. 7 Abs. 5[186] Warenkaufrichtlinie in Konflikt treten. Die Vorschrift unterstreicht den Schutz der objektiven Käufererwartungen, indem sie regelt, dass von den objektiven Anforderungen an die Vertragsmäßigkeit der Ware nur unter sehr strengen Voraussetzungen abgewichen werden kann. Sie verlangt nicht nur, dass der Verbraucher über eine Abweichung in Kenntnis gesetzt wurde, sondern auch, dass dieser der Abweichung ausdrücklich und gesondert zugestimmt hat.

Das könnte einer Berücksichtigung von Gesichtspunkten wie Herkunft, Alter, Preis etc. der Kaufsache im Rahmen der Bestimmung der Gattungsgrenzen entgegenstehen. Diese ergeben sich nur aus den im Kaufvertrag enthaltenen Informationen und Vereinbarungen zur Kaufsache. Eine zusätzliche Information oder gar Zustimmung des Verbrauchers ist, anders als nach Art. 7 Abs. 5 Warenkaufrichtlinie, nicht erforderlich.

Allerdings ist auch im Rahmen der Warenkaufrichtlinie die Bestimmung einer geeigneten Referenzgruppe notwendig. Auch im Rahmen der Warenkaufrichtlinie müssen dabei Abstufungen möglich sein. Nicht im Rahmen jedes Vertrags kann der höchste am Markt verfügbare Standard geschuldet sein. Eine solche Erwartung wäre auch nicht im Sinne der Verbraucher, die diese aufgrund der zwangsläufig folgenden Preissteigerungen bezahlen müssten. Es muss vielmehr möglich sein, die Art der Waren und die Grenzen zwischen verschiedenen Arten anhand geeigneter Abgrenzungskriterien zu definieren.[187] Das ergibt sich nicht zuletzt aus Art. 6 a Warenkaufrichtlinie, der die Art der Ware zu einem eigenständigen Anknüpfungspunkt ihrer Vertragsmäßigkeit macht.

---

186 Art. 7 Abs. 5 Warenkaufrichtlinie lautet: „*(5) Es liegt keine Vertragswidrigkeit im Sinne der Absätze 1 oder 3 vor, wenn der Verbraucher zum Zeitpunkt des Abschlusses des Kaufvertrags eigens darüber in Kenntnis gesetzt wurde, dass ein bestimmtes Merkmal der Waren von den in den Absätzen 1 und 3 vorgesehenen objektiven Anforderungen an die Vertragsmäßigkeit abweicht, und er bei Abschluss des Kaufvertrags dieser Abweichung ausdrücklich und gesondert zugestimmt hat.*“.

187 So auch *Faber* in Das neue europäische Gewährleistungsrecht, 2019, 63, 87 f.

Letztlich geht es bei der Definition geeigneter Art- oder Gattungsgrenzen nicht um die Abweichung von Waren von den an sie gerichteten objektiven Anforderungen. Durch die Bestimmung der Art oder Gattung werden diese objektiven Anforderungen an die Verhältnismäßigkeit der Ware vielmehr selbst beeinflusst. Die Frage fällt damit nicht in den Anwendungsbereich von Art. 7 Abs. 5 Warenkaufrichtlinie.[188] Dieser kann umgekehrt erst zur Anwendung kommen, nachdem die objektiven Anforderungen an die Ware durch die Festlegung der relevanten Vergleichsgruppe identifiziert worden sind. Im Hinblick auf die Regelung des Art. 7 Abs. 5 Warenkaufrichtlinie ist die Bestimmung interessengerechter Gattungsgrenzen folglich besonders wichtig.

Diese Überlegung ist auch dem europäischen Recht nicht fremd. In der Kommentierung zu Art. IV.A.-2:302 DCFR wird die Wichtigkeit einer treffenden Beschreibung der Ware zur Ermittlung der richtigen Vergleichsgruppe gerade für Kaufverträge mit Verbrauchern ausdrücklich hervorgehoben. Wegen der verbraucherschützenden Vorschriften, die eine Abweichung von den objektiven Anforderungen an die Vertragsmäßigkeit erschweren, ist eine akkurate Definition der Warengattung entscheidend.[189]

Art. 7 Abs. 5 Warenkaufrichtlinie hat danach keine unmittelbaren Auswirkungen auf die zum deutschen Recht entwickelten Kriterien zur Bestimmung der Gattung einer Kaufsache.

III. Die Aliud-Lieferung

Eine unmittelbare Verletzung der Verpflichtung zur Lieferung von Ware der geschuldeten Art besteht in der Lieferung von Ware aus einer anderen Gruppe oder Gattung.

Die Lieferung von Ware aus einer anderen Gattung ist in § 434 Abs. 3 Alt. 1 BGB geregelt, der die Lieferung einer anderen Sache einem Sachmangel ausdrücklich gleichstellt und damit die Anwendbarkeit des Sachmängelgewährleistungsrechts eröffnet.[190] Die Einzelheiten dieses Mangeltatbestandes werden unter dem Begriff der Aliud-Lieferung diskutiert.

---

188 Siehe vertiefend zu Art. 7 Abs. 5 Warenkaufrichtlinie und zum Verhältnis zwischen den subjektiven und objektiven Merkmalen der Vertragsmäßigkeit Kapitel J. Das Verhältnis der Merkmale.

189 Art. IV.A.-2:302 DCFR, Comment A, General, 1308 f.

190 BeckOK BGB/*Faust*, Stand 1.8.2020, § 434 Rn. 40, Rn. 109.

Die Tatsache, dass das Tatbestandsmerkmal der Art im BGB nicht auf den ersten Blick enthalten ist, erscheint nach diesen Überlegungen unproblematisch. § 434 Abs. 3 Alt. 1 BGB enthält eine ausdrückliche Regelung zum Umgang mit der Lieferung einer anderen Sache. Diese wird im Folgenden darauf zu untersuchen sein, ob diese Regelung inhaltlich mit den Regelungen der europäischen Texte übereinstimmt und insbesondere eine taugliche Umsetzung der Warenkaufrichtlinie darstellt.

1. Konsequenzen der Behandlung der Aliud-Lieferung als Sachmangel im deutschen Recht

Eine konsequente Behandlung der Aliud-Lieferung als Sachmangel hat zur Folge, dass die kurze Verjährungsfrist des § 438 Abs. 1 Nr. 3 BGB eingreift.[191] Fasste man eine Falschlieferung als bloße Nichtleistung auf, so wäre die etwas längere allgemeine Verjährung aus den §§ 195, 199 BGB einschlägig.

Darüber hinaus kann sich diese Einordnung als Sachmangel auch im Hinblick auf einen möglichen Anspruchsausschluss nach § 442 Abs. 1 BGB wegen der Kenntnis des Käufers beim Vertragsschluss auswirken. Dieser Anspruchsausschluss greift nur in Bezug auf Rechte des Käufers wegen eines Mangels.

Als Folge der Einordnung als Sachmangel hat der Verkäufer das Recht, eine Nacherfüllung zu versuchen, das nach § 439 Abs. 1 BGB ein Wahlrecht zwischen Nachlieferung und Nachbesserung beinhaltet. Falls das Aliud daher durch Nachbesserung so umgestaltet werden kann, dass es danach in die Gattung der Sache fällt, die nach dem Vertrag geschuldet ist, so ist der Verkäufer berechtigt, durch diese Umgestaltung die Erfüllung herbeizuführen. Es greifen darüber hinaus die Beschränkungen des § 439 Abs. 4 BGB, die zu einer Beschränkung oder gar zum Ausschluss des Nacherfüllungsanspruchs führen können.

Der Käufer wiederum hat nach § 441 Abs. 1 Satz 1 BGB bei einer Einordnung der Falschlieferung als Sachmangel die Möglichkeit, die Lieferung anzunehmen und den Kaufpreis zu mindern.

191 Fraktionsentwurf, BT Drs. 14/6040, 216.

2. Sinn und Zweck der Gleichstellung im deutschen Recht

Sinn und Zweck der Gleichstellung in § 434 Abs. 3 Alt. 1 BGB ist es, Abgrenzungsschwierigkeiten zwischen Falsch- und Schlechtlieferungen zu vermeiden.[192] Beide Fälle beruhen in der Regel darauf, dass die gelieferte Sache nicht die vereinbarte Beschaffenheit hat. Allerdings führt die Schlechtlieferung zur Anwendung von Sachmängelgewährleistungsrecht, wohingegen auf die Nichtlieferung allgemeines Schuldrecht anzuwenden wäre. Ohne eine Gleichstellung wäre deshalb die Frage, welche Eigenschaften eine Sache zu einer mangelhaften Sache der gleichen Gattung machen und welche Eigenschaften sie schlicht in eine andere Gattung fallen lassen, von entscheidender Bedeutung.[193]

Schwierig ist die Abgrenzung insbesondere im Falle eines Gattungskaufs. Bei einem Gattungskauf wird die geschuldete Kaufsache nicht bereits beim Vertragsschluss individualisiert. Sie wird allein anhand der Summe der Eigenschaften bestimmt, die sie nach dem Willen der Parteien aufweisen soll.

3. Erforderlichkeit einer Gleichstellung im deutschen Recht

Dass diese Abgrenzungsschwierigkeiten dringend vermieden werden müssen, zeigt ein Blick auf das deutsche Kaufrecht vor der Schuldrechtsreform, in dem keine ausdrückliche Gleichstellung von Falsch- und Schlechtlieferung vorhanden war.

Damals war umstritten, ob die Lieferung einer Sache mit anderen als den geschuldeten Eigenschaften einen Sachmangel begründete. Es wurde dabei die Frage gestellt, ob die Lieferung einer Kaufsache mit anderen als den vereinbarten Eigenschaften als ein Qualifikations-Aliud aufgefasst werden konnte, das nach Nichterfüllungsrecht zu behandeln gewesen wäre.[194] Es musste in diesem Zusammenhang beispielsweise geklärt werden, ob Ziegenfell „fehlerhaftes“ Kalbfell[195], ob Winterweizen „fehlerhaften“

192 Jauernig/*Berger*, BGB, 2014, § 434 Rn. 20; BeckOK BGB/*Faust*, Stand 1.8.2020, § 434 Rn. 109.

193 Fraktionsentwurf, BT Drs. 14/6040, 87; BeckOK BGB/*Faust*, Stand 1.8.2020, § 434 Rn. 107.

194 BeckOK BGB/*Faust*, Stand 1.8.2020, § 434 Rn. 40.

195 RGZ 91, 60.

Sommerweizen[196] und ob Inlandsschrott „fehlerhaften" Importschrott[197] darstellte.[198]

Die Rechtsprechung zur Abgrenzung von Falsch- und Schlechtlieferungen war von Unsicherheiten geprägt und teilweise wenig überzeugend. In einem Fall, in dem ein Wein als Auslese verkauft worden war und sich dann jedoch herausstellte, dass der Wein nur durch Zugabe von Glykol die Merkmale einer Auslese erfüllte, nahm der Bundesgerichtshof eine Falschlieferung an. In dem Fall wurde damit Nichterfüllungsrecht zur Anwendung gebracht. Hätte der Wein aber schon vor der Zugabe des Glykols die Merkmale einer Auslese erfüllt und wäre durch den Glykolzusatz nur noch weiter verbessert worden, so hätte nach Auffassung des BGH eine Schlechtleistung vorgelegen.[199] Der Grad der Qualitätsabweichung des gelieferten Weines wurde damit zum entscheidenden Umstand für die Einordnung als Falsch- oder Schlechtlieferung.

Beim Handelskauf und nach Ansicht einiger Autoren auch beim Kaufvertrag nach BGB kam es auf die Frage an, ob die gelieferte falsche Sache genehmigungsfähig war. War dies der Fall, so wurde bei der Lieferung eines Aliud bei einer Gattungsschuld bereits vor der Schuldrechtsreform Gewährleistungsrecht zur Anwendung gebracht.[200] Eine einheitliche Beantwortung der Frage, wann eine falsche Kaufsache genehmigungsfähig war, war jedoch kaum möglich, sodass auch dieses Abgrenzungskriterium nicht dazu geeignet war, rechtliche Klarheit zu schaffen.[201]

In der Begründung des Fraktionsentwurfs wird diese Abgrenzungsbedürftigkeit als Folge eines Systemfehlers des alten Schuldrechts bezeichnet. In allen Fällen liege eine fehlerhafte Erfüllung des Verkäufers zugrunde, der deshalb auch unabhängig von hochkomplexen Abgrenzungsfragen den gleichen Ansprüchen des Käufers ausgesetzt sein sollte.[202]

---

196 BGH NJW 1968, 640.

197 BGH NJW 1969, 787.

198 Siehe dazu auch Fraktionsentwurf, BT Drs. 14/6040, 87.

199 BGH NJW 1989, 218, 219; BeckOK BGB/*Faust*, Stand 1.8.2020, § 434 Rn. 108.

200 *BeckOK BGB/Faust, Stand 1.8.2020,* § 434 Rn. 40; vgl. auch MüKoBGB/*Westermann*, 2019, § 434 Rn. 43.

201 Vgl. Fraktionsentwurf, BT Drs. 14/6040, 211.

202 Fraktionsentwurf, aaO., 87: *„Dass es auf diese Abgrenzung in entscheidender Weise ankommt, kann nur als Folge eines „Systemfehlers" angesehen, nicht hingegen als sinnvolle Konsequenz einer unterschiedlichen Interessenlage gerechtfertigt werden, weil in allen genannten Fällen der Verkäufer den Vertrag nicht richtig erfüllt hat, er also in allen Fällen auch den gleichen Ansprüchen des Käufers – wie immer sie geregelt sind – ausgesetzt sein sollte."*.

An dieser Stelle greift heute die Gleichstellung aus § 434 Abs. 3 Alt. 1 BGB und führt dazu, dass auch bei der Lieferung eines Aliud von einem Sachmangel auszugehen ist.[203] Auf eine solche Gleichstellung kann jedenfalls im deutschen Recht auch zukünftig nicht verzichtet werden.

4. Behandlung des Aliud in den europäischen Texten

Demgegenüber ist in Bezug auf den GEK-E streitig, ob auch Aliud-Lieferungen vom Fehlerbegriff des Art. 99 I a GEK-E erfasst sind. Da in Art. 99 Abs. 1 a GEK-E auch Art und Menge der Ware angesprochen werden, spricht zunächst einiges dafür, Aliud-Lieferungen als selbstverständlich mitumfasst anzusehen.[204] Zweifel können sich jedoch daraus ergeben, dass Art. 87 Abs. 1[205] GEK-E, der die Nichterfüllung des Vertrags regelt, die nach Art. 106 Abs. 1[206] GEK-E Voraussetzung einer jeden Abhilfe ist, zwischen dem Tatbestand der Lieferung nicht vertragsgemäßer Ware in lit. c und jeder sonstigen behaupteten Erfüllung, die nicht vertragsgemäß ist, in lit. f unterscheidet. Es ist also vertretbar, die Lieferung eines Aliud

203 BeckOK BGB/*Faust*, Stand 1.8.2020, § 434 Rn. 109.

204 So *Lorenz* in AcP 212, 2012, 702, 723 f.; Schmidt-Kessel/*Remien*, Der Entwurf für ein gemeinsames Europäisches Kaufrecht, Art. 99 Rn. 3.

205 Art. 87 Abs. 1 GEK-E lautet: *„Die Nichterfüllung einer Verpflichtung ist jegliches Ausbleiben der Erfüllung der Verpflichtung, unabhängig davon, ob entschuldigt oder nicht, und schließt Folgendes ein:*
(a) die Nichtlieferung oder verspätete Lieferung der Waren,
(b) die Nichtbereitstellung oder verspätete Bereitstellung digitaler Inhalte,
(c) die Lieferung nicht vertragsgemäßer Waren,
(d) die Bereitstellung nicht vertragsgemäßer digitaler Inhalte,
(e) die Nichtzahlung oder verspätete Zahlung des Preises und
(f) jede sonstige behauptete Erfüllung, die nicht vertragsgemäß ist.".

206 Art. 106 Abs. 1 GEK-E lautet: *„Hat der Verkäufer eine Verpflichtung nicht erfüllt, kann der Käufer*
(a) die Erfüllung gemäß Abschnitt 3 verlangen, die die Erfüllung der betreffenden Verpflichtung, die Reparatur oder den Ersatz der Waren oder digitalen Inhalte einschließt,
(b) seine eigene Leistung gemäß Abschnitt 4 zurückhalten,
(c) gemäß Abschnitt 5 den Vertrag beenden und gemäß Kapital 17 die Erstattung des bereits gezahlten Preises verlangen,
(d) den Preis gemäß Abschnitt 6 mindern und
(e) Schadensersatz gemäß Kapitel 16 verlangen.".

zwar durchaus als eine nicht vertragsgemäße Erfüllung, nicht aber als Vertragswidrigkeit der Ware aufzufassen.[207]

Im Hinblick auf den Wortlaut der vorgeschlagenen Vorschriften ist der DCFR nicht eindeutiger als der GEK-E. Art. IV.A.-2:301 a[208] DCFR sieht lediglich vor, dass die Ware im Hinblick auf ihre *„description"* den Anforderungen des Vertrags entsprechen muss. Comment E zu Art. IV.A.-2:301 DCFR lehnt eine Unterscheidung zwischen Falsch- und Schlechtlieferungen dann jedoch ausdrücklich ab. An der gleichen Stelle wird auf die besonderen kaufrechtlichen Rechtsfolgen verwiesen, die für eine nicht vertragsgemäße Leistung vorgesehen sind. Einschränkungen oder Ausnahmen von dieser Gleichstellung sind nicht ersichtlich.

Die Verbrauchsgüterkaufrichtlinie enthält keine Regelung zur geschuldeten Art eines Verbrauchsguts oder zur Lieferung eines anderen als des geschuldeten Gutes.[209] Dementsprechend nimmt auch der Fraktionsentwurf in der Begründung zu § 434 Abs. 3 BGB nicht auf die Verbrauchsgüterkaufrichtlinie Bezug.[210] § 434 Abs. 3 BGB stellt demnach offenbar keine Umsetzung der Verbrauchsgüterkaufrichtlinie dar. Das vollständige Fehlen einer Regelung kann damit erklärt werden, dass nach der Verbrauchsgüterkaufrichtlinie die Lieferung nicht vertragsgemäßer Ware der einzige Anknüpfungspunkt für Rechte des Käufers ist. Sie beschränkt sich also vollständig auf das Gewährleistungsrecht. Andere Pflichtverletzungen werden in der Verbrauchsgüterkaufrichtlinie nicht geregelt. Die mit § 434 Abs. 3 BGB adressierten Abgrenzungsfragen stellen sich deshalb in Bezug auf die Verbrauchsgüterkaufrichtlinie nicht.

Dieselbe Beschränkung auf das Gewährleistungsrecht trifft grundsätzlich auch auf die Warenkaufrichtlinie zu. Indem dort jedoch die Art der Ware zur Anforderung an ihre Vertragsmäßigkeit gemacht wurde, fand auch die Frage nach einem Umgang mit der Lieferung eines Aliud Eingang in die Richtlinie. Für den deutschen Gesetzgeber ist das wichtig, weil er aufgrund des vollharmonisierenden Charakters der Warenkaufrichtlinie

---

207 So z.B. Schmidt-Kessel/*Schmidt-Kessel/Kramme*, Der Entwurf für ein gemeinsames Europäisches Kaufrecht, Art. 87 Rn. 11; Schulze/*Zoll*, CESL, 2012, Art. 99 Rn. 21.

208 Art. IV.A.-2:301 (a) DCFR lautet: „*The goods do not conform with the contract unless they:*
(a) are of the quantity, quality and description required by the contract;".

209 Dennoch sollen Falschlieferungen von der Verbrauchsgüterkaufrichtlinie generell umfasst sein. So Grundmann/Bianca/*Grundmann*, Die EU-Kaufrechts-Richtlinie, Art. 2 Rn. 12; *Jorden/Lehmann* in JZ 2001, 952; aA *Brors* in JR 2002, 133.

210 Fraktionsentwurf, BT Drs. 14/6040, 216 f.

nicht über die Regelungen in den Art. 5 bis 8 der Warenkaufrichtlinie hinausgehen darf. Da die Art der Ware in den Katalog der Anforderungen an die Vertragsmäßigkeit der Ware nach der Warenkaufrichtlinie aufgenommen worden ist, kann auch im deutschen Recht die Regelung der Aliud-Lieferung beibehalten werden.

5. Auswirkungen der Warenkaufrichtlinie auf Streitstände im deutschen Recht

Die deutsche Regelung ist auf den ersten Blick sehr klar und scheint keinen Raum für weitere Abgrenzungsfragen zu lassen. Dennoch haben sich seit Verabschiedung der Vorschrift einige Streitstände entwickelt, die zeigen, dass auch mit der scheinbar klaren Regelung nicht alle Fragen beantwortet sind. Fraglich ist, ob der Umstand, dass die Art der Ware im Rahmen der Warenkaufrichtlinie zum Bestandteil ihrer Vertragsmäßigkeit gemacht wird, Auswirkungen auf die im deutschen Recht entwickelten Streitstände zur Aliud-Lieferung hat.

a) Anwendbarkeit des § 434 Abs. 3 Alt. 1 bei der Stückschuld

Zunächst ist umstritten, ob die Regelung des § 434 Abs. 3 Alt. 1 BGB auch auf eine Stückschuld anwendbar ist. Bei einem Stückkauf treten die beschriebenen Abgrenzungsprobleme nicht auf, weil eine Falschlieferung nur in Form eines Identitätsaliud denkbar ist.[211] Wird anstelle der konkret bezeichneten Kaufsache eine andere geliefert, fällt eine Einordnung als Falschlieferung nicht schwer. Wenn dagegen die konkret geschuldete Sache geliefert wird und sich dann herausstellt, dass diese nicht die Eigenschaften aufweist, die zwischen den Parteien vereinbart waren, so liegt eine Schlechtleistung i.S.d. § 434 Abs. 1 S. 1 BGB auf der Hand. Zur Erleichterung einer Abgrenzung bedurfte es in diesem Fall keiner Gleichstellung. Es wird daher diskutiert, ob § 434 Abs. 3 Alt. 1 BGB teleologisch dahin gehend zu reduzieren sei, dass er auf Stückschulden keine Anwendung finde.[212]

---

211 *Lettl* in JuS 2002, 866, 871; BeckOK BGB/*Faust*, Stand 1.8.2020, § 434 Rn. 107; *Schulze* in NJW 2003, 1022, 1022f.; *Thier* in AcP 203, 2003, 399, 403.

212 *Lettl*, ebd.; *Schulze*, ebd.; *Thier*, ebd.; dagegen *Brors* in JR 2002, 133, 134; *Brüggemeier* in WM 2002, 1376, 1378; NK-BGB/*Büdenbender*, 2012, § 434 Rn. 68; *Dau-*

Ausgangspunkt dieser Diskussion ist die Begründung des Fraktionsentwurfs, nach der beim Identitätsaliud neben dem Erfüllungsanspruch auf Lieferung der gekauften Sache ein davon verschiedener Nacherfüllungsanspruch nicht in Betracht komme.[213] Die Frage, ob die Anwendung aller Gewährleistungsvorschriften angemessen ist, wenn Käufer und Verkäufer eine Kaufsache bereits bei Vertragsschluss individualisiert haben und der Verkäufer dann dennoch eine andere liefert, ist durchaus berechtigt. So hat die Anwendung des Sachmängelgewährleistungsrechts zum Beispiel zur Folge, dass sich der Verkäufer unter Umständen wegen Unzumutbarkeit über § 439 Abs. 4 BGB aus der Nacherfüllungspflicht befreien kann. Darüber hinaus ist die etwas kürzere Verjährungsfrist des § 438 BGB anwendbar.

Allerdings deckt der Wortlaut des § 434 Abs. 3 Alt. 1 BGB eindeutig jeden Fall der Lieferung einer falschen Sache ab. Er unterscheidet bewusst nicht zwischen Stück- und Gattungsschulden. Es war das ausdrückliche Ziel des Gesetzgebers, die Unterscheidung zwischen Stück- und Gattungskauf entbehrlich zu machen.[214] Auch im Hinblick auf die Rechtsfolgen der Einordnung eines Identitätsaliud als Sachmangel scheint eine teleologische Reduktion nicht erforderlich. Die Voraussetzungen für eine vollständige Befreiung von der Nacherfüllungspflicht über § 439 Abs. 4 BGB wegen absoluter Unzumutbarkeit sind ausgesprochen hoch. Beim Verkauf beweglicher Sachen an einen Verbraucher bleibt dafür wegen der Spezialregelung des § 475 Abs. 4 BGB ohnehin kaum Raum.[215] Auch die Verkürzung der Verjährung auf die Fristen des § 438 BGB erscheint hinnehmbar. Bei einem Stückkauf wird die Feststellung einer Falschlieferung dem Käufer häufig leichter fallen, als es bei einem Gattungskauf der Fall wäre.

Nach herrschender Meinung sind Aliud-Lieferungen deshalb auch im Bereich des Stückkaufs über § 434 Abs. 3 Alt. 1 BGB zu lösen.[216]

---

ner-Lieb/Arnold in JuS 2002, 1175, 1175 f.; BeckOK BGB/*Faust*, Stand 1.8.2020, § 434 Rn. 110; Erman/*Grunewald*, BGB, 2017, § 434 Rn. 62; *Haas* in HMRSW, Neues Schuldrecht, Kap. 5 Rn. 124; *Lorenz* in JuS 2003, 36, 38 f.; Staudinger/*Matusche-Beckmann*, BGB, 2014, § 434 Rn. 146 f.; *Musielak* in NJW 2003, 89, 90; *Reinicke/Tiedtke*, KaufR, 2009, Rn. 357; *Tiedtke/Schmitt* in JZ 2004, 1092, 1093; Palandt/*Weidenkaff*, BGB, 2021, § 434 Rn. 52a.

213 Fraktionsentwurf, BT Drs. 14/6040, 216.

214 Fraktionsentwurf, aaO., 94.

215 Siehe zur absoluten Unzumutbarkeit auch EuGH NJW 2011, 2269; BGH NJW 2012, 1073.

216 So auch *Brors* in JR 2002, 133, 134; *Brüggemeier* in WM 2002, 1376, 1378; *Dauner-Lieb/Arnold* in JuS 2002, 1175, 1175f.; BeckOK BGB/*Faust*, Stand 1.8.2020,

Möglicherweise ist diese Frage im Hinblick auf die Warenkaufrichtlinie zukünftig jedoch anders zu beantworten. An dieser Stelle ist zu berücksichtigen, dass die Warenkaufrichtlinie ausschließlich gewährleistungsrechtliche Regelungen enthält. Sie enthält deshalb keine Gleichstellung, die der Abgrenzung zu anderen Formen der Vertragsverletzung dient. Sie regelt vielmehr ganz schlicht, dass die gelieferte Ware im Hinblick auf ihre Art der vertraglichen Vereinbarung entsprechen muss. Eine Unterscheidung zwischen Stück- und Gattungsschuld ist ihr dabei fremd.

Wird anstelle der von den Parteien explizit ausgewählten Kaufsache eine andere geliefert, die jedoch aus derselben Art beziehungsweise Gattung stammt, so hindert das jedenfalls im Hinblick auf die Art der Ware nicht die Vertragsmäßigkeit der Ware nach Art. 6 Warenkaufrichtlinie, denn diese stimmt überein. In diesem Fall scheitert die Vertragsmäßigkeit allerdings an den anderen Tatbestandsmerkmalen des Art. 6 a Warenkaufrichtlinie. In den meisten Fällen wird die Identität einer individuell ausgewählten Kaufsache als Bestandteil ihrer Beschreibung aufgefasst werden können. Selbst wenn diese Subsumtion scheitert, so ist die Identität der Kaufsache doch in jedem Fall ein sonstiges Merkmal der Ware.

Wird anstelle der von den Parteien explizit ausgewählten Kaufsache eine andere geliefert, die nicht aus derselben Art beziehungsweise Gattung stammt, könnte die Vertragsmäßigkeit an der Verletzung der Pflicht zur Lieferung von Ware aus einer bestimmten Art scheitern.

Art. 6 Warenkaufrichtlinie stellt seinem Katalog an Anforderungen an die Vertragsmäßigkeit der Ware ausdrücklich die Einschränkung „soweit dies anwendbar ist“ voran. Alle genannten Anforderungen sollen für die Vertragsmäßigkeit der Ware also nur dann von Bedeutung sein, wenn sie im konkreten Fall anwendbar sind. Im Hinblick auf die Art der Ware könnte das bedeuten, dass sie nur dann Relevanz entfalten soll, wenn die konkret betroffene Ware (nur) ihrer Art nach geschuldet war und von den Parteien gerade nicht im Einzelnen individualisiert worden ist. Dafür spricht, dass die Art der Ware nur im Rahmen der subjektiven Anforderungen nach Art. 6 Warenkaufrichtlinie relevant ist. Sie stellt also nur dann eine Anforderung an die Vertragsmäßigkeit der Ware dar, wenn sie von den Parteien zum Bestandteil des Vertrags gemacht worden ist. Die Art der Ware muss, mit anderen Worten, Bestandteil der vertraglichen Einigung geworden sein. Eine ausdrückliche Einigung im Hinblick auf die Art der Ware wird selten vorliegen, wenn die Parteien eine konkre-

---

§ 434 Rn. 110; *Lorenz* in JuS 2003, 36, 38; *Musielak* in NJW 2003, 89, 90; *Tiedke/Schmitt* in JZ 2004, 1092, 1093.

te Kaufsache individualisiert und ausgewählt haben. Die Auswahl einer konkreten Kaufsache wird allerdings stets auch als konkludente Einigung im Hinblick auf ihre Art ausgelegt werden können. Mit der Individualisierung einer Kaufsache wird auch die darin verborgene Aussage zu ihrer Art zum Bestandteil der vertraglichen Einigung. Das Tatbestandsmerkmal der Art aus Art. 6 a Warenkaufrichtlinie ist damit auch bei einem Stückkauf anwendbar und führt bei der Lieferung anderer Ware aus einer anderen Art zum Verlust der Vertragsmäßigkeit.

Die Warenkaufrichtlinie steht einer Anwendung der Gleichstellung einer Aliud-Lieferung mit einem Sachmangel aus § 434 Abs. 3 BGB im Falle einer Stückschuld folglich nicht entgegen.

b) Offensichtliche Falschlieferungen

Im deutschen Recht wird auch die Frage diskutiert, wie mit Extremfällen umzugehen ist. Ist die Einordnung als Schlechtleistung und damit die Anwendbarkeit des Gewährleistungsrechts auch dann angemessen, wenn eine Sache geliefert wird, die so stark von der geschuldeten Kaufsache abweicht, dass das nicht ernsthafterweise als der Versuch einer Erfüllung betrachtet werden kann?[217]

In Bezug auf die denkbaren Fallgestaltungen einer extremen Abweichung sind der Fantasie keine Grenzen gesetzt. *Faust* führt an dieser Stelle als Beispiel die Lieferung von Gänsen anstelle des geschuldeten Karpfens an.[218] Schwierigkeiten wird jedoch stets die Grenzziehung zwischen einer extremen und einer lediglich normalen Abweichung bereiten. Die Abgrenzungsschwierigkeiten, die durch die Regelung in § 434 Abs. 3 Alt. 1 BGB beseitigt werden sollten, würden bei einem Ausscheiden extremer Abweichungen nur auf die Frage, ab wann eine Abweichung zu groß ist, um noch einen Sachmangel zu begründen, verlagert.[219] Der Vorteil einer klaren Regelung würde damit verpuffen, ohne dass es dafür einen zwingenden oder auch nur überzeugenden Grund gäbe.

Der Gesetzestext enthält keine Anhaltspunkte für eine Einschränkung der Gleichstellung für den Fall extremer Abweichungen. Auch die Entstehungsgeschichte des § 434 Abs. 3 BGB spricht gegen eine solche Einschrän-

217 Siehe hierzu *Tiedtke/Schmitt, ebd.*; MüKoBGB/*Westermann*, 2019, § 434 Rn. 44.
218 BeckOK BGB/*Faust*, Stand 1.8.2020, § 434 Rn. 111.
219 BeckOK BGB/*Faust*, Stand 1.8.2020, ebd.; Staudinger/*Matusche-Beckmann*, BGB, 2014, § 434 Rn. 147; *Tiedtke/Schmitt* in JZ 2004, 1092, 1094.

kung. Im Diskussionsentwurf schloss § 434 Abs. 3 die Gleichstellung von Falsch- und Schlechtleistung für solche Fälle aus, in denen die andere Sache *„als Erfüllung offensichtlich nicht in Betracht kommt“*.[220] Für die konsolidierte Fassung sowie den später verabschiedeten Gesetzestext wurde diese Einschränkung gestrichen. Gegen eine solche Einschränkung spricht schließlich die Streichung des § 378 HGB aF, nach dem die Genehmigungsfähigkeit der Ware für die Frage der Einordnung als Falsch- oder Schlechtlieferung entscheidend war. In der Literatur ist man seitdem einig, dass das Kriterium der Genehmigungsfähigkeit der Ware auch außerhalb des Handelskaufs nicht mehr herangezogen werden kann.[221] Eine Ausnahme von der Anwendbarkeit des § 434 Abs. 3 Alt. 1 BGB für Extremfälle wird im deutschen Recht deshalb abgelehnt.[222]

Im Rahmen von Art. 6 a Warenkaufrichtlinie ist die Vertragsmäßigkeit der Ware geregelt, die voraussetzt, dass die gelieferte Ware hinsichtlich ihrer Art den vertraglichen Vorgaben entspricht. Entspricht sie diesen nicht, so entfällt die Vertragsmäßigkeit der Ware. Vor diesem Hintergrund wäre es geradezu absurd, die Vertragsmäßigkeit der Ware bei einer extremen Abweichung von der geschuldeten Art wieder aufleben zu lassen. Die Gleichstellung des § 434 Abs. 3 Alt. 1 BGB muss also unter Berücksichtigung der Warenkaufrichtlinie auch weiterhin für extreme Abweichungen gelten.

c) Tilgungsbestimmung

Um den Käufer vor einer Beeinträchtigung seiner Rechte zu bewahren, die dieser deshalb erleiden könnte, weil er einen Erfüllungsversuch gar nicht als solchen erkennt und dementsprechend seine Gewährleistungsrechte nicht korrekt oder fristgerecht ausübt, wird im deutschen Recht eine ausdrückliche oder schlüssige Tilgungsbestimmung des Verkäufers

220 Siehe Diskussionsentwurf eines Schuldrechtsmodernisierungsgesetzes des Bundesministeriums der Justiz, § 434 Abs. 3, abzurufen über https://lorenz.userweb.mwn.de/schumod/diske/eschurmo.pdf; BeckOK BGB/*Faust*, Stand 1.8.2020, § 434 Rn. 111.

221 *Lettl* in JuS 2002, 866; Erman/*Grunewald*, BGB, 2017, § 434 Rn. 61; Staudinger/*Matusche-Beckmann*, BGB, 2014, § 434 Rn. 148.

222 Fraktionsentwurf, BT Drs. 14/6040, 211, 216; Staudinger/*Matusche-Beckmann*, BGB, 2014, § 434 Rn. 147; *Tiedtke/Schmitt* in JZ 2004, 1092, 1094.

verlangt.[223] Der Verkäufer muss dem Käufer also auf die eine oder andere Weise zu verstehen geben, dass er mit der gelieferten Sache seine Verpflichtung aus dem Kaufvertrag erfüllen möchte. Ob eine solche Tilgungsbestimmung vorliegt, ist dabei gemäß §§ 133, 157 BGB nach dem objektiven Empfängerhorizont des Käufers zu beurteilen.[224]

Auf diesem Weg wird der Käufer davor geschützt, dass sich sein Erfüllungsanspruch ohne sein Wissen oder jedenfalls Wissen-Müssen in einen Nacherfüllungsanspruch mit allen daran geknüpften Konsequenzen verwandelt. Gerade bei der Lieferung eines Aliud muss der Käufer über die Tatsache informiert sein, dass mit dieser Lieferung der Versuch einer Erfüllung unternommen werden soll. Nur wenn das der Fall ist, kann der Käufer die Leistung, wenn er die Falschlieferung bemerkt, als nicht erfüllungstauglich zurückweisen. Er ist dann in der Lage, die Anwendbarkeit des Gewährleistungsrechts abzuwenden, indem er die Leistung von Beginn an nicht annimmt und damit den Gefahrübergang verhindert.[225]

Im Rahmen der Warenkaufrichtlinie ist die Art der Kaufsache ein Bestandteil der subjektiven Anforderungen an die Vertragsmäßigkeit der Ware. Dasselbe gilt für die im Falle eines Identitätsaliud relevante Beschreibung sowie die sonstigen Merkmale. In Bezug auf all diese Kriterien muss die gelieferte Ware den Anforderungen entsprechen, die sich aus dem Kaufvertrag ergeben. Um beurteilen zu können, ob die Ware diesen Anforderungen gerecht wird, ist die Zuordnung zu einem konkreten Kaufvertrag eine zwingende Voraussetzung. Eben diese Zuordnung ist die Essenz einer Tilgungsbestimmung. Es kann und muss deshalb auch unter dem Regime der Warenkaufrichtlinie verlangt werden, dass die Lieferung von Ware im Rahmen einer ausdrücklichen oder schlüssigen Tilgungsbestimmung einem Kaufvertrag zugeordnet wird. Dies gilt ganz besonders dann, wenn anstelle der geschuldeten Ware andere Ware geliefert wird.

---

223 Fraktionsentwurf, ebd.; OLG Hamm MDR 2011, 472; *Lorenz* in JuS 2003, 36, 37; *Tiedtke/Schmitt*, aaO., 1095 ff.; gegen jede Einschränkung jedoch Staudinger/*Matusche-Beckmann*, BGB, 2014, § 434 Rn. 147.

224 Fraktionsentwurf, aaO., 216; OLG Hamm MDR 2011, 472; *Lorenz* in JuS 2003, 36, 37; *Tiedtke/Schmitt* in JZ 2004, 1092, 1095 ff.; BeckOK BGB/*Faust*, Stand 1.8.2020, § 434 Rn. 112.

225 In diesem Sinne *Lettl* in JuS 2002, 866, 870; *Lorenz in* JuS 2002, 36, 37; *Schulze* in NJW 2003, 1022 f.; *Thier* in AcP 203, 2003, 399, 414; *Tiedtke/Schmitt*, aaO., 1093; kritisch aber *Musielak* in NJW 2003, 89 f.

d) Lieferung einer wertvolleren Sache

Die Gleichstellung der Aliud-Lieferung mit einem Sachmangel greift im deutschen Recht auch dann, wenn das Aliud höherwertig ist als die geschuldete Sache.[226] Auch wenn der Käufer seine Gewährleistungsrechte nicht ausübt, führt das nicht zu einer Anpassung des Kaufpreises, sofern kein darüber hinausgehendes Verhalten der Parteien festzustellen ist, das im Sinne einer Vertragsanpassung auszulegen wäre.[227] Streitig ist diesbezüglich nur, ob der Verkäufer einen bereicherungsrechtlichen Herausgabeanspruch in Bezug auf die gelieferte, wertvollere Sache hat.

Teilweise wird vertreten, dass der Kaufvertrag einer Kondiktion nicht im Wege stehe. Dies wird damit begründet, dass § 434 Abs. 3 BGB dem Käufer keinen ungerechtfertigten Vorteil verschaffen solle.[228] Der Kaufvertrag stelle deshalb keinen Rechtsgrund für ein Behalten-Dürfen des Käufers dar.

Dem steht allerdings die vom Verkäufer abgegebene Tilgungsbestimmung entgegen. Indem der Verkäufer die Lieferung des Aliud eindeutig dem Kaufvertrag zuordnet, stellt er zwischen beiden eine Verbindung her. Der Kaufvertrag bildet für alle Parteien erkennbar den Grund für die Leistung. Dazu stünde es in einem logischen Widerspruch, wenn der Kaufvertrag daraufhin keinen Rechtsgrund für ein Behalten-Dürfen des Käufers darstellen sollte. Bei der irrtümlichen Lieferung eines Aliud ist der Verkäufer grundsätzlich berechtigt, die Tilgungsbestimmung nach § 119 BGB anzufechten.[229] Dieses Recht ist allerdings dann nach Treu und Glauben ausgeschlossen, wenn der Verkäufer es dazu einsetzt, sich aus seinen Gewährleistungspflichten zu befreien.[230]

Abgrenzungsfragen zum Bereicherungsrecht stellen sich im Rahmen der Warenkaufrichtlinie nicht. Im Hinblick auf die Einordnung der Lieferung höherwertiger Ware als Sachmangel ist festzuhalten, dass die Warenkaufrichtlinie neben der Art der Ware in Art. 6 a und Art. 7 Abs. 1 d ausdrücklich auch die Qualität der Ware zur Anforderung an ihre Vertragsmäßigkeit macht. Sie enthält dabei keinerlei Einschränkung dahin gehend, dass diese Anforderung nur in Bezug auf negative Abweichungen

226 Looschelders, Schuldrecht BT, 2021, § 3 Rn. 42; MüKoBGB/*Westermann*, 2019, § 434 Rn. 46.
227 Looschelders, ebd.; MüKoBGB/*Westermann*, 2019, ebd.
228 *Lorenz* in JuS 2003, 36, 39.
229 BeckOK BGB/*Faust*, Stand 1.8.2020, § 437 Rn. 215; MüKoBGB/*Westermann*, 2019, § 434 Rn. 46.
230 Looschelders, Schuldrecht BT, 2021, § 3 Rn. 42; siehe auch MüKoBGB/*Westermann*, 2019, ebd.

Anwendung finden soll. Aus der Warenkaufrichtlinie ergeben sich deshalb keine Schwierigkeiten, die Gleichstellung auch für die Lieferung wertvollerer Sachen aufrecht zu erhalten und diese folglich als Sachmangel zu behandeln. Für eine Anpassung des Kaufpreises, nur weil der Verbraucher darauf verzichtet, von seinen Abhilfen Gebrauch zu machen, besteht auch im Rahmen der Warenkaufrichtlinie keine Grundlage.

e) Erfordernis einer konsequenten Gleichstellung

Mit § 434 Abs. 3 Alt. 1 BGB wurde nach alledem bewusst eine im Hinblick auf den Wortlaut sehr klare Regelung geschaffen. Diese kann den gewünschten Effekt jedoch nur dann entfalten, wenn sie auch mit der durch den Wortlaut bereits vorgegebenen Konsequenz zur Anwendung gebracht wird. Um sicherzustellen, dass der Käufer eine Falschlieferung einem bestimmten Vertragsverhältnis zuordnen kann, ist es sinnvoll, eine entsprechende Tilgungsbestimmung des Verkäufers zu verlangen. Diese wird sich in vielen Fällen bereits aus den Umständen und damit aus dem konkludenten Verkäuferverhalten ergeben. Insbesondere in Fällen, in denen zwischen den Parteien mehrere Vertragsverhältnisse bestehen, werden strengere Anforderungen an die Eindeutigkeit dieser Tilgungsbestimmung zu stellen sein. Wenn diese Voraussetzungen jedoch vorliegen, bleibt kein Raum für eine weitere Einschränkung des § 434 Abs. 3 Alt. 1 BGB dahin gehend, dass die Vorschrift im Falle einer Stückschuld oder bei extremen Abweichungen der gelieferten von der geschuldeten Kaufsache nicht anwendbar wäre. Die Regelungen der Warenkaufrichtlinie stehen diesem Ergebnis nicht entgegen.

IV. Schlussfolgerungen zur Reformbedürftigkeit des Mangelbegriffs hinsichtlich der Art der Kaufsache

Das Tatbestandsmerkmal der Art stellt in § 434 BGB anders als in Art. 6 a Warenkaufrichtlinie keine selbstständige Anforderung an die Mangelfreiheit der Kaufsache dar. Die Lieferung von Waren aus einer anderen Art kann aber über § 434 Abs. 3 Alt. 1 BGB als Aliud-Lieferung gelöst werden. Auch an den Ergebnissen der zur Aliud-Lieferung entwickelten Streitstände kann nach dem Resultat der Untersuchung festgehalten werden.

Es besteht vor diesem Hintergrund kein zwingender Bedarf zur Aufnahme des Tatbestandsmerkmals der Art in den Wortlaut des § 434 BGB. Eine solche Aufnahme könnte allenfalls den Sinn haben, bereits auf den ersten Blick eine größere Nähe zum Wortlaut der Warenkaufrichtlinie herzustellen, um so eine richtlinienkonforme Umsetzung zu dokumentieren.

Die eigentliche Bedeutung der Art der Ware besteht allerdings sowohl im BGB als auch im Rahmen der Warenkaufrichtlinie in der Definition einer Gattung, der die Kaufsache zuzuordnen ist. Die bei Sachen dieser Gattung üblichen Merkmale sind ein in vielerlei Hinsicht entscheidender Referenzpunkt bei der Ermittlung objektiv geschützter Käufererwartungen. Die Untersuchung hat gezeigt, dass das zum deutschen Recht entwickelte Vorgehen zur Bestimmung einer Gattung in keinem Widerspruch zu den Vorgaben der Warenkaufrichtlinie steht.

V. Kritik am aktuellen Stand der Umsetzung

Die Art der Kaufsache soll nach dem Umsetzungsvorschlag des Referentenentwurfs zum Bestandteil ihrer Beschaffenheit werden.[231] Gleichzeitig wird in § 434 Abs. 5[232] BGB nach Referentenentwurf die bisherige Regelung einer Aliud-Lieferung beibehalten. Diese Doppelung und insbesondere die künstliche Anreicherung des Beschaffenheitsbegriffs um zahlreiche Merkmale, darunter das Merkmal der Art, begegnet der in Kapitel B Abschnitt IV dargestellten Kritik. Die Regelung des § 434 Abs. 5 BGB Fassung im Referentenentwurf wäre nach der hier vertretenen Auffassung ausreichend, um die in Art. 6 a Warenkaufrichtlinie enthaltene Anforderung an die Art der Ware richtlinienkonform umzusetzen.

Die Regelungen des Referentenentwurfes zur Art der Kaufsache und zur Aliud-Lieferung wurden weder für den Regierungsentwurf noch für das Umsetzungsgesetz verändert.

---

231 Referentenentwurf, 3 f., siehe dort Art. 1 Nr. 1, § 434 Abs. 2 S. 2; dieser lautet: *„Zu der Beschaffenheit nach Satz 1 Nummer 1 gehören Art, Menge, Qualität, Funktionalität, Kompatibilität, Interoperabilität und sonstige Merkmale der Sache, für die die Parteien Anforderungen im Vertrag vereinbart haben.“*.

232 Referentenentwurf, 4, siehe dort Art. 1 Nr. 1, § 434 Abs. 5; dieser lautet: *„(5) Einem Sachmangel steht es gleich, wenn der Verkäufer eine andere Sache als die vertraglich geschuldete Sache liefert.“*.

D. Menge

Einen anderen Typus von Vertragswidrigkeiten stellen Quantitätsabweichungen dar. Diese sind sowohl in Form einer Lieferung von zu viel als auch von zu wenig Ware denkbar und fallen unter dem Gesichtspunkt der „*Menge*" unter Art. 6 a[233] und Art. 7 Abs. 1 d[234] Warenkaufrichtlinie und Art. 99 Abs. 1 a[235] GEK-E. Die Vorschriften stimmen inhaltlich mit Art. IV.A.-2:301 a[236] DCFR überein und sehen vor, dass die Ware in der im Kaufvertrag vorgesehenen Menge geliefert werden muss.

Im Rahmen der Warenkaufrichtlinie tritt daneben über Art. 7 Abs. 1 d[237] die Verpflichtung des Verkäufers, Waren in der Menge zu liefern, die

---

233 Art. 6 a) Warenkaufrichtlinie lautet: „*Die Waren entsprechen dem Kaufvertrag, insbesondere wenn sie, soweit dies anwendbar ist,*
a) hinsichtlich der Beschreibung, der Art, der Menge und der Qualität, der Funktionalität, der Kompatibilität, der Interoperabilität und sonstiger Merkmale den Anforderungen entsprechen, die sich aus dem Kaufvertrag ergeben;".

234 Art. 7 Abs. 1 d) Warenkaufrichtlinie lautet: „*(1) Zusätzlich zur Einhaltung der subjektiven Anforderungen an die Vertragsmäßigkeit müssen die Waren*
(…)
d) hinsichtlich ihrer Menge, Qualität und sonstigen Merkmale — einschließlich ihrer Haltbarkeit, Funktionalität, Kompatibilität und Sicherheit — dem entsprechen, was bei Waren der gleichen Art üblich ist und was der Verbraucher in Anbetracht der Art der Waren und unter Berücksichtigung öffentlicher Erklärungen, die von dem Verkäufer oder im Auftrag des Verkäufers oder einer anderen Person in vorhergehenden Gliedern der Vertragskette einschließlich des Herstellers, insbesondere in der Werbung oder auf dem Etikett, abgegeben wurden, vernünftigerweise erwarten kann.".

235 Art. 99 Abs. 1 a) GEK-E lautet: „*Die Waren oder digitalen Inhalte sind vertragsgemäß, wenn sie*
(a) in Menge, Qualität und Art den Anforderungen des Vertrags entsprechen,".

236 Art. IV.A.-2:301 (a) DCFR lautet: "*The goods do not conform with the contract unless they:*
(a) are of the quantity, quality and description required by the contract;".

237 Art. 7 Abs. 1 d) Warenkaufrichtlinie lautet: „*(1) Zusätzlich zur Einhaltung der subjektiven Anforderungen an die Vertragsmäßigkeit müssen die Waren*
(…)
hinsichtlich ihrer Menge, Qualität und sonstigen Merkmale — einschließlich ihrer Haltbarkeit, Funktionalität, Kompatibilität und Sicherheit — dem entsprechen, was bei Waren der gleichen Art üblich ist und was der Verbraucher in Anbetracht der Art der Waren und unter Berücksichtigung öffentlicher Erklärungen, die von dem Verkäufer oder im Auftrag des Verkäufers oder einer anderen Person in vorhergehenden

bei Waren derselben Art üblich ist und die der Verbraucher in Anbetracht der Art der Waren und unter Berücksichtigung dem Verkäufer zuzurechnender öffentlicher Erklärungen erwarten kann.

Art. 2 Verbrauchsgüterkaufrichtlinie enthält keine ausdrückliche Regelung von Mengenabweichungen. Teilweise wird dennoch vertreten, Mengenabweichungen seien von der Richtlinie umfasst.[238] Unter dem Gesichtspunkt der Beschreibung der Verbrauchsgüter nach Art. 2 Abs. 2 a Verbrauchsgüterkaufrichtlinie könne auch eine Quantifizierung der geschuldeten Verbrauchsgüter verstanden werden. Der Begriff der Beschreibung ist insofern relativ weich und lässt eine Beschreibung der Verbrauchsgüter in jeglicher Hinsicht zu. Es ist daher durchaus naheliegend, auch Mengenabweichungen als von der Verbrauchsgüterkaufrichtlinie geregelt anzusehen. Weitere Anhaltspunkte zu den in Bezug auf die anderen Regelwerke zu diskutierenden Fragen enthält die Richtlinie allerdings nicht.

Im deutschen Kaufrecht wird die Zuwenig-Lieferung in § 434 Abs. 3 Alt. 2 BGB einem Sachmangel gleichgestellt. Die Zuviel-Lieferung ist vom Wortlaut des § 434 Abs. 3 Alt. 2 BGB jedoch nicht erfasst. In Bezug auf die Zuviel-Lieferung ist der Unterschied zu den Regelungen der europäischen Texte offensichtlich. Darüber hinaus wurden im deutschen Recht zahlreiche Anwendungs- und Auslegungsfragen entwickelt. Beide Gesichtspunkte sind im Hinblick darauf zu untersuchen, welche Konsequenzen sich aus dem Inkrafttreten der Warenkaufrichtlinie ergeben.

I. Die Bestimmung der geschuldeten Menge

Die Bestimmung der geschuldeten Menge bereitet keine Schwierigkeiten, wenn eine entsprechende vertragliche Regelung vorliegt. Ob eine Mengenabweichungen vorliegt, ist dann ebenfalls relativ einfach zu erkennen. Je nachdem, welche Einheit im Kaufvertrag vereinbart wurde, ist auf die Stückzahl, das Gewicht, das Volumen etc. abzustellen.[239] Weichen die Waren dagegen in anderer Art und Weise von der vertraglichen Abrede

---

Gliedern der Vertragskette einschließlich des Herstellers, insbesondere in der Werbung oder auf dem Etikett, abgegeben wurden, vernünftigerweise erwarten kann.".

238 Dafür Grundmann/Bianca/*Grundmann*, Die EU-Kaufrechts-Richtlinie, Art. 2 Rn. 12; *Jorden/Lehmann* in JZ 2001, 952; dagegen *Grigoleit/Riehm* in ZGS 2002, 114, 121; *Heiderhoff/Skamel* in JZ 2006, 383, 392.

239 Palandt/*Weidenkaff*, BGB, 2021 § 434 Rn. 53; MüKoBGB/*Westermann*, 2019, § 434 Rn. 47.

ab, werden zum Beispiel Waren in der vereinbarten Stückzahl geliefert, die gelieferten Stücke haben jedoch die falsche Größe, kommt ein Mangel in Bezug auf die Beschaffenheit oder die Zweckeignung in Betracht.[240]

Demgegenüber darf damit gerechnet werden, dass die in Art. 7 Abs. 1 d Warenkaufrichtlinie vorgegebene objektive Bestimmung der geschuldeten Menge anhand der Üblichkeit in der Praxis Schwierigkeiten bereiten wird. Sofern dem Verkäufer zurechenbare öffentliche Äußerungen vorliegen, können diese die erforderlichen Anhaltspunkte bieten. Fehlen sowohl eine vertragliche Regelung als auch solche Anhaltspunkte, besteht die einzige Möglichkeit in der Festsetzung einer über die Art der Ware zu ermittelnden Referenzgruppe. Dabei ist in Bezug auf die Mengenfrage besondere Sorgfalt geboten. Die üblichen Mengen, in denen auf den ersten Blick vergleichbare Waren verkauft werden, können stark voneinander abweichen, wie das Beispiel eines Glases Bier zeigt, das in Bayern eine völlig andere Menge der verkauften Flüssigkeit enthält als in Köln.

Die Regelung des § 434 Abs. 3 Alt. 2 BGB ist in Bezug auf die Bestimmung der geschuldeten Menge neutral. Sie lässt sowohl eine Bestimmung anhand der vertraglichen Vereinbarung als auch anhand der objektiven Käufererwartungen zu. Die Aufnahme einer Verpflichtung zur Lieferung der Ware in einer üblichen Menge in die Warenkaufrichtlinie führt deshalb zu keinem Änderungsbedarf im Rahmen der Umsetzung.

II. Die Zuviel-Lieferung

Die Regelung von Mengenabweichungen in der Warenkaufrichtlinie ist ebenso klar gefasst wie diejenige des BGB. Die Abweichung in Bezug auf die Zuviel-Lieferung tritt bei einem Vergleich der Vorschriften sofort und deutlich hervor. Der sich daraus ergebende Handlungsbedarf im Rahmen der Umsetzung der Warenkaufrichtlinie scheint offensichtlich.

Zweifel können sich allerdings im Hinblick auf die in Art. 13 Warenkaufrichtlinie vorgesehenen Abhilfen ergeben, die im Falle einer Zuviel-Lieferung nicht recht zu passen scheinen. So sieht Art. 13 Abs. 1 Warenkaufrichtlinie die Minderung oder Vertragsbeendigung als Abhilfen des Käufers vor. Beide Abhilfen erscheinen bei einer Exzess-Lieferung, die den Käufer ohne Weiteres in die Lage versetzt, die geschuldete Menge an

240 BeckOK BGB/*Faust*, Stand 1.8.2020, § 434 Rn. 115; Soergel/*U. Huber*, BGB, 1991, § 459 Rn. 56; MüKoBGB/*Westermann*, 2019, ebd.; *Windel* in Jura 2003, 793, 795.

Waren zu nutzen, unangemessen und nur wenig an den Interessen der Parteien orientiert.

1. Umgang mit Zuviel-Lieferungen im deutschen Recht

Aus diesem Grund soll für eine Annäherung an die Umsetzungsfrage zunächst betrachtet werden, wie im geltenden deutschen Recht mit der Frage der Zuviel-Lieferung umgegangen wird. Denn auch im deutschen Recht wird für den Fall der Lieferung einer zu großen Menge eine Analogie zu § 434 Abs. 3 Alt. 2 BGB diskutiert.[241]

Rechtsfolge einer Einordnung der Zuviel-Lieferung als Sachmangel wäre die unmittelbare Anwendung kaufrechtlicher Spezialregelungen.

Das würde zunächst zu einem Nacherfüllungsanspruch führen, der auf Abholung der zu viel gelieferten Ware gerichtet und in dieser Gestalt für den Käufer durchaus interessant sein kann. Ein Anspruch auf Nachlieferung erscheint demgegenüber kaum sachgerecht, da der Käufer die bestellte Ware ohne jede Einschränkung einsetzen kann. Aus diesem Grund dürfte dem Verkäufer allerdings wegen § 439 Abs. 4 BGB das Recht zustehen, eine eventuell verlangte Nachlieferung zu verweigern. Die Interessen des Käufers können durch eine Abholung zu viel gelieferter Ware vollständig befriedigt werden. Damit kann ohne erhebliche Nachteile für den Käufer auf die Nachbessrung als andere Form der Nacherfüllung zurückgegriffen werden.

Darüber hinaus würde dem Käufer das Gestaltungsrecht der Minderung nach § 440 BGB zustehen. Dieses allerdings dürfte für ihn nicht interessant sein, da bei einer Zuviel-Lieferung in der Regel keine negativ abweichende Wertdifferenz zwischen geschuldeter und gelieferter Ware festgestellt werden kann.

Eine Einordnung als Sachmangel hätte außerdem die Anwendbarkeit allgemeinen Leistungsstörungsrechts über § 437 BGB zur Folge.

Dem Käufer stünde danach über § 323 BGB ein Rücktrittsrecht zu. Es ist zweifelhaft, ob diese Rechtsfolge angemessen ist, obwohl der bestellte Teil der Ware vom Käufer ohne Weiteres verwendet werden kann. Diese Verwendungsmöglichkeit könnte allerdings im Rahmen einer Prüfung von § 323 Abs. 5 S. 2 BGB aufgegriffen und zur Grundlage einer Argumentation gemacht werden, nach der eine Zuviel-Lieferung eine un-

241 Vgl. BeckOK BGB/*Faust*, Stand 1.8.2020, § 434 Rn. 120; *Müller* in WM 2018, 1673, 1682; Palandt/*Weidenkaff*, BGB, 2021, § 434 Rn. 53a.

erhebliche Pflichtverletzung beziehungsweise einen unerheblichen Mangel darstellt. Das Rücktrittsrecht wäre dann ausgeschlossen. Eine solche Lösung beinhaltete auch die Möglichkeit, eine Zuviel-Lieferung im Einzelfall beispielsweise dann doch als erheblich anzusehen, wenn sie die Verwendungsmöglichkeiten des Käufers hinsichtlich der bestellten Menge ausnahmsweise doch beeinträchtigt.

Schließlich stünde dem Käufer ein Schadensersatzanspruch nach den §§ 280 ff. BGB zu. Dabei erscheint ein Anspruch auf Schadensersatz statt der Leistung weder angemessen noch für den Käufer erstrebenswert. In der Regel wird keine negative Abweichung des Wertes der gelieferten von der geschuldeten Ware als solcher feststellbar sein. Allerdings kann auch diesbezüglich, ebenso wie oben in Bezug auf den Rücktritt dargestellt, eine Lösung darin gesucht werden, die Zuviel-Lieferung als unerheblichen Mangel aufzufassen und den Schadensersatz statt der ganzen Leistung deshalb an § 281 Abs. 1 S. 3 BGB scheitern zu lassen.

Sinnvoll kann demgegenüber ein Anspruch auf Schadensersatz neben der Leistung, gerichtet auf den Ersatz von Lagerungs- oder Entsorgungskosten für zu viel gelieferte Ware, sein.

Während ein Anspruch des Käufers auf Abholung zu viel gelieferter Ware oder Ersatz der für diese entstandenen Lagerungs- oder Entsorgungskosten sinnvoll sein kann, erscheinen die sich aus einer Einordnung der Zuviel-Lieferung als Sachmangel ergebenden Ansprüche auf Nachlieferung oder Schadensersatz statt der Leistung sowie das Rücktritts- oder Minderungsrecht eher unpassend. Allerdings dürften sich diese Ansprüche und Gewährleistungsrechte in aller Regel nicht in problematischer Weise auswirken. Sie können entweder durch entgegenstehende Verweigerungsrechte oder Ausschlusstatbestände neutralisiert werden oder entfalten bei einer Zuviel-Lieferung schlicht rechnerisch keine gewährleistungsrechtliche Relevanz.

Die Folgen einer Einordnung der Zuviel-Lieferung als Sachmangel wären jedoch nicht auf das Gewährleistungsrecht begrenzt. Eine nicht unmittelbar gewährleistungsrechtliche Folge wäre, dass der Verkäufer zu viel gelieferte Ware nicht ohne Weiteres zurückverlangen könnte. Der Weg ins Bereicherungsrecht wäre dem Verkäufer verschlossen, weil mit dem Kaufvertrag ein Rechtsgrund bestünde, der den Käufer dazu berechtigte, zu viel gelieferte Ware zu behalten.[242] Diesen Weg müsste der Verkäufer

242 BeckOK BGB/*Faust*, Stand 1.8.2020, § 437 Rn. 214.

zunächst über den Umweg einer Anfechtung der Tilgungsbestimmung frei räumen.[243]

Dabei ist die Lösung, die das deutsche Bereicherungsrecht für den Umgang mit Zuviel-Lieferungen zur Verfügung stellt, durchaus überzeugend. Sie bringt die Interessen der Vertragsparteien zu einem angemessenen Ausgleich. Die Interessen des Käufers werden maßgeblich dadurch geschützt, dass gegen ihn kein Zahlungsanspruch entsteht. Demgegenüber kann der Verkäufer versehentlich zu viel gelieferte Ware über § 812 Abs. 1 S. 1 BGB heraus verlangen. Im Falle einer bewussten Zuviel-Lieferung ist der Herausgabeanspruch wegen § 814 BGB ausgeschlossen, sodass ein hinreichender Schutz vor treuwidrigen Versuchen der Verkäufer, die Käufer in die Abnahme größerer Mengen zu drängen, besteht.

Auch Ansprüche des Käufers auf Abholung zu viel gelieferter Ware und Ersatz von Lagerung oder Entsorgungskosten sind bei einer unmittelbaren Anwendung des Bereicherungsrechts nicht unerreichbar. Das Interesse des Käufers an einer Abholung der zu viel gelieferten Menge kann gegebenenfalls durch die Schaffung eines auf dieselbe gerichteten Anspruchs im Wege der ergänzenden Vertragsauslegung befriedigt werden.[244] Auf dieser Grundlage kann dann auch ein Anspruch auf Ersatz von Lagerungs- und Entsorgungskosten für zu viel gelieferte Ware als Schadensersatz statt der Leistung angenommen werden.

Um zu einer analogen Anwendung des § 434 Abs. 3 Alt. 2 BGB zu gelangen, wären eine planwidrige Regelungslücke und eine vergleichbare Interessenlage erforderlich. Gegen eine solche planwidrige Regelungslücke spricht der deutliche Wortlaut des § 434 Abs. 3 Alt. 2 BGB, in dem ausdrücklich nur eine von zwei denkbaren Formen der Mengenabweichung geregelt ist. Auch die Tatsache, dass Fälle einer Zuviel-Lieferung über das Bereicherungsrecht interessengerecht gelöst werden können, spricht gegen eine solche Regelungslücke. Im Hinblick auf dic Vergleichbarkeit der Interessenlage zwischen Zuviel- und Mankolieferung muss mit der Verwendungsmöglichkeit der bestellten Ware ein grundlegender Unterschied festgestellt werden. Dieser führt dazu, dass zahlreiche Rechtsfolgen einer Anwendbarkeit des Gewährleistungsrechts für einen gerechten Ausgleich der Interessen der Vertragsparteien kaum geeignet erscheinen. Die im Gewährleistungsrecht enthaltenen Schranken und Einreden führen zwar dazu, dass nicht mit einer problematischen Auswirkung dieser Rechtsfolgen

243 BeckOK BGB/*Faust*, Stand 1.8.2020, § 434 Rn. 120.

244 BeckOK BGB/*Faust*, Stand 1.8.2020, ebd.

zu rechnen wäre. Für die Begründung einer Analogie kann das indes nicht ausreichen.

Im deutschen Recht steht über das Bereicherungsrecht folglich eine sachgerechte Lösung für des Problem der Zuviel-Lieferungen zur Verfügung. Eine solche Lösung kann die Warenkaufrichtlinie aufgrund ihrer Beschränkung auf das Gewährleistungsrecht nicht enthalten. Es ist schlicht kein Bereicherungsrecht vorhanden, über das die Lieferung einer zu großen Menge an Waren einer Lösung zugeführt werden könnte.

2. Umgang mit Zuviel-Lieferungen im DCFR und im GEK-E

Um ein besseres Verständnis für den Regelungsansatz des europäischen Rechtsaktgebers zu entwickeln, soll deshalb im nächsten Schritt beleuchtet werden, wie in den umfassenderen europäischen Texten mit der Frage der Zuviel-Lieferungen umgegangen wird.

Ebenso wie Art. 6 a Warenkaufrichtlinie enthalten auch Art. IV.A.-2:301 a DCFR und Art 99 Abs. 1 a GEK-E die schlichte Aussage, dass Waren, um vertragsmäßig zu sein, in der richtigen Menge geliefert werden müssen. Nach dem Wortlaut sind also auch Zuviel-Lieferungen von den Regelungen erfasst. Aus der Kommentierung zu Art. IV.A.-2:301 DCFR geht allerdings hervor, dass in erster Linie Zuwenig-Lieferungen über die Vorschrift gelöst werden sollen, wohingegen für Exzess-Lieferungen die Spezialvorschrift des Art. IV.A.-3:105 Abs. 2, Abs. 3, Abs. 4[245] DCFR greifen soll.[246] Dieselbe Spezialregelung enthält auch Art. 130 Abs. 3, Abs. 4, Abs. 5[247] GEK-E.

---

245 Art. IV.A.-3:105 Abs. 2, Abs. 3, Abs. 4 DCFR lautet:
„*(2) If the seller delivers a quantity of goods greater than that provided for by the contract, the buyer may retain or refuse the excess quantity.*
(3) If the buyer retains the excess quantity it is regarded as having been supplied under the contract and must be paid for at the contractual rate.
(4) In a consumer contract for sale paragraph (3) does not apply if the buyer believes on reasonable grounds that the seller has delivered the excess quantity intentionally and without error, knowing that it had not been ordered. In such a case the rules on unsolicited goods apply.“.

246 Art. IV.A.-2:301 DCFR, Comment C, Quantity, quality and description, 1299.

247 Art. 130 Abs. 3, Abs. 4, Abs. 5 GEK-E lautet:
„*3. Liefert der Verkäufer eine größere als die im Vertrag vereinbarte Menge, kann der Käufer die zuviel gelieferte Menge behalten oder zurückweisen.*
4. Behält der Käufer die zuviel gelieferte Menge, so wird diese als vertragliche Lieferung behandelt und muss nach dem vertraglich vereinbarten Preis bezahlt werden.

Eine Zuviel-Lieferung stellt zwar, wie die Kommentierung zu Art. IV.A.-3:105 DCFR ausdrücklich klarstellt, ebenfalls einen Mangel der Vertragsmäßigkeit der Ware dar,[248] im Hinblick auf die Rechtsfolgen soll die Spezialvorschrift die allgemeinen Gewährleistungsregeln jedoch verdrängen. Insbesondere soll der Verkäufer nicht dazu berechtigt sein, die zu viel gelieferte Ware über sein Heilungsrecht[249] zurückzuverlangen.

Nach Art. IV.A.-3:105 Abs. 2 DCFR beziehungsweise Art. 130 Abs. 3 GEK-E kann der Käufer vielmehr entscheiden, ob er die zu viel gelieferte Menge zurückweisen oder annehmen möchte.[250] Wenn er sich dafür entscheidet, die Exzess-Lieferung anzunehmen, soll nach der Kommentierung des DCFR in dieser Entscheidung ein neues, über den ursprünglichen Vertrag hinausgehendes Angebot liegen. Die zu viel gelieferten Waren gelten dann wegen Art. IV.A.-3:105 Abs. 3 DCFR beziehungsweise Art. 130 Abs. 4 GEK-E als nach dem Vertrag geschuldet. Der Käufer ist verpflichtet, die zu viel gelieferte Menge zu bezahlen.[251] Der Preis für die zu viel gelieferte Ware ergibt sich dabei aus dem vertraglich für die ursprüngliche Menge vereinbarten Satz.[252]

Auch nach dem DCFR und dem GEK-E kommt ein Vertrag regulär durch Angebot und Annahme zustande.[253] Bei einer Zuviel-Lieferung soll der Käufer jedoch allein durch seine Entscheidung die Erweiterung des Vertrags zustande bringen können. Die in der Kommentierung des DCFR angestrebten Konsequenzen treten demnach nur dann ein, wenn in der Entscheidung des Käufers nicht das Angebot, sondern die Annahme eines

---

5. Absatz 4 ist nicht auf einen Verbraucherkaufvertrag anzuwenden, wenn der Käufer Grund zu der Annahme hat, dass der Verkäufer vorsätzlich und ohne Irrtum eine größere Menge in dem Wissen geliefert hat, dass diese Menge nicht bestellt worden ist.".

248 Art. IV.A.-3:105 DCFR, Comment C, Excess quantity, 1358: „*The delivery of an excess quantity falls under the ambit of lack of conformity (cf. IV.A.– 2:301 (Conformity with the contract) sub-paragraph (a)).*"

249 Grundsätzlich steht dem Verkäufer nach Art. III.-3:202 DCFR das Recht zu, eine Vertragswidrigkeit durch einen erneuten Erfüllungsversuch zu beseitigen, sofern der Erfüllungszeitraum noch nicht abgelaufen ist. Es handelt sich dabei um eine allgemeine schuldrechtliche Regel. Im Falle einer Zuviel-Lieferung wird diese Vorschrift durch die Spezialregelung des Art. IV.A.-3:105 DCFR verdrängt.

250 Siehe auch Art. IV.A.-2:301 DCFR, Comment C, Quantity, quality and description, 1299.

251 Art. IV.A.-3:105 DCFR, Comment C, Excess quantity, 1358.

252 Siehe auch Art. IV.A.-3:105 Abs. 3 DCFR, ebd.

253 Art. II.-4:101 DCFR, Comment D, Sufficient Agreement, 290; Book II, Chapter 4, Section 2 DCFR: Offer and acceptance; Art. 30 Abs. 1, Abs. 2 GEK-E.

vom Verkäufer gemachten Angebots zu sehen ist. Eine solche Auslegung ist auch naheliegend. Eine bewusste Lieferung einer über die vertraglich geschuldete, hinausgehende Menge von Waren kann ohne Weiteres als konkludentes Angebot zur Leistung einer größeren Menge aufgefasst werden. Nimmt der Käufer diese durch die Erklärung, die Exzess-Lieferung behalten zu wollen, an, treten die in Comment C zu Art. IV.A.-3:105 Abs. 3 DCFR beschriebenen Folgen ein.

Allerdings werden diese Folgen in Art IV.A.-3:105 Abs. 4 DCFR und Art. 130 Abs. 5 GEK-E für Verbraucherverträge modifiziert. Ein Verbraucher soll bei einer bewussten Zuviel-Lieferung nicht dazu verpflichtet sein, die zu viel gelieferte Ware zu bezahlen. Dies gilt auch dann, wenn er sich dafür entscheidet, die Ware zu behalten. Die Regel stellt damit letztlich eine Sanktion für den Verkäufer für bewusste Exzess-Lieferungen dar. Ein Grund für eine derart starke Ausgestaltung des Verbraucherschutzes ist jedenfalls dann nicht ersichtlich, wenn es sich um eine offene Zuviel-Lieferung handelt. Wenn ein Verbraucher die Zuviel-Lieferung erkennt und keine Verwendung für die zu viel gelieferte Ware hat, kann er seine Interessen vollumfänglich wahren, indem er diese zurückweist. Hat er dagegen ein Interesse an der Exzess-Lieferung, ist es nicht überzeugend, ihn aus jeder Zahlungsverpflichtung zu befreien.

Den Spezial-Regelungen für Verbraucherverträge kann außerdem entnommen werden, dass die Vorschriften der vorangehenden Absätze sowohl bei einer bewussten als auch bei einer versehentlichen Exzess-Lieferung gelten sollen. Die Lösung der Art. IV.A.-3:105 Abs. 2, Abs. 3 DCFR und Art. 130 Abs. 3, Abs. 4 GEK-E ist jedoch allenfalls bei einer bewussten Zuviel-Lieferung überzeugend. Einer unbewussten Zuviel-Lieferung kann kein Erklärungswert beigemessen werden, der Einfluss auf die vertragliche Einigung haben könnte. Im Falle einer unbewussten Exzess-Lieferung greift deshalb auch die in der Kommentierung zu Art. IV.A.-3:105 Abs. 3 DCFR angedeutete Begründung nicht. Darüber hinaus ist kein zwingendes Interesse des Käufers erkennbar, den Verkäufer an einer versehentlichen Exzess-Lieferung festzuhalten.

Auch im DCFR sind in *„Book VII: unjustified enrichement“* bereicherungsrechtliche Vorschriften enthalten, über die ein Rückforderungsanspruch bei einer versehentlichen Zuviel-Lieferung hergestellt und bei einer bewussten Exzesslieferung ausgeschlossen werden könnte.[254] Diese dürften im Hinblick auf die Spezialregelung des Art. IV.A.-3:105 Abs. 2 DCFR jedoch keine Anwendung finden.

---

254 Insbesondere Art. VII.-1:101 DCFR; Art. VII.-2:101 DCFR.

Die Lieferung einer zu großen Menge an Waren lässt also sowohl im Rahmen des DCFR als auch des GEK-E die Vertragsmäßigkeit der Ware entfallen. Nach beiden Regelwerken werden aber die regulären Folgen einer Vertragswidrigkeit durch Spezialregelungen verdrängt. Diese führen im Falle einer Zuviel-Lieferung zu einer unausgewogenen Besserstellung des Käufers. Dies gilt insbesondere dann, wenn es sich um einen Verbraucher handelt, demgegenüber der Verkäufer mit dem Verlust sowohl der Ware als auch der korrespondierenden Zahlungsansprüche bestraft wird. Es ist deshalb zu begrüßen, dass eine vergleichbare Spezialregelung in der Warenkaufrichtlinie nicht enthalten ist.

3. Erforderlichkeit einer Einstufung der Zuviel-Lieferung als Sachmangel

Sowohl aus dem Wortlaut der verschiedenen europäischen Vorschriften als auch aus der Kommentierung des DCFR ergibt sich klar, dass die Vertragsmäßigkeit der Ware durch eine Zuviel-Lieferung beseitigt wird. Der Sachmangeltatbestand des § 434 Abs. 3 Alt. 2 BGB ist vor diesem Hintergrund nicht ausreichend. Im Rahmen der Umsetzung der Warenkaufrichtlinie muss die Lieferung einer zu großen Menge in den Tatbestand aufgenommen werden.[255]

Die Spezialregelungen in DCFR und GEK-E zeigen allerdings, dass die Rechtsfolgen einer Vertragswidrigkeit im Falle einer Zuviel-Lieferung vom europäischen Gesetzgeber in der Vergangenheit als nicht angemessen empfunden wurden.

Fraglich ist deshalb, ob auch im deutschen Recht mit einer Spezialregelung gearbeitet werden könnte, um die Rechtsfolgen eines Sachmangels im Falle einer Zuviel-Lieferung hinter dem Bereicherungsrecht zurücktreten zu lassen. Dem stehen allerdings der vollharmonisierende Charakter der Warenkaufrichtlinie und die Verpflichtung der Mitgliedstaaten, sicherzustellen, dass Verbraucher die darin enthaltenen Gewährleistungsrechte effektiv geltend machen können, entgegen. An dieser Stelle kann insbesondere nicht argumentiert werden, das Bereicherungsrecht sei kein Bestandteil der Warenkaufrichtlinie und unterliege deshalb der uneingeschränkten Regelungskompetenz der nationalen Gesetzgeber. Gegenstand einer Spezialregelung müsste es sein, die Rechtsfolgen eines Sachmangels zu verdrängen und damit für unanwendbar zu erklären. Sie griffe damit in das zentrale und von der Warenkaufrichtlinie umfänglich geregelte Gewähr-

255 A.A. *Faber* in Das neue europäische Gewährleistungsrecht, 2019, 63, 98.

leistungsrecht ein. Für eine solche vorrangige Spezialregelung wäre nur dann Raum, wenn der europäische Rechtsaktgeber den Mitgliedsstaaten im Wege einer Öffnungsklausel einen Regelungsspielraum eröffnet hätte. Eine solche Öffnungsklausel ist im Text der Warenkaufrichtlinie leider nicht vorhanden.

Dem deutschen Gesetzgeber wird deshalb keine andere Möglichkeit bleiben, als die Zuviel-Lieferung im Rahmen der Umsetzung der Warenkaufrichtlinie als Sachmangel einzuordnen. Die sich daraus ergebenden Rechtsfolgen dürften, wie oben[256] dargestellt, zwar nicht in jedem Detail überzeugend, mit Hilfe der im Gewährleistungsrecht enthaltenen Einreden und Ausschlusstatbestände jedoch kontrollierbar sein.

III. Mankolieferung

Die Lieferung von Waren in zu geringer Menge lässt sowohl in der Warenkaufrichtlinie als auch dem GEK-E und dem DCFR die Vertragsmäßigkeit der Ware entfallen. Im BGB ist sie einem Sachmangel gleichgestellt.

1. Sinn und Zweck der Regelungen

Die Ratio dieser Vorschriften besteht im Schutz der Interessen des Käufers an einer einheitlichen Leistung.[257] Es gibt Fälle, in denen der Käufer ein konkretes Interesse daran hat, dass die gesamte Leistung gleichzeitig oder aus einer Charge erfolgt. Mit Rechtsbehelfen, die sich bei einer Mankolieferung nur auf den noch ausstehenden Teil der Verpflichtung beziehen, ist dem Käufer dann nicht geholfen. Nimmt der Käufer in Unkenntnis eine nicht vollständige Leistung an, soll er dazu berechtigt sein, Nacherfüllung durch eine vollständige Neulieferung der nun richtigen Menge zu verlangen, weil die Mankolieferung den gesamten Vertrag betrifft.[258]

Im Fraktionsentwurf zur Modernisierung des Schuldrechts aus dem Jahr 2001 wird das Beispiel der Bestellung einer größeren Menge von Fliesen,

---

256 Siehe Kapitel D. Abschnitt II. 1.

257 Fraktionsentwurf, BT Drs. 14/6040, 216; Schulze/*Zoll*, CESL, 2012, Art. 99 Rn. 10.

258 Schulze/*Zoll*, ebd.; siehe auch Art. IV.A.-2:301 DCFR, Comment C, Quantity, quality and description, 1299.

mit denen ein Raum einheitlich ausgelegt werden soll, angeführt.[259] Wenn die Fliesen nun aus verschiedenen Chargen stammen, besteht die Gefahr farblicher Abweichungen. Würde man eine Mankolieferung nun als Teilleistung einordnen, so könnte ein Käufer im deutschen Recht zwar nach § 323 Abs. 1, Abs. 5 S. 1 BGB vom gesamten Vertrag zurücktreten[260] oder nach §§ 280 Abs. 1, Abs. 3, 281 Abs. 1 S. 2 BGB Schadensersatz statt der ganzen Leistung verlangen. Dieser Schadensersatz statt der Leistung ist jedoch unmittelbar auf einen wertmäßigen Ausgleich in Geld gerichtet, denn der Leistungsanspruch ist ab dem Verlangen von Schadensersatz statt der Leistung nach § 281 Abs. 4 BGB ausgeschlossen. Der Grundsatz der Naturalrestitution aus § 249 Abs. 1 BGB findet auf den Schadensersatz statt der Leistung keine Anwendung.[261] Ein Anspruch auf die vollständige Neulieferung eines einheitlichen Satzes Fliesen bestünde deshalb nicht. Zu einem solchen Anspruch gelangt man nur über die Behandlung einer Mankolieferung als Vertragswidrigkeit beziehungsweise Sachmangel.

2. Anwendungsbereich

a) Beschränkung auf gleichartige Sachen

Im deutschen Recht besteht Einigkeit darüber, dass eine Mankolieferung im Sinne des § 434 Abs. 3 BGB nur dann vorliegt, wenn eine zu geringe Menge gleichartiger Sachen geliefert wird. Werden dagegen von mehreren verschiedenen Kaufsachen einzelne nicht geliefert, soll die Vorschrift keine Anwendung finden.[262]

Die Warenkaufrichtlinie enthält – wie alle anderen untersuchten Texte – keine ausdrücklichen Informationen dazu, ob eine Mengenabweichung auch dann vorliegen soll, wenn von unterschiedlichen Waren nur ein Teil

---

259 Fraktionsentwurf, BT Drs. 14/6040, 216.

260 Diese Möglichkeit besteht auch in Art. 134 i.V.m. Art. 137 Abs. 3 GEK-E und Art. III.-3:502 i.V.m. Art. III.-3:506 DCFR.

261 BeckOK BGB/*Lorenz*, Stand 1.8.2020, § 280 Rn. 44.

262 Oetker/Maultzsch, VertraglSchuldverhältnisse, 2019, § 2 Rn. 173; Reinicke/Tiedtke, KaufR, 2009, Rn. 378; Palandt/*Weidenkaff*, BGB, 2021, § 434 Rn. 53; *Windel* in Jura 2003, 793, 795; aA NK-BGB/*Büdenbender*, 2012, § 434 Rn. 74 f.; BeckOK BGB/*Faust*, Stand 1.8.2020, § 434 Rn. 115; Erman/*Grunewald*, BGB, 2017, § 434 Rn. 64; *Heiderhoff/Skamel* in JZ 2006, 383, 391 f.; Staudinger/*Matusche-Beckmann*, BGB, 2014, § 434 Rn. 157; MüKoBGB/*Westermann*, 2019, § 434 Rn. 48.

geliefert wird. Einen Anhaltspunkt bietet die Tatsache, dass Zubehörteile eine eigenständige Regelung in der Warenkaufrichtlinie erfahren haben. Für die Lieferung unterschiedlicher Waren, die aufgrund des Vertrags oder der Üblichkeit eine Einheit bilden, steht damit eine Spezialregelung zur Verfügung. Auch in Bezug auf die Warenkaufrichtlinie spricht deshalb viel für eine Beschränkung auf gleichartige Waren.

Ein weiterer Anhaltspunkt kann der Kommentierung zu Art. IV.A.-2:301 DCFR entnommen werden. Aus den dort enthaltenen Beispielen[263], nach denen ein Verkäufer anstelle der geschuldeten 500 Reifen nur 400 Reifen oder anstelle der geschuldeten 500 essbaren Schnecken nur 400 essbare Schnecken liefert, ergibt sich, dass die Gleichstellung des Art. IV.A.-2:301 DCFR auf die Lieferung gleichartiger Waren zugeschnitten ist.

Die Beschränkung auf gleichartige Waren ist mit der Ratio der Vorschriften auch überzeugend zu begründen. Da die geschuldeten Kaufsachen ohnehin voneinander abweichen, besteht bei der Lieferung unterschiedlicher Gegenstände kein Interesse des Käufers an einer einheitlichen Leistung aus einer Charge.

b) Teilweise Schlechtleistung

Fraglich ist, ob es auch eine Abweichung von der geschuldeten Menge beziehungsweise eine Mankolieferung darstellt, wenn ein Verkäufer zwar die richtige Menge an Waren liefert, von diesen aber ein Teil nicht den Anforderungen an die Vertragsmäßigkeit genügt. Die Frage zielt im Kern darauf ab, ob sich die Vertragswidrigkeit bei einer teilweisen Schlechtleistung auf die ganze Leistung oder nur den mangelhaften Teil bezieht und ob dementsprechend die Gewährleistungsrechte in Bezug auf die ganze Lieferung oder nur auf den mangelhaften Teil ausgeübt werden können.

Im deutschen Recht besteht relative Einigkeit dahin gehend, dass eine teilweise Schlechtleistung grundsätzlich wie eine Mankolieferung zu behandeln ist.[264] Das liegt nicht zuletzt an der klaren Position des Fraktionsentwurfs, nach dem auf eine teilweise Schlechtleistung § 434 Abs. 3 Alt. 2

---

263 Art. IV.A.-2:301 DCFR, Comment C, Quantity, quality and description, 1299.

264 Soergel/*Gsell*, BGB, 2005, § 323 Rn. 222; BeckOK BGB/*Faust*, Stand 1.8.2020, § 434 Rn. 116; Reinicke/Tiedtke, KaufR, 2009, Rn. 382.

BGB und folglich §§ 437 Nr. 2, 323 Abs. 5 S. 2 BGB[265] anzuwenden sind.[266] Zur Begründung wird – inhaltlich durchaus überzeugend – angeführt, es sei irrelevant, ob ein Käufer von einer geschuldeten Anzahl an Waren einen Teil nicht erhalte oder ob derselbe Teil zwar geliefert werde, aber mangelhaft und deshalb unbrauchbar sei. Bei einer teilweisen Schlechtleistung liegt nach deutscher Rechtsauffassung folglich wegen § 434 Abs. 3 Alt. 2 BGB ein Mangel der ganzen Lieferung vor. Im Rahmen der Nachbesserung, der Minderung und des kleinen Schadensersatzes statt der Leistung kann der Käufer die Ausübung seiner Gewährleistungsrechte auf den mangelhaften Teil der Lieferung beschränken.[267]

Dieselbe Rechtsauffassung ist auch der Kommentierung zu Art. IV.A.-2:301 DCFR zu entnehmen. In dem dort enthaltenen Beispiel 2 wird zur Illustration einer Mengenabweichung der Fall einer teilweisen Schlechtleistung dargestellt. Im Folgenden wird dort ausgeführt, es könne nach der Ratio der Vorschrift nicht darauf ankommen, ob die gesamte Lieferung oder nur ein Teil von der Mangelhaftigkeit betroffen sei.[268] Die Verfasser des DCFR hatten bei der Formulierung der Menge als Merkmal der Vertragsmäßigkeit der Ware offenbar auch und gerade den Fall einer teilweisen Schlechtleistung vor Augen.

In Art. 16 Abs. 2 Warenkaufrichtlinie erfährt die teilweise Vertragswidrigkeit eine Spezialregelung hinsichtlich der Beendigung des Vertrags.[269] Danach kann der Käufer, wenn nur ein Teil der Waren von der Vertragswidrigkeit betroffen ist, dann den gesamten Kaufvertrag beenden, wenn von ihm nicht vernünftigerweise erwartet werden kann, dass er die vertragsgemäßen Waren behält. Aufgrund dieser Spezialregelung ist es im Rahmen der Warenkaufrichtlinie nicht erforderlich, bei einer teilweisen Schlechtleistung über eine Behandlung als Mengenfehler die Vertragswid-

---

265 Im Wortlaut des Fraktionsentwurfs „§ 323 Abs. 4 S. 2“, weil der heutige § 323 Abs. 3 BGB im Fraktionsentwurf noch nicht enthalten war.

266 Fraktionsentwurf, BT Drs. 14/6040, 186f.

267 Anders BeckOK BGB/*Faust*, Stand 1.8.2020, § 434 Rn. 119, danach sollen dem Käufer als Gewährleistungsrechte hinsichtlich des mangelhaften Teils der (Teil-)Rücktritt und ein Schadensersatz statt der ganzen Leistung zustehen.

268 Art. IV.A.-2:301 DCFR, Comment C, Quantity, quality and description, 1299, Illustration 2: „*A agrees to sell 500 edible snails, packed in boxes, to B, but delivers only 400. The rules on lack of conformity apply. This case is a clear example of the rationale behind the concise nature of the notion of conformity. It does not make a difference in the applicable regime whether A delivers 500 snails, of which 100 are of the wrong quality, or 500 of the wrong quality.*“

269 In Bezug auf diese Vorschrift wird zu diskutieren sein, ob sie auch auf Mengenabweichung anzuwenden ist.

rigkeit der gesamten Lieferung herzustellen. Liegen die Voraussetzungen des Art. 16 Abs. 2 Warenkaufrichtlinie vor, so kann sich der Käufer auch dann vom gesamten Vertrag lösen, wenn man nur einen Teil der Lieferung als von der Vertragswidrigkeit betroffen betrachtet.

Die Schaffung einer solchen Spezialregelung erscheint durchaus sachgerecht. Sie führt dazu, dass die Vertragsbeendigung in Abhängigkeit von dem objektiv zu ermittelnden Interesse des Käufers auf die gesamte Lieferung oder nur auf den vertragswidrigen Teil bezogen werden kann. Der Unterscheid zwischen einer Mankolieferung und einer teilweisen Schlechtleistung besteht darin, dass sich beim Käufer nach einer teilweisen Schlechtleistung eine bestimmte Menge vertragswidriger Waren befindet, für die er keine Verwendung hat. Eine Vertragsbeendigung beziehungsweise ein Rücktritt nur in Bezug auf den vertragswidrigen Teil der Leistung führt dazu, dass eben dieser mangelhafte Teil der Ware zurückgegeben werden kann. Dafür ist es aber erforderlich, dass die Vertragsbeendigung auf den vertragswidrigen Teil der Lieferung beschränkt werden kann.[270] Wenn wie im deutschen Recht die teilweise Schlechtleistung über einen Mengenfehler zur Vertragswidrigkeit der gesamten Lieferung führt, steht dieses Recht nur in Bezug auf die gesamte Lieferung zur Verfügung. Der Käufer müsste also entweder vom gesamten Vertrag zurücktreten und alle Waren zurückgeben oder am Vertrag festhalten. Die einem auf den vertragswidrigen Teil der Leistung begrenzten Rücktritt dann am ehesten nahekommende Minderung kann keine Abhilfe schaffen, weil sie keine Rückabwicklung enthält und eine Rückgabe von Waren damit nicht vorgesehen ist.

Im Rahmen der Umsetzung der Warenkaufrichtlinie sollte deshalb eine entsprechende Sonderregelung der teilweisen Schlechtleistung in das deutsche Recht aufgenommen werden. Eine Behandlung als Mankolieferung wäre dann nicht mehr erforderlich.

c) Beschränkung auf verdeckte Mankolieferungen

(1) Deutsches Recht

Im deutschen Recht wird außerdem diskutiert, ob die Gleichstellung des § 434 Abs. 3 Alt. 2 BGB auf verdeckte Mankolieferungen beschränkt ist. Insbesondere in der Literatur wird teilweise die Auffassung vertreten, bei

270 Vgl. BeckOK BGB/*Faust*, Stand 1.8.2020, § 434 Rn. 119.

einer offenen Mankolieferung sei die Vorschrift nicht anwendbar. Solche seien über § 266 BGB und das allgemeine Leistungsstörungsrecht zu lösen.[271]

§ 266 BGB enthält zunächst die schlichte Aussage, dass der Schuldner zu Teilleistungen nicht berechtigt ist. Diese Aussage allein ist noch nicht dazu geeignet, mit der Regelung des § 434 Abs. 3 Alt. 2 BGB in Konflikt zu treten. § 266 BGB bildet jedoch auch die Grundlage für das Recht des Käufers, eine Zuwenig-Lieferung zurückzuweisen. Dies setzt freilich eine offene Zuwenig-Lieferung voraus. Bei einer verdeckten Mankolieferung ist eine Zurückweisung nicht denkbar. Weist der Käufer die offene Zuwenig-Lieferung zurück, so liegt keine Leistung des Verkäufers vor. Der Käufer behält seinen ursprünglichen Erfüllungsanspruch auf die vollständige Leistung.

Der Käufer kann die Teilleistung jedoch auch annehmen. Fasste man die Zuwenig-Lieferung des Verkäufers nun als Teilleistung auf, so könnte der Käufer in Bezug auf den noch offenen Teil der Leistung seinen ursprünglichen Erfüllungsanspruch weiterverfolgen, nach dem allgemeinen Leistungsstörungsrecht über § 323 BGB teilweise zurücktreten oder nach §§ 280, 281 BGB einen kleinen Schadensersatzanspruch statt der Leistung geltend machen.

Ein solcher Schadensersatzanspruch stünde auch bei einer Einordnung als Schlechtleistung offen. Der ursprüngliche Erfüllungsanspruch wäre durch einen Nacherfüllungsanspruch ersetzt, der in Form der Nachbesserung auch so ausgeübt werden kann, dass lediglich der noch offene Teil der Leistung verlangt wird. Lediglich ein Teilrücktritt wäre in diesem Fall nicht möglich. Die durch die fehlende Möglichkeit eines teilweisen Rücktritts entstehende Lücke wird bei einer Mankolieferung im Kaufrecht durch die Minderung nach § 441 BGB geschlossen, die funktional mit einem Teilrücktritt ohne Weiteres verglichen werden kann.[272] In Bezug auf die „kleinen" Rechte des Käufers ergeben sich demnach kaum Unterschiede.

Aus der Ratio des § 434 Abs. 3 Alt. 2 BGB, aber auch aus dem Wortlaut der Regelungen der §§ 281 Abs. 1 S. 2, S. 3 und 323 Abs. 5 BGB lässt sich entnehmen, dass bei dem Umgang mit Zuwenig-Lieferungen die Frage, ob

271 BeckOK BGB/*Faust*, Stand 1.8.2020, § 434 Rn. 116; Reinicke/Tiedtke, KaufR, 2009, Rn. 380 f.; MüKoBGB/*Westermann*, 2019, § 434 Rn. 48; a.A. NK-BGB/*Büdenbender*, 2012, § 434 Rn. 77; *Windel* in Jura 2003, 793, 796.

272 *Hoffmann* in JuS 2017, 1045, 1049; anders bei einer teilweisen Schlechtleistung, weil die Minderung keine Rückgabe der Kaufsache enthält.

nach dem Willen der Parteien eine einheitliche Behandlung der gesamten Leistung geboten ist, eine entscheidende Rolle spielt. Mit einer offenen Teilleistung signalisiert zunächst der Verkäufer, dass er eine teilweise Abwicklung der Leistung für möglich hält. Es ist deshalb richtig, dass dem Käufer für den Fall der offenen Mankolieferung über § 266 BGB ein Zurückweisungsrecht zusteht. Macht der Käufer davon keinen Gebrauch, gibt auch er das Signal, mit einer (zunächst) teilweisen Leistung einverstanden zu sein. Er erklärt damit auch, dass für eine Anwendung des § 434 Abs. 3 Alt. 2 BGB, der das Interesse des Käufers an einer einheitlichen Erbringung der gesamten Leistung absichern soll, kein Bedarf besteht.

(2) Warenkaufrichtlinie

Art. 6 a Warenkaufrichtlinie verlangt für die Vertragsmäßigkeit der gelieferten Waren ausdrücklich, dass diese in der vom Vertrag vorgegebenen Menge geliefert werden. Die Regelung entspricht dabei denjenigen in DCRF und GEK-E. Art. 7 Abs. 1 d Warenkaufrichtlinie sieht darüber hinaus vor, dass die Waren in der Menge geliefert werden müssen, die bei Waren der gleichen Art üblich ist und die der Verbraucher in Anbetracht der Art der Waren und unter Berücksichtigung öffentlicher Erklärungen erwarten kann. Beide Regelungen umfassen nach ihrem Wortlaut jede Form der Mengenabweichung und damit sowohl offene als auch verdeckte Mengenabweichungen. Eine weitere Regelung von Teilleistungen ist in der Richtlinie nicht enthalten. An dieser Stelle ist allerdings erneut zu berücksichtigen, dass die Warenkaufrichtlinie sich vollständig auf gewährleistungsrechtliche Vorschriften beschränkt. Sie umfasst kein allgemeines Schuldrecht, in dem die Folgen des (teilweisen) Ausbleibens einer Leistung geregelt wären. Es gibt folglich auch keine Regelungen, mit denen Art. 6 a oder Art. 7 Abs. 1 d in Konflikt treten könnten.

(3) DCFR und GEK-E

Es lohnt deshalb erneut eine Betrachtung der umfassenderen europäischen Regelwerke, in denen solche Konflikte und Abgrenzungsfragen eher eine Rolle spielen können.

Dem DCFR können keine Anhaltspunkte für eine Beschränkung der Geltung des Art. IV.A.-2:301 DCFR auf offene oder verdeckte Mengenabweichungen entnommen werden.

Anders stellt sich die Lage allerdings in Bezug auf den GEK-E dar. Auf den ersten Blick erscheint die Regelung des Art. 99 Abs. 1 a GEK-E eindeutig, indem sie jede Zuwenig-Lieferung zur Lieferung nicht vertragsgemäßer Ware erklärt. Dennoch ergeben sich auch hier Abgrenzungsschwierigkeiten zu einer teilweisen Nichterfüllung. Auch in Bezug auf Art. 99 Abs. 1 a GEK-E wird vertreten, dass nur verdeckte Mankolieferungen erfasst sein sollen. Eine offene Mankolieferung soll dagegen als teilweise Nichterfüllung nach den allgemeinen Vorschriften behandelt werden.[273]

Diese Einschränkung ergibt sich aus dem Zusammenspiel mit Art. 130 Abs. 3 GEK-E. Danach ist der Käufer verpflichtet, die Lieferung von Waren in geringerer Menge anzunehmen, es sei denn, er hat ein berechtigtes Interesse, die Annahme zu verweigern. Im deutschen Recht besteht eine vergleichbare Verpflichtung wegen § 266 BGB nicht. Sowohl Art. 130 Abs. 3 GEK-E als auch § 266 BGB können jedoch nur dann Anwendung finden, wenn es sich um eine offene Teilleistung handelt. Eine Entscheidung über Annahme oder Nicht-Annahme der Leistung kann bei einer verdeckten Teilleistung nicht getroffen werden.

Durch die Regelung des Art. 130 Abs. 3 GEK-E wird eine gesetzliche Wertung vorgenommen, nach der bei einer offenen Teilleistung grundsätzlich kein Bedarf für eine einheitliche Abwicklung der gesamten Leistung besteht. Wenn aber der Käufer wie im GEK-E dazu verpflichtet ist, eine Teilleistung anzunehmen, müssen sich seine weiteren Ansprüche auf den noch offenen Teil des Kaufvertrags beschränken. Es kann ihm nicht gleichzeitig wegen einer nicht vertragsgemäßen Lieferung ein Anspruch auf vollständige Ersatzlieferung nach Art. 106 Abs. 1 a, 110 Abs. 1, Abs. 2, 111 Abs. 1 GEK-E, ein Recht zur vollständigen Beendigung des Vertrags nach Art. 106 Abs. 1 b, 114 Abs. 1 GEK-E oder ein Schadensersatzanspruch in voller Höhe zustehen.

Ebenso wie im deutschen Recht ist deshalb auch im GEK-E eine Beschränkung der Einordnung einer Zuwenig-Lieferung als Lieferung nicht vertragsgemäßer Ware auf verdeckte Mankolieferungen angelegt.

(4) Lösungsansätze

Nun stehen einer Fortgeltung der Beschränkung auf offene Mankolieferungen mit Anwendungsbeginn der Warenkaufrichtlinie deren vollharmonisierender Charakter sowie der klare Wortlaut der Art. 6 a und 7 Abs. 1

273 Schulze/*Zoll*, CESL, 2012, Art. 99 Rn. 10.

d Warenkaufrichtlinie entgegen. Im Rahmen der Warenkaufrichtlinie entfällt auch bei einer offenen Manko-Lieferung die Vertragsmäßigkeit der Ware. Dem wird zum Anwendungsbeginn der Richtlinie hin auch das deutsche Recht folgen müssen.

Die Beschränkung ergibt sich jedoch auch im deutschen Recht nicht aus dem Befund, dass eine offene Mankolieferung als solche weniger geeignet sei, einen Sachmangel darzustellen als eine verdeckte. Sie ergibt sich vielmehr aus dem Zurückweisungsrecht des Käufers und der Frage nach der Angemessenheit der Mangelfolgen, wenn er davon keinen Gebrauch macht.

Das Zurückweisungsrecht stellt indes auch bei der Einordnung einer offenen Manko-Lieferung als Sachmangel kein Problem dar. Der Verkäufer ist nach § 433 Abs. 1 S. 2 BGB zu einer vertragsgemäßen Leistung verpflichtet. Ein mangelhaftes Leistungsangebot muss der Käufer deshalb analog § 266 BGB ebenso wenig annehmen wie eine Teilleistung.[274] Dem steht auch die Warenkaufrichtlinie nicht entgegen. Auch diese enthält eine Pflicht des Verkäufers zur vertragsgemäßen Leistung und regelt dann die Folgen einer Störung der Vertragsmäßigkeit bei Lieferung.[275] Diese Lieferung findet bei einer Zurückweisung der Ware durch den Käufer aber gar nicht statt.[276] Die Zurückweisung der Waren vor dem Lieferzeitpunkt fällt deshalb nicht in den Anwendungsbereich der Warenkaufricht-

274 BeckOK BGB/*Faust*, Stand 1.8.2020, § 433 Rn. 41; *Heinemeyer* in NJW 2019, 1025, 1029; *Jud* in JuS 2004, 841, 843 ff.; *Lamprecht* in ZIP 2002, 1790, 1791 f.; *Lorenz* in NJW 2013, 1341, 1343; Oetker/Maultzsch, VertraglSchuldverhältnisse, 2019, § 2 Rn. 154.

275 Siehe Art. 10 Abs. 1 Warenkaufrichtlinie und Erwägungsgrund 33 zur Warenkaufrichtlinie.

276 Die Frage, wann eine Lieferung vorliegt, soll nach Erwägungsgrund 38 zur Warenkaufrichtlinie dem nationalen Recht überlassen bleiben. Es kann daher ohne Weiteres auf die Regelungen des BGB zum Gefahrübergang abgestellt werden. Danach ist wegen § 446 BGB die Übergabe der Ware an den Käufer der relevante Zeitpunkt. Dasselbe Ergebnis ergibt sich auch aus Art. 20 Richtlinie 2011/83/EU, deren Regelung des Risikoübergangs durch die Warenkaufrichtlinie nicht berührt werden sollte. Erwägungsgrund 38 zur Warenkaufrichtlinie lautet: *„Die Bedeutung des Begriffs „Lieferung" sollte nicht in dieser Richtlinie, sondern weiterhin im nationalen Recht geregelt werden. Dies gilt insbesondere für die Frage, was der Verkäufer tun muss, um seine Pflicht zur Lieferung der Waren zu erfüllen. Darüber hinaus sollten Verweise auf den Lieferzeitpunkt in dieser Richtlinie nicht die Vorschriften über den Risikoübergang berühren, die in der Richtlinie 2011/83/EU festgelegt und entsprechend in das Recht der Mitgliedstaaten umgesetzt wurden."*.

linie.[277] Darüber hinaus räumt Art. 3 Abs. 7[278] Warenkaufrichtlinie den Mitgliedstaaten die Freiheit ein, spezielle Abhilfen vorzusehen, wenn eine Vertragswidrigkeit unmittelbar nach Lieferung offenbar wird. Aus Erwägungsgrund 19 ergibt sich, dass eine solche Abhilfe unter anderem in einem Zurückweisungsrecht bestehen kann.[279] Auf der Rechtsfolgenseite wäre es danach möglich, dem Käufer auch bei einer Einordnung einer offenen Mankolieferung als Vertragswidrigkeit beziehungsweise Sachmangel ein Zurückweisungsrecht einzuräumen.

Nimmt ein Käufer eine offene Mankolieferung an, so ist auf der Grundlage von Art. 13 Abs. 7[280] Warenkaufrichtlinie eine Anpassung der Rechtsfolgen der Vertragswidrigkeit denkbar. Danach können die Mitgliedstaaten regeln, ob und in welchem Umfang ein Beitrag des Verbrauchers zu der Vertragswidrigkeit dessen Recht auf Abhilfe beeinträchtigt. Indem der Käufer eine offene Manko-Lieferung annimmt, leistet er einen Beitrag dazu, dass trotz des Mangels der Gefahrübergang und damit die Lieferung stattfinden kann. Ohne die Annahme durch den Käufer läge eine Nichtleistung des Verkäufers vor. Der Käufer führt deshalb mit der Annahme der Mankolieferung und dem Verzicht auf sein Zurückweisungsrecht nicht nur die Anwendbarkeit des Gewährleistungsrechts, sondern auch die Lieferung nicht vertragsgemäßer Ware selbst herbei. Es ist jedenfalls nicht ausgeschlossen, die Ausübung dieser Schlüsselrolle als einen Beitrag des Käufers zu der Vertragswidrigkeit aufzufassen. Der deutsche Gesetzgeber hätte bei dieser Auslegung die Möglichkeit, die Abhilfen eines Käufers in dem Fall, dass er eine offene Mankolieferung annimmt, auf die „kleinen" Gewährleistungsrechte, das heißt Nacherfüllung, Minderung und einen kleinen Schadensersatz statt der Leistung, zu beschränken.

---

277 Siehe dazu Art. 1 Warenkaufrichtlinie.

278 Art. 3 Abs. 7 Warenkaufrichtlinie lautet: „*(7) Diese Richtlinie berührt nicht die Freiheit der Mitgliedstaaten, den Verbrauchern zu gestatten, eine spezielle Abhilfemaßnahme zu wählen, wenn die Vertragswidrigkeit der Waren innerhalb eines kurzen Zeitraums nach der Lieferung, der 30 Tage nicht überschreitet, offenbar wird.*".

279 Erwägungsgrund 19 zur Warenkaufrichtlinie lautet: „*Diese Richtlinie sollte nicht die Freiheit der Mitgliedstaaten berühren, den Verbrauchern die Wahl einer spezifischen Abhilfe zu überlassen, wenn die Vertragswidrigkeit der Waren kurz nach der Lieferung offenbar wird, falls nationale Bestimmungen dem Verbraucher das Recht einräumen, mangelhafte Waren abzulehnen und den Vertrag als aufgelöst zu betrachten oder einen sofortigen Ersatz zu fordern, und zwar innerhalb einer bestimmten kurzen Frist nach der Lieferung der Waren, die 30 Tage nicht überschreiten sollte.*".

280 Art. 13 Abs. 7 Warenkaufrichtlinie lautet: „*(7) Die Mitgliedstaaten können regeln, ob und in welchem Umfang ein Beitrag des Verbrauchers zu der Vertragswidrigkeit dessen Recht auf Abhilfe beeinträchtigt.*".

3. Auswirkungen der Gleichstellung auf das allgemeine Leistungsstörungsrecht

Schließlich ist im deutschen Recht umstritten, ob die Gleichstellung der Mankolieferung mit einer Schlechtleistung auch im allgemeinen Schuldrecht gelten soll.

a) Wortlaut

Im Hinblick auf den klaren Wortlaut des § 434 Abs. 3 BGB geht die wohl herrschende Auffassung dahin, dass die Gleichstellung in das allgemeine Schuldrecht zu übertragen ist.[281] Dies entspricht auch der im Fraktionsentwurf zum Schuldrechtsmodernisierungsgesetz vertretenen Auffassung.[282]

Allerdings enthalten § 281 Abs. 1 S. 2 BGB und § 323 Abs. 5 S. 2 BGB ausdrückliche Regelungen für Teilleistungen und stellen diese der nicht vertragsgemäßen Leistung gegenüber. Nach § 434 BGB liegt ein Sachmangel gerade dann vor, wenn die geleistete Kaufsache nicht der vertraglichen Vereinbarung oder jedenfalls dem entspricht, was nach dem Kaufvertrag vorausgesetzt war. Dem ist zu entnehmen, dass die Lieferung einer mangelhaften Kaufsache jedenfalls eine Fallgruppe der nicht vertragsgemäßen Leistung ist. Für dieses Ergebnis spricht auch der Wortlaut der Verbrauchsgüterkaufrichtlinie, die mit dem deutschen Gewährleistungsrecht und damit unter anderem durch § 434 BGB umgesetzt werden sollte. Anders als im deutschen Recht ist in Art. 2 der Richtlinie ebenso wie in den anderen untersuchten europäischen Texten nicht der Sachmangel, sondern die Vertragsmäßigkeit der Ware geregelt. Die Lieferung eines Teils der Waren wird also einerseits in § 434 BGB mit einem Sachmangel gleichgestellt und andererseits diesem in §§ 281 und 323 BGB als anderer Fall gegenübergestellt.

---

281 *Brors* in JR 2002, 133, 136; NK-BGB/*Büdenbender*, 2012, § 434 Rn. 83; BeckOK BGB/*Faust*, Stand 1.8.2020, § 434 Rn. 118; Erman/*Grunewald*, BGB, 2017, § 434 Rn. 63; *Müller/Matthes* in AcP 204, 2004, 753; Oetker/Maultzsch, VertraglSchuldverhältnisse, 2019, § 2 Rn. 175; MüKoBGB/*Westermann*, 2019, § 434 Rn. 47f.; ebenso wohl auch Staudinger/*Matusche-Beckmann*, BGB, 2014, § 434 Rn. 154; abw. *Canaris* in ZRP 2001, 329, 334; *Grigoleit/Riehm* in ZGS 2002, 114; *Heiderhoff/Skamel* in JZ 2006, 383, 388; *Kindl* in WM 2002, 1313, 1315.

282 Fraktionsentwurf, BT Drs. 14/6040, 187, 222, 224; der Rechtsausschuss hat die Frage demgegenüber offen gelassen, Beschlussempfehlung Rechtsausschuss, BT Drs. 14/7052, 185.

Daraus ergibt sich die Frage, ob die Gleichstellung nur für die spezifischen kaufrechtlichen Gewährleistungsrechte der Nacherfüllung und der Minderung gelten soll.

b) Telos

Aus dem Sinn und Zweck des § 434 Abs. 3 BGB[283] lassen sich kaum Rückschlüsse auf die Frage der Anwendbarkeit im allgemeinen Schuldrecht ziehen. Die relevanten Regelungen des allgemeinen Leistungsstörungsrechts betreffen Rücktritt und Schadensersatz. Hat der Käufer ein Interesse daran, eine einheitliche Lieferung der gesamten Menge aus einer Charge zu erhalten, so könnte er auch bei einer Einordnung als Teilleistung mangels seines Interesses an derselben vom gesamten Vertrag zurücktreten oder Schadensersatz statt der ganzen Leistung verlangen. Lediglich die Beweissituation wäre in diesem Fall ungünstiger für den Käufer, weil er das Fehlen seines Interesses an der Teilleistung nach dem Wortlaut der §§ 323 Abs. 5 und 281 Abs. 1 S. 2 BGB beweisen muss. Bei einer Schlechtleistung trifft demgegenüber den Verkäufer die Beweislast dafür, dass die Pflichtverletzung unerheblich ist.[284]

c) Systematik

Gegen eine unterschiedliche Behandlung der Manko-Lieferung im Gewährleistungsrecht und im allgemeinen Leistungsstörungsrecht spricht die Tatsache, dass das allgemeine Leistungsstörungsrecht beim Vorliegen eines Sachmangels bei Gefahrübergang nicht auf direktem Wege offensteht. Eine Lösung erfolgt vielmehr ausschließlich über § 437 BGB. Auf diesem Wege wird sichergestellt, dass die Modifikationen des Kaufrechts, wie zum Beispiel im Hinblick auf die Verjährung, auch bei den aus dem allgemeinen Schuldrecht entnommenen Rechtsbehelfen greifen.[285] Wenn die Voraussetzungen des § 434 BGB – hier Abs. 3 – gegeben sind, ist der direkte Weg in das allgemeine Leistungsstörungsrecht versperrt. Werden aber

283 Siehe dazu Kapitel D. Abschnitt III. 1.

284 OLG Hamburg BeckRS 2013, 19747; BeckOK BGB/*Faust*, Stand 1.8.2020, § 434 Rn. 117; Soergel/*Gsell*, BGB, 2005, § 323 Rn. 217; BeckOK BGB/*H.Schmidt*, Stand 1.8.2020, § 323 Rn. 53.

285 BeckOK BGB/*Faust*, Stand 1.8.2020, § 437 Rn. 2.

wegen eines Sachmangels über § 437 BGB Gestaltungsrechte (§ 323 BGB) oder Schadensersatzansprüche (§§ 280, 281 BGB) aus dem allgemeinen Leistungsstörungsrecht eröffnet, so ist es nicht überzeugend, denselben Sachmangel dort nicht mehr als solchen, sondern als eine andere Form der Leistungsstörung zu behandeln.

Sinn und Zweck und Systematik sprechen daher dafür, die Gleichstellung der Mankolieferung mit einer Schlechtleistung auch auf das allgemeine Schuldrecht zu übertragen.

d) Rechtsfolgen

Die Diskussion über die Anwendbarkeit der Gleichstellung entzündet sich jedoch maßgeblich anhand der Rechtsfolgen, die durch diese Gleichstellung im allgemeinen Leistungsstörungsrecht ausgelöst werden können.

Gegen die Gleichstellung wird unter anderem vorgetragen, es sei unbillig, dass der Käufer im Falle einer Manko-Lieferung bei einer erheblichen Mengenabweichung wegen § 323 Abs. 5 S. 2 BGB vom gesamten Vertrag zurücktreten könne, obwohl er an der Teilleistung ein Interesse habe. In Anbetracht der Tatsache, dass der Verkäufer sowohl den Rücktritt als auch den Schadensersatzanspruch durch eine Nacherfüllung verhindern kann, kann diese Folge jedoch hingenommen werden.[286]

Die Gleichstellung wird auch deshalb kritisiert, weil der Käufer im umgekehrten Fall bei einer mengenmäßig unbedeutenden Zuwenig-Lieferung auch dann nicht zurücktreten könne, wenn er an einer Teillieferung kein Interesse habe. Dies setzt freilich die Teilbarkeit der Leistung voraus. Zur Begründung wird ausgeführt, dies sei insofern problematisch, als es eine unangemessene Schlechterstellung des Käufers im Vergleich zu einer offenen Teilleistung darstelle. Diese ist nach der herrschenden Meinung zum aktuellen deutschen Recht nicht von der Gleichstellung des § 434 Abs. 3 Alt. 2 BGB umfasst. Beim Fehlen eines Interesses an der Teilleistung ist deshalb sowohl der Rücktritt nach § 323 Abs. 5 S. 1 BGB als auch die Geltendmachung eines Schadensersatzanspruchs nach § 281 Abs. 1 S. 2 BGB möglich.[287] Der Käufer, der eine offene Mankolieferung annimmt, könnte daher besser stehen als derjenige, der die Zuwenig-Lieferung vor Gefahrübergang nicht erkennen konnte und deshalb schutzwürdiger er-

286 So auch BeckOK BGB/*Faust*, Stand 1.8.2020, § 434 Rn. 118.
287 Vgl. MüKoBGB/*Westermann*, 2019, § 434 Rn. 47.

scheint, weil ihm bereits die Möglichkeit zur Zurückweisung der Leistung verschlossen geblieben ist.

Faktisch dürfte dies kaum jemals zu unbilligen Ergebnissen führen. Bereits nach der Gesetzesbegründung ist eine Pflichtverletzung nur dann unerheblich, wenn nicht nur das Leistungsdefizit unerheblich ist, sondern darüber hinaus das Leistungsinteresse des Gläubigers nicht gestört ist.[288] Zwar wird diese Anforderung in der Literatur teilweise als zu streng kritisiert; das Leistungsinteresse des Gläubigers dürfe nur so gering gestört sein, dass ihm ein Festhalten am Vertrag und ein Behalten der Leistung zuzumuten sei.[289] Von praktischer Bedeutung ist diese Auseinandersetzung allerdings kaum. Im Ergebnis wird immer die Beeinträchtigung des Interesses des Gläubigers an einer einwandfreien Leistung zu bewerten sein. Ist diese so gering, dass er sich nach Treu und Glauben darauf einlassen muss, dass seine Interessen durch Minderung und Nacherfüllung gewahrt werden können, so sind Rücktritt und großer Schadensersatz ausgeschlossen. Dabei ist zu berücksichtigen, dass es nicht nur auf die finanzielle Abweichung im Wert der Leistung ankommt. Auch andere Interessen des Gläubigers können in diesem Zusammenhang entscheidend sein.[290] Eine abstrakt-objektive Festlegung einer Unerheblichkeitsschwelle ist daher nicht möglich. Es ist vielmehr eine sorgfältige Abwägung der betroffenen Interessen im Einzelfall erforderlich.[291] Von entscheidender Bedeutung sind also in erster Linie die sich gegenüberstehenden Interessen der Parteien. Die Anforderungen an die Schwelle zur Erheblichkeit dürfen dabei nicht über die Maßen streng angehoben werden.[292] Da der Käufer abstrakt eine Schlechtleistung weniger wird gebrauchen können als eine Teilleistung, darf davon ausgegangen werden, dass die Erheblichkeitsschwelle des § 323 Abs. 5 S. 2 BGB geringere Anforderungen stellt als der an das fehlende Interesse i.S.d. § 323 Abs. 5 S. 1 BGB anzulegende Maßstab.[293]

Für die hier aufgeworfene Frage bedeutet dies, dass das fehlende Interesse des Käufers an einer Zuwenig-Leistung im Rahmen der Frage nach

---

288 Fraktionsentwurf, BT Drs. 14/6040, 187; so auch BGH NJW 2014, 3229, 3231.

289 Soergel/*Gsell*, BGB, 2005, § 323 Rn. 213; vgl. auch BeckOK BGB/*H.Schmidt*, Stand 1.8.2020, § 323 Rn. 47.

290 *Lorenz* in NJW 2006, 1925; BeckOK BGB/*H.Schmidt*, Stand 1.8.2020, § 323 Rn. 47.

291 BGH NJW 2017, 153, 155; BGH NJW 2014, 3229, 3232; BGH NJW 2013, 1431, 1433.

292 Soergel/*Gsell*, BGB, 2005, § 323 Rn. 213; *Müller/Matthes* in AcP 204, 2004, 732, 747.

293 *Hoffmann* in JuS 2017, 1045, 1050; Medicus/Lorenz, SchuldR I, 2015, Rn. 434.

der vom Verkäufer zu beweisenden Unerheblichkeit eine entscheidende Rolle spielt. In aller Regel wird man davon ausgehen dürfen, dass bei einem nicht vollkommen willkürlichen Interessenfortfall des Käufers stets die Erheblichkeitsschwelle überschritten ist. Ein Rücktrittsrecht wäre dann auch nach § 323 Abs. 5 S. 2 BGB, ein Schadensersatzanspruch nach § 281 Abs. 1 S. 3 BGB vorhanden.[294] Einer Anwendung der Gleichstellung im allgemeinen Leistungsstörungsrecht steht dieser Einwand daher nicht im Wege.

Auch im Hinblick auf die Rechtsfolgen hätte eine unterschiedliche Behandlung der Mankolieferung vielmehr kaum überzeugende Konsequenzen. Kommt es im Falle einer Mankolieferung nicht zu einer Nacherfüllung durch den Verkäufer, so kann der Käufer nach §§ 437 Nr. 2, 441 BGB den Kaufpreis mindern. Würde man die Mankolieferung nun im Bereich des allgemeinen Leistungsstörungsrechts nicht mehr als Schlechtleistung, sondern als Teilleistung auffassen, so könnte der Käufer nach § 323 Abs. 5 S. 1 BGB zusätzlich teilweise zurücktreten.[295] Beide Rechtsbehelfe zielen auf dasselbe Interesse des Käufers. Eine kumulative Anwendung beider Rechtsbehelfe wäre daher kaum vertretbar. Sie alternativ nebeneinander zu stellen wäre unnötig.

e) Auswirkungen der Warenkaufrichtlinie

Die Warenkaufrichtlinie regelt die Gewährleistungsrechte eines Käufers bei der Lieferung nicht vertragsgemäßer Ware grundsätzlich umfassend. Eine Ausnahme stellen lediglich die in Art. 3 Abs. 7 Warenkaufrichtlinie angesprochenen Sofort-Abhilfemaßnahmen dar. Im Rahmen der Schuldrechtsmodernisierung zur Umsetzung der Verbrauchsgüterkaufrichtlinie hat man sich bewusst gegen eine isolierte Regelung kaufrechtlicher Gewährleistungsrechte entschieden. Es sollte vielmehr eine bessere Verzahnung des Kaufrechts mit dem allgemeinen Leistungsstörungsrecht hergestellt werden. Dazu wurden, dem Modell des UN-Kaufrechts folgend, die Rechtsbehelfe bei Leistungsstörungen im Rahmen des allgemeinen Leistungsstörungsrechts einer grundsätzlichen Regelung zugeführt, auf die das Kaufrecht nur verweist. Dennoch muss sichergestellt werden, dass die in der Warenkaufrichtlinie vorgesehenen kaufrechtlichen Abhilfen

294 Im Ergebnis so wohl auch MüKoBGB/*Westermann*, 2019, § 434 Rn. 48.
295 Fraktionsentwurf, BT-Drs. 14/6040, 224; BeckOK BGB/*Faust*, Stand 1.8.2020, § 434 Rn. 115.

einem Käufer bei der Lieferung nicht vertragsgemäßer Ware zur Verfügung stehen. Diese dürfen nicht dadurch abgeschnitten oder verändert werden, dass kaufrechtliche Sonderregelungen nicht auf die im allgemeinen Schuldrecht geregelten Rechtsbehelfe erstreckt werden. Für den Fall der Mankolieferung bedeutet das, dass die Behandlung als Sachmangel auch im Rahmen der §§ 281 und 323 BGB erhalten bleiben muss.

Bei einer Aufrechterhaltung der Gleichstellung fügen sich die im BGB enthaltenen Beschränkungen geschmeidig in den von der Warenkaufrichtlinie vorgegebenen Rahmen ein. Zunächst sieht dort Art. 13 Abs. 5[296] Warenkaufrichtlinie im Rahmen der allgemeinen Regelung der Abhilfen vor, dass ein Anspruch auf die Beendigung des Vertrags dann nicht besteht, wenn die Vertragswidrigkeit nur geringfügig ist.

Die speziell auf die Vertragsbeendigung zugeschnittene Regelung des Art. 16 Abs. 2[297] Warenkaufrichtlinie regelt dann, dass eine Beendigung des gesamten Kaufvertrags bei einer teilweisen Schlechtleistung nur dann möglich sein soll, wenn vom Verbraucher nicht vernünftigerweise erwartet werden kann, dass er akzeptiert, nur die vertragsgemäßen Waren zu behalten. Nach der hier vertretenen Auffassung ist es aufgrund der in Art. 16 Abs. 2 Warenkaufrichtlinie enthaltenen Spezialvorschrift nicht erforderlich, die teilweise Schlechtlieferung im Rahmen der Warenkaufrichtlinie einer Mankolieferung gleichzustellen. Umgekehrt scheint Art. 16 Abs. 2 Warenkaufrichtlinie nach seinem Wortlaut für eine Anwendung auf die Lieferung einer zu geringen Menge an Waren ungeeignet. Die Vertragswidrigkeit bezieht sich in diesem Fall auf die gesamte Lieferung.

Der Fall einer Teillieferung ist in Art. 16 Warenkaufrichtlinie nicht geregelt. In Bezug auf die Beendigung des gesamten Vertrags ist die Interessenlage der Parteien bei einer teilweisen Schlechtleistung und einer Mankolieferung indes vergleichbar. Für die Frage, ob von einem Käufer erwartet werden kann, einen Teil der Waren zu behalten, kommt es nicht

---

296 Art. 13 (5) Warenkaufrichtlinie lautet: „*Der Verbraucher hat keinen Anspruch auf die Beendigung des Vertrags, wenn die Vertragswidrigkeit nur geringfügig ist. Die Beweislast dafür, ob es sich um eine geringfügige Vertragswidrigkeit handelt trägt der Verkäufer.*“.

297 Art. 16 Abs. 2 Warenkaufrichtlinie lautet: „*(2) Bezieht sich die Vertragswidrigkeit nur auf einen Teil der aufgrund des Kaufvertrags gelieferten Waren und besteht ein Grund für die Beendigung des Kaufvertrags nach Artikel 13, so kann der Verbraucher den Kaufvertrag nur in Bezug auf diese Waren beenden, sowie in Bezug auf andere Waren, die er zusammen mit den nicht vertragsgemäßen Waren erworben hat, sofern vom Verbraucher nicht vernünftigerweise erwartet werden kann, dass er akzeptiert, nur die vertragsgemäßen Waren zu behalten.*“.

darauf an, ob der andere Teil nicht vertragsgemäß oder gar nicht geliefert worden ist. Es liegt deshalb nahe, dass Art. 16 Abs. 2 Warenkaufrichtlinie auf den Fall einer Teilleistung analog angewendet werden kann. Jedenfalls kann der Regelung der allgemeine Rechtsgedanke entnommen werden, dass es für die Frage der Geringfügigkeit im Sinne der Warenkaufrichtlinie ebenso wie für die der Erheblichkeit im Sinne des BGB maßgeblich auf das Resultat einer Abwägung der Parteiinteressen ankommt.

IV. Schlussfolgerungen zur Reformbedürftigkeit des Mangelbegriffs hinsichtlich der zu liefernden Menge

Im Hinblick auf Mengenabweichungen ergibt sich aus der Warenkaufrichtlinie einiger Handlungsbedarf im Rahmen ihrer Umsetzung in das deutsche Recht. Die Regelung des § 434 Abs. 3 Alt. 2 muss zunächst so ausgestaltet werden, dass sie auch Zuviel-Lieferungen umfasst. Eine Beschränkung der Anwendung der Regel auf verdeckte Mankolieferungen wird nach Anwendungsbeginn der Warenkaufrichtlinie nicht länger möglich sein. Die Ziele, die mit der Beschränkung verfolgt wurden, können nach der hier vertretenen Auffassung jedoch mit der Schaffung einer entsprechenden Rechtsfolgenregelung für den Fall der Annahme einer offenen Mankolieferung durch den Käufer weiterverfolgt werden. Schließlich sollte im Rahmen der Umsetzung der Warenkaufrichtlinie die Spezialregel der Warenkaufrichtlinie zur teilweisen Schlechtleistung in das BGB übernommen werden.

V. Kritik am aktuellen Stand der Umsetzung

Die geschuldete beziehungsweise gelieferte Menge an Kaufsachen soll nach dem Umsetzungsvorschlag des Referentenentwurfs zum Bestandteil ihrer Beschaffenheit werden.[298] Aus der Begründung des Referentenentwurfs ergibt sich, dass damit eine Aufwertung der Anforderung der Menge stattfinden soll. Nach geltendem deutschen Recht steht die Lieferung

298 Referentenentwurf, 3 f., siehe dort Art. 1 Nr. 1, § 434 Abs. 2 S. 2; dieser lautet: *„Zu der Beschaffenheit nach Satz 1 Nummer 1 gehören Art, Menge, Qualität, Funktionalität, Kompatibilität, Interoperabilität und sonstige Merkmale der Sache, für die die Parteien Anforderungen im Vertrag vereinbart haben.“*.

einer zu geringen Menge einem Sachmangel gleich.[299] Zukünftig soll die Lieferung einer falschen Menge einem Sachmangel nicht mehr nur gleichstehen, sondern einen solchen darstellen.[300] Diese Motivation ist als solche nicht zu beanstanden. Die künstliche Anreicherung des Beschaffenheitsbegriffs um zahlreiche Merkmale, darunter das Merkmal der Menge, begegnet jedoch der in Kapitel B Abschnitt IV dargestellten Kritik. Insbesondere in Bezug auf das Merkmal der Menge erscheint die Erweiterung des Beschaffenheitsbegriffs darüber hinaus bereits sprachlich ausgesprochen gezwungen. Sprachlich eingängiger wäre es, wenn sich die Beschaffenheit auf die einzelnen Kaufsachen bezöge und die geschuldete oder gelieferte Anzahl der Kaufsachen in einem eigenständigen Merkmal der Menge einer selbstständigen Regelung zugeführt würde. Einer solchen selbstständigen Regelung der Menge stehen auch keine rechtlichen Bedenken gegenüber. Die Anreicherung des Beschaffenheitsbegriffs um das Merkmal der Menge der Kaufsachen sollte daher aufgegeben und die Menge als eigenständige Anforderung an die Mangelfreiheit geregelt werden.

Auch die Regelung zur Menge der Kaufsachen wurde weder für den Regierungsentwurf noch für die endgültige Fassung des Umsetzungsgesetzes verändert.

299 § 434 Abs. 3 BGB.
300 Referentenentwurf, 23.

E. Zweck und Verwendung

Ein für den Käufer zentraler Anknüpfungspunkt der Vertragsmäßigkeit ist der Zweck, zu dem die Kaufsache eingesetzt werden soll. Dementsprechend stellen alle untersuchten Texte ausdrücklich auf die Zweckeignung der Kaufsache ab.[301]

Dabei verwenden sämtliche europäischen Texte bereits in ihrem Wortlaut den Begriff des Zwecks. Einzig das deutsche BGB weicht davon ab, indem anstelle des Zwecks der Begriff „Verwendung" eingesetzt wurde. In Art. 6 a[302] Warenkaufrichtlinie tritt neben die Anforderung der Zweckeignung aus Art. 6 b und Art. 7 Abs. 1 a Warenkaufrichtlinie zusätzlich die Forderung, dass die gelieferte Ware auch hinsichtlich ihrer Funktionalität, Kompatibilität und Interoperabilität den Anforderungen des Vertrags entsprechen muss.

Die Texte weichen auch in Bezug auf die Frage, wie ein bestimmter Zweck beziehungsweise eine bestimmte Verwendung in das vertragliche Pflichtenprogramm aufgenommen wird, voneinander ab. Zwar kommt es nach allen Texten maßgeblich auf die Absprachen zwischen den Parteien des Kaufvertrags an. Im Rahmen des Art. 100 a[303] GEK-E ist es diesbezüglich jedoch ausreichend, wenn der Käufer dem Verkäufer einen Zweck zum Zeitpunkt des Vertragsschlusses zur Kenntnis gebracht hat, wohingegen nach Art. 6 b[304] Warenkaufrichtlinie und Art. 2 Abs. 2 b Verbrauchsgüterkaufrichtlinie zusätzlich eine Zustimmung durch den Verkäufer er-

---

301 Art. 6 b), Art. 7 Abs. 1 a) Warenkaufrichtlinie; Art. 2 Abs. 2 b),c) Verbrauchsgüterkaufrichtlinie; Art. 100 a), b) GEK-E; IV.A.-2:302 (a), (b) DCFR.

302 Art. 6 a) Warenkaufrichtlinie lautet: *„Die Waren entsprechen dem Kaufvertrag, insbesondere wenn sie, soweit dies anwendbar ist,*
a) hinsichtlich der Beschreibung, der Art, der Menge und der Qualität, der Funktionalität, der Kompatibilität, der Interoperabilität und sonstiger Merkmale den Anforderungen entsprechen, die sich aus dem Kaufvertrag ergeben;".

303 Art. 100 a) GEK-E kautet: *„Die Waren oder digitalen Inhalte müssen:*
a) für jeden bestimmten Zweck geeignet sein, der dem Verkäufer zum Zeitpunkt des Vertragsschlusses zur Kenntnis gebracht wurde, außer wenn sich aus den Umständen ergibt, dass der Käufer nicht auf die Sachkenntnis und das Urteilsvermögen des Verkäufers vertraute oder vernünftigerweise nicht hätte vertrauen dürfen;".

304 Art. 6 b) Warenkaufrichtlinie lautet: *„Die Waren entsprechen dem Kaufvertrag, insbesondere wenn sie, soweit dies anwendbar ist,*
(…)

forderlich ist und es im Rahmen von § 434 Abs. 1 S. 2 Nr. 1 BGB einer vertraglichen Einigung bedarf. Relativ einheitlich kommt demgegenüber in allen Texten neben der Absprache der Parteien dem Zweck oder der Verwendung, für die Waren derselben Art üblicherweise eingesetzt werden, eine entscheidende Bedeutung zu.

Für die Frage, ob und gegebenenfalls welche Änderungsmaßnahmen in Bezug auf den Sachmangelbegriff des § 434 BGB bei der Umsetzung der Warenkaufrichtlinie ergriffen werden müssen, ist deshalb zu untersuchen, ob der Verwendungsbegriff des § 434 Abs. 1 S. 2 Nr. 1, Nr. 2 BGB sowohl den Zweck im Sinne der Warenkaufrichtlinie als auch die zusätzlich genannten Kriterien der Funktionalität, Kompatibilität und Interoperabilität hinreichend umfasst. Darüber hinaus wird zu prüfen sein, ob die Tatbestandsmerkmale, die eine Verwendungseignung im Rahmen des § 434 Abs. 1 S. 1 Nr. 1 und Nr. 2 BGB zum Bestandteil des vertraglichen Pflichtprogramms werden lassen, im Hinblick auf die Anforderungen der Warenkaufrichtlinie ausreichend sind.[305]

I. Der Bedeutungsgehalt der Begriffe

1. Die Vereinbarkeit der Begriffe von Zweck und Verwendung

Die sprachliche Abweichung des BGB von den europäischen Texten wirft zunächst die Frage auf, ob der deutsche Gesetzgeber sich auch inhaltlich von diesen Texten, insbesondere Art. 2 der Verbrauchsgüterkaufrichtlinie, abgrenzen wollte. Bereits aus dem Fraktionsentwurf ergibt sich allerdings, dass § 434 Abs. 1 S. 2 BGB unter anderem dazu dient, Art. 2 Abs. 2 b der Verbrauchsgüterkaufrichtlinie umzusetzen.[306] Eine substanzielle Abweichung würde diesem Ziel zuwiderlaufen, weil eine richtlinienkonforme Umsetzung damit gerade nicht erreicht werden könnte. Darüber hinaus ist dem Fraktionsentwurf zu entnehmen, dass die konkrete Formulierung des § 434 Abs. 1 S. 2 BGB an § 459 Abs. 1 S. 1 BGB aF angelehnt sei.[307]

---

b) sich für einen bestimmten vom Verbraucher angestrebten Zweck eignen, den der Verbraucher dem Verkäufer spätestens bei Abschluss des Kaufvertrags zur Kenntnis gebracht und dem der Verkäufer zugestimmt hat,".

305 Die Frage, ob die Anforderung der üblichen Verwendungseignung durch eine konkrete Verwendungs- oder Beschaffenheitsabrede verdrängt werden kann, wird in Abschnitt B. II. behandelt.

306 Fraktionsentwurf, BT Drs. 14/6040, 213.

307 Dort wurde allerdings mit dem Begriff des Gebrauchs gearbeitet.

Die Begrifflichkeit als solche ist damit allein aus deutscher Rechtstradition zu erklären und soll keinen bewussten Kontrapunkt zu den untersuchten europäischen Texten setzen.

Sprachlich steht diesem Ergebnis nichts entgegen. Unter einem Zweck versteht man in der Regel entweder eine Absicht oder Zielvorstellung oder den hinter einem Vorgang verborgenen Sinn.[308] Alle Bedeutungen stellen eine Verbindung zu menschlichen Handlungen oder jedenfalls menschlichem Verhalten her.

Der Zweck einer (Kauf-) Sache als solcher ist ohne Hinzutreten eines wie auch immer gearteten menschlichen Verhaltens kaum greifbar. Eine Sache soll vielmehr durch eine bestimmte Verwendung einem Zweck zugeführt werden. Der Zweck einer Kaufsache ist damit der Verwendungszweck, zu dem sie eingesetzt werden soll. In deutschsprachigen Texten wird dementsprechend sowohl im Zusammenhang mit Art. 2 Abs. 2 b der Verbrauchsgüterkaufrichtlinie als auch mit § 434 Abs. 1 S. 2 BGB der Begriff des Verwendungszwecks gebraucht.[309]

Bei diesem inhaltlichen Verständnis bleibt festzuhalten, dass die Begriffe der Verwendung aus dem BGB und des Zwecks sowohl aus der Warenkaufrichtlinie als auch der Verbrauchsgüterkaufrichtlinie trotz der Abweichungen im Wortlaut ohne Weiteres miteinander vereinbart werden können.

2. Die Reichweite des Verwendungsbegriffs

Die Warenkaufrichtlinie geht allerdings über das schlichte Verlangen der Zweckeignung hinaus. Art. 6 a Warenkaufrichtlinie verlangt für die Vertragsmäßigkeit darüber hinaus, dass die Waren hinsichtlich ihrer Funktionalität, Kompatibilität und Interoperabilität den Anforderungen entsprechen, die sich aus dem Kaufvertrag ergeben. Fraglich ist deshalb, ob auch diese Gesichtspunkte vom Verwendungsbegriff des BGB mit umfasst sind.

Die Funktionalität der Ware im Sinne der Warenkaufrichtlinie ist in Art. 2 Nr. 9 Warenkaufrichtlinie legaldefiniert und bedeutet *„die Fähigkeit*

308 Siehe „Zweck" in Duden Online, https://www.duden.de/node/8848/revision/694467, Bedeutung 1, Bedeutung 2.

309 Fraktionsentwurf, BT Drs. 14/6040, 213; MüKoBGB/*Westermann*, 2019, § 434 Rn. 18 f.

der Waren, ihre Funktionen ihrem Zweck entsprechend zu erfüllen".[310] Auch bei der Verwendung im Sinne des BGB steht die Eignung der Kaufsache für einen bestimmten Gebrauch im Fokus. Wird im Vertrag vereinbart, dass die Kaufsache in einer bestimmten Art und Weise genutzt werden soll, soll sich der Käufer darauf verlassen können, dass eben diese Nutzung der Sache auch möglich ist. Werden in etwa Ersatzteile für den Einbau in ein Fahrzeug erworben, so müssen sie für den Einbau und die Nutzung in diesem Fahrzeug auch geeignet sein.[311] Beim Kauf eines Neufahrzeugs führt es zu einem Sachmangel wegen fehlender Verwendbarkeit des Kfz, wenn dieses nicht im öffentlichen Verkehrsraum eingesetzt oder nicht für diesen Einsatz zugelassen werden darf.[312] Wird ein Gebäude als Wohngebäude verkauft, dürfen für Menschen keine Gesundheitsgefahren davon ausgehen, wenn sie sich darin aufhalten.[313] Die Funktionalität der Ware im Sinne der Warenkaufrichtlinie stellt folglich den Kern der auch in § 434 Abs. 1 S. 2 Nr. 1 und Nr. 2 BGB geschützten Verwendungseignung dar.

Unter der Kompatibilität der Ware ist nach der Legaldefinition in Art. 2 Nr. 8 Warenkaufrichtlinie „*die Fähigkeit der Waren, mit der Hardware oder Software zu funktionieren, mit der Waren derselben Art in der Regel benutzt werden, ohne dass die Waren, die Hardware oder die Software verändert werden müssen*" zu verstehen. Demgegenüber bedeutet Interoperabilität nach der Definition des Art. 2 Nr. 10 Warenkaufrichtlinie „*die Fähigkeit der Waren, mit einer anderen Hardware oder Software zu funktionieren als derjenigen, mit den* (sic!) *Waren derselben Art in der Regel benutzt werden*". In beiden Fällen geht es also nicht um die Verwendbarkeit der Ware aus sich heraus, sondern um die Frage, wie sie sich zu anderen Waren verhält und ob sie im Zusammenspiel mit diesen eingesetzt werden kann. Beide Kriterien sind Bestandteile der subjektiven Anforderungen an die Vertragsmäßig-

---

310 Dasselbe ergibt sich auch aus Erwägungsgrund 27 zur Warenkaufrichtlinie, der lautet: „*Der Begriff „Funktionalität" sollte so verstanden werden, dass er sich darauf bezieht, wie Waren ihre Funktionen ihrem Zweck entsprechend erfüllen können. Der Begriff „Interoperabilität" bezieht sich auf die Frage, ob und in welchem Umfang die Waren mit einer anderen Hardware oder Software als derjenigen, mit der Waren derselben Art in der Regel benutzt werden, funktionieren. Das erfolgreiche Funktionieren könnte beispielsweise die Fähigkeit der Waren umfassen, Informationen mit einer solchen Software oder Hardware auszutauschen und die ausgetauschten Informationen zu nutzen.*".

311 MüKoBGB/*Westermann*, 2019, § 434 Rn. 19.

312 OLG Stuttgart NJW-RR 2010, 412, 413; Palandt/*Weidenkaff*, BGB, 2021, § 434 Rn. 23.

313 BGH NJW 2009, 2120.

keit. Die gelieferte Ware muss hinsichtlich beider Kriterien denjenigen Anforderungen entsprechen, die sich aus dem Kaufvertrag ergeben. In diesem Zusammenhang werden an die Klarheit der Vereinbarung in Bezug auf die Interoperabilität höhere Anforderungen zu stellen sein. Nur anhand einer klaren Vereinbarung zwischen den Parteien ist eine Eingrenzung der Fremd-Hardware bzw. Fremd-Software, mit der die gelieferte Ware funktionieren muss, möglich. Demgegenüber findet bei der Definition der Kompatibilität über den Vergleich mit Waren derselben Art bereits eine erheblich Verobjektivierung statt. Eine Verobjektivierbarkeit ist auch notwendig, weil die Kompatibilität in Art. 7 Abs. 1 d Warenkaufrichtlinie zusätzlich zur objektiven Anforderung an die Vertragsmäßigkeit der Ware gemacht wird.

Die Verwendung einer Kaufsache im Sinne des BGB umfasst ebenfalls mehr als nur eine bestimmte Art des Gebrauchs der Kaufsache aus sich heraus. Ebenso wie der Begriff der Beschaffenheit ist auch der Begriff der Verwendung insofern weit auszulegen, als auch in Bezug auf den Verwendungsbegriff Umweltbeziehungen eine erhebliche Rolle spielen können.[314] Auch Umstände wie die Verwendbarkeit der Kaufsache an einem bestimmten Ort oder unter bestimmten klimatischen Bedingungen sind vom Verwendungsbegriff erfasst.[315] Daneben können auch die Eignung der Kaufsache zur Ergänzung einer Sammlung, ihre Weiterveräußerlichkeit und sogar die Zugehörigkeit zu einer Gattung unter den Begriff der Verwendung subsumiert werden.[316] Die aufgeführten Beispiele zeigen, dass im deutschen Recht bei der Frage, welche Umweltbeziehungen als von dem Verwendungsbegriff erfasst angesehen werden, großzügig vorgegangen wird. Das Funktionieren der Kaufsache im Zusammenspiel mit anderen Waren ist davon ohne Weiteres mit umfasst.

Zur Begründung für diese weite Auslegung wird insbesondere auf den subjektiven Fehlerbegriff Bezug genommen.[317] Die Parteien sollen dazu in die Lage versetzt werden, durch vertragliche Vereinbarungen zu bestimmen, an welchen Anforderungen die Kaufsache zu messen ist. Das entspricht auch dem vom Gewährleistungsrecht bezweckten Schutz des Äquivalenzinteresses. Die zwischen den Parteien vereinbarten Anforderun-

---

314 MüKoBGB/*Westermann*, 2019, § 434 Rn. 19.

315 BeckOK BGB/*Faust*, Stand 1.8.2020, § 434 Rn. 52; MüKoBGB/*Westermann*, 2019, ebd.

316 Staudinger/*Honsell*, BGB, 1995, § 459 Rn. 102; Soergel/*U.Huber*, BGB, 1991, § 459 Rn. 57 f.; MüKoBGB/*Westermann*, 2019, ebd.; *Westermann/Baltes* in JuS 1983, 691, 691 ff.

317 MüKoBGB/*Westermann*, 2019, ebd.

gen an die Verwendbarkeit der Kaufsache sind nicht nur entscheidend für die Frage, ob ein Vertrag zustande kommt. Sie haben insbesondere massiven Einfluss auf die Festlegung der Gegenleistung, im Kaufrecht also die Berechnung des Kaufpreises. Die Erwartungen an die Kaufsache einerseits und der Kaufpreis andererseits bilden daher den Kern des Äquivalenzinteresses. Ein wirksamer Schutz dieses Interesses setzt voraus, dass den Parteien erhebliche Freiräume bei der Regelung der an die Kaufsache zu richtenden Anforderungen eingeräumt werden. Neben dem Äquivalenzinteresse bildet die Vertragsfreiheit die Grundlage dieser Freiheiten.

Eine Beschränkung der Vereinbarungsmöglichkeiten hinsichtlich der Verwendung, in etwa auf einen bestimmten Gebrauch der Kaufsache, würde diesem Ziel zuwiderlaufen. Es ist vielmehr sachgerecht, eine möglichst großzügige Subsumtion unter den Begriff der Verwendung zuzulassen. Die erforderlichen Einschränkungen können dann bei der Frage, ob ein Verwendungszweck hinreichend vereinbart worden ist, beziehungsweise nach der Üblichkeit einer Verwendung, vorgenommen werden.

Die Anforderungen der Funktionalität, Kompatibilität und Interoperabilität im Sinne der Warenkaufrichtlinie sind demnach bereits heute Bestandteile des in § 434 Abs. 1 S. 2 Nr. 1, Nr. 2 BGB enthaltenen Verwendungsbegriffs. Eine Veränderung der Regelung in der Gestalt einer Aufnahme dieser Kriterien ist deshalb nicht erforderlich.

Über die Gesichtspunkte der Funktionalität, Kompatibilität und Interoperabilität hinaus werden im deutschen Recht auch rechtliche Gegebenheiten, die Auswirkungen auf die Zulässigkeit der Nutzung der Kaufsache haben, unter den Verwendungsbegriff subsumiert. So leitet der Bundesgerichtshof aus der rechtlichen Unzulässigkeit einer in ein Kfz verbauten, den Stickoxidausstoß auf dem Prüfstand gegenüber dem normalen Fahrbetrieb reduzierenden Abschalteinrichtung und der daraus resultierenden drohenden Betriebsuntersagung, die fehlende Eignung für die gewöhnliche Verwendung im Sinne von § 434 Abs. 1 S. 2 Nr. 2 BGB her.[318] Auch in der Warenkaufrichtlinie steht dem nichts entgegen, bei der Frage der Verwendungseignung der Kaufsache an deren rechtliche Zulässigkeit anzuknüpfen. In Art. 7 Abs. 1 a Warenkaufrichtlinie werden die Aspekte des Unionsrechts und des nationalen Rechts vielmehr ausdrücklich zu einem Faktor gemacht, der im Rahmen der Prüfung der Ware im Hinblick auf ihre Eignung, ihren Zweck zu erfüllen, zu berücksichtigen ist.

318 BGH NJW 2019, 1133.

II. Selbstständigkeit des Verwendungszwecks als Anknüpfungspunkt

Im deutschen Recht wird in Bezug auf den Verwendungsbegriff diskutiert, ob die Verwendbarkeit der Kaufsache überhaupt einen selbstständigen Anknüpfungspunkt für einen Sachmangel darstellen könne. Dahinter steht ein Konzept, das davon ausgeht, der Grund für einen Mangel in der Verwendbarkeit müsse stets in der Beschaffenheit der Kaufsache liegen.[319] Wäre das der Fall, so wäre eine Regelung der Verwendungseignung unter rechtlichen Gesichtspunkten überflüssig.

Aufgrund des klaren Wortlautes der Art. 6 a, b, Art. 7 Abs. 1 a Warenkaufrichtlinie, aber auch bereits des Art. 2 Abs. 2 b Verbrauchsgüterkaufrichtlinie, steht das Fortbestehen einer Regelung der Verwendungseignung als Anknüpfungspunkt eines Sachmangels im Sinne von § 434 Abs. 1 S. 2 Nr. 1 u. 2 BGB nicht ernsthaft in Frage. Dennoch soll die Diskussion zur Selbstständigkeit der Verwendungseignung als Anknüpfungspunkt beleuchtet werden. Sollte sich herausstellen, dass eine gesonderte Regelung der Verwendungseignung überflüssig ist, so ließe sich dieser Befund gegebenenfalls auch auf die europäischen Texte übertragen. Falls dagegen die Sinnhaftigkeit einer eigenständigen Regelung der Verwendungseignung festgestellt werden kann, so könnten die dieses Ergebnis tragenden Gründe dazu geeignet sein, ein besseres Verständnis für den mit den Regelungen verfolgten Zweck zu vermitteln.

Vor der Schuldrechtsreform wurde die mangelnde Gebrauchstauglichkeit als ein Unterfall des Fehlers nach § 459 Abs. 1 S. 1 BGB aF aufgefasst. Im alten Schuldrecht ging man deshalb davon aus, dass die mangelnde Gebrauchstauglichkeit ihre Ursache in der Beschaffenheit der Sache haben musste.[320] Gegen eine Selbstständigkeit der Verwendbarkeit wird auch vorgetragen, dass auf diesem Wege der Rechtsmangel aus § 435 BGB zum Unterfall des Sachmangels gemacht werden könne. Rechte hinsichtlich der Kaufsache, auf die sich Dritte dem Käufer gegenüber berufen können, werden stets einen beeinträchtigenden Einfluss auf die Verwendbarkeit der Kaufsache haben.[321] Bei Vorliegen eines Rechtsmangels wären damit stets die Voraussetzungen eines Sachmangels in einer Variante des § 434 Abs. 1 S. 2 BGB gegeben.

---

319 Siehe z.B. NK-BGB/*Büdenbender*, 2012, § 434 Rn. 20; Erman/*Grunewald*, BGB, 2017, § 434 Rn. 17.

320 BeckOK BGB/*Faust*, Stand 1.8.2020, § 434 Rn. 31.

321 BeckOK BGB/*Faust*, Stand 1.8.2020,§ 434 Rn. 29.

Gegen diesen beschränkenden Ansatz wird nach aktuellem Recht insbesondere vorgetragen, dass er sich nur schwer mit dem Wortlaut des § 434 Abs. 1 S. 2 BGB vereinbaren lasse. Tatsächlich sieht § 434 Abs. 1 S. 2 Nr. 2 BGB vor, dass eine Kaufsache nur dann frei von Mängeln ist, wenn sie sich sowohl für die gewöhnliche Verwendung eignet als auch die übliche Beschaffenheit aufweist. Wären Verwendbarkeit und Beschaffenheit einer Kaufsache derart miteinander verknüpft, dass der Grund einer Beeinträchtigung der Verwendbarkeit ohnehin in der Beschaffenheit der Kaufsache liegen muss, könnte auf den Anknüpfungspunkt der Verwendbarkeit in § 434 BGB vollständig verzichtet werden.[322]

Ein Mangel in der Verwendbarkeit der Kaufsache muss daher nicht auf ihrer Beschaffenheit beruhen. Die Verwendbarkeit ist vielmehr als eigenständiger Anknüpfungspunkt für das Vorliegen eines Sachmangels aufzufassen.[323] Die Vereinbarung eines Verwendungszwecks kann dahin gehen, dass sich eine Kaufsache unabhängig vom Vorliegen einer bestimmten Beschaffenheit für bestimmte Zwecke eignen muss.[324] § 434 Abs. 1 S. 2 BGB erhält mit seinen beiden Alternativen insbesondere dann Bedeutung, wenn die Verwendung der Kaufsache aus Gründen scheitert, die nicht mit ihrer Beschaffenheit zusammenhängen.

Allerdings führt nicht die fehlende Verwendbarkeit aus jedem beliebigen Grund zu einem Mangel der Kaufsache. Es müssen insbesondere solche Fälle aus der gewährleistungsrechtlichen Betrachtung ausgeschlossen werden, in denen die Verwendung der Sache an den Fähigkeiten oder persönlichen Eigenschaften des Käufers scheitert. Auch wenn die fehlende Verwendbarkeit nicht im Zusammenhang mit der Beschaffenheit der Ware stehen muss, so muss sie doch in der Sache selbst begründet sein.[325] Dem Wortlaut des § 434 Abs. 1 S. 2 BGB kann dies insofern entnommen werden, als in beiden Alternativen auf die Eignung der Sache für die jeweilige Verwendung abgestellt wird. Dieselbe Konzeption findet man auch im Wortlaut der Art. 6 b und Art. 7 Abs. 1 a Warenkaufrichtlinie sowie des Art. 2 Abs. 2 b, c Verbrauchsgüterkaufrichtlinie, nach denen sich die Ware, respektive das Verbrauchsgut, für die vom Verbraucher angestrebten

322 BeckOK BGB/*Faust*, Stand 1.8.2020, § 434 Rn. 30.

323 BeckOK BGB/*Faust*, Stand 1.8.2020, ebd.; Gebauer/Wiedmann/*Leible/Wilke*, Europäisches Zivilrecht, 2021, Kap. 11 Rn. 52, Rn. 59 ff.; Reinicke/Tiedtke, KaufR, 2009, Rn. 320; *Wolf/Kaiser* in DB 2002, 411, 412.

324 Gebauer/Wiedmann/*Leible/Wilke*, ebd; MüKoBGB/*Westermann*, 2019, § 434 Rn. 18.

325 BeckOK BGB/*Faust*, Stand 1.8.2020, § 434 Rn. 31; MüKoBGB/*Westermann*, 2019, § 434 Rn. 21.

beziehungsweise für die gewöhnlichen Zwecke eignen muss. Ebenso wie bei der Beschaffenheitsvereinbarung kann sich die fehlende Eignung allerdings auch aus Umständen außerhalb des physischen Zustands der Sache ergeben.[326]

Als Fallgruppe werden in etwa rechtliche Gründe genannt, die dazu führen, dass eine Sache nicht wie vom Vertrag vorausgesetzt oder sonst üblich genutzt werden kann.[327] Ein Beispiel ist das Fehlen der "Typ-Prüfung" eines Krans, wenn der Verkäufer nach dem Kaufvertrag dazu verpflichtet gewesen wäre, diese nachzuweisen.[328] In diesem Fall könnte man freilich auch von einer Beschaffenheitsvereinbarung dergestalt ausgehen, dass nach dem Kaufvertrag ein „typgeprüfter" Kran zu liefern gewesen wäre.

Daneben werden Fälle genannt, in denen die Verwendbarkeit der Kaufsache von Eigenschaften dritter Personen abhängt, die mit der Sache in Zusammenhang stehen. Zu denken wäre in diesem Zusammenhang an die Fähigkeiten der Mitarbeiter eines Unternehmens oder die Solvenz der Mieter eines vermieteten Gebäudes.[329] Auch die Möglichkeit, mit der Kaufsache eine bestimmte Miete zu erzielen, soll ein tauglicher Anknüpfungspunkt für eine Verwendungszweckabrede sein.[330]

Eine Beeinträchtigung der Verwendbarkeit soll darüber hinaus dann vorliegen, wenn die Kaufsache als solche zwar ohne Weiteres einer bestimmten Verwendung zugeführt werden kann, dies jedoch nur unter Aufwendung erhöhter Kosten möglich ist. Ein solcher Fall läge zum Beispiel dann vor, wenn für ein Kfz aufgrund des Datums seiner Erstzulassung steuerliche oder versicherungsrechtliche Vergünstigungen nicht erreicht werden können.[331]

Alle genannten Fälle wären aufgrund des weiten Beschaffenheitsbegriffs des Bundesgerichtshofs freilich bereits einer entsprechenden Beschaffenheitsvereinbarung zugänglich. Ein Rückgriff auf den Verwendungszweck der Kaufsache wäre nicht erforderlich, der damit als Anknüpfungspunkt für einen Sachmangel an Bedeutung verliert.[332] Dem wird man allerdings entgegenhalten können, dass es nach dem Wortlaut des Gesetzes nicht darauf ankommt, ob ein bestimmter Umstand einer Beschaffenheits-

326 Palandt/*Weidenkaff*, BGB, 2021, § 434 Rn. 23; MüKoBGB/*Westermann*, 2019, § 434 Rn. 21.
327 BeckOK BGB/*Faust*, Stand 1.8.2020, § 434 Rn. 32.
328 BGH NJW 1984, 2287.
329 BGH NJW 1991, 1223.
330 BeckOK BGB/*Faust*, Stand 1.8.2020, § 434 Rn. 33.
331 BeckOK BGB/*Faust*, Stand 1.8.2020, ebd.
332 BeckOK BGB/*Faust*, Stand 1.8.2020, ebd.

oder einer Verwendungszweckvereinbarung zugänglich gewesen wäre. Entscheidend ist vielmehr, was die Parteien tatsächlich vereinbart haben. Die Parteien können damit über die Gestaltung ihrer Vereinbarung steuern, ob ein Fall des § 434 Abs. 1 S. 1 BGB oder des § 434 Abs. 1 S. 2 BGB vorliegt.

Faktisch werden die Parteien insbesondere bei alltäglichen Geschäften häufig keine Beschaffenheitsvereinbarung treffen. Der Fokus der Parteien liegt in solchen Fällen vielmehr auf dem Verwendungszweck, dem die Kaufsache zugeführt werden soll.[333] Die Figur der Verwendungszweckvereinbarung kann damit als Auffangtatbestand für solche Fälle aufgefasst werden, in denen eine Beschaffenheitsvereinbarung fehlt oder nicht bewiesen werden kann.[334] Dies führt allerdings nicht dazu, dass an die Bestimmtheit der Vereinbarung im Rahmen des Verwendungszwecks niedrigere Anforderungen zu stellen wären als bei einer Beschaffenheitsvereinbarung.[335] Der angestrebte Verwendungszweck muss dem Verkäufer hinreichend verdeutlicht und daraufhin eine entsprechende vertragliche Vereinbarung getroffen worden sein.

Die Formulierung von Anforderungen an die Vertragsmäßigkeit, die auf den Verwendungszweck der Ware abstellen, ist demnach durchaus sinnvoll.

III. Die Einbeziehung des Verwendungszwecks in das vertragliche Pflichtenprogramm

Die Zweck- oder Verwendungseignung der Waren kann nach allen Texten auf zwei Wegen Relevanz für die Vertragsmäßigkeit der Waren entfalten. In allen Texten muss sich die Ware zunächst für den zwischen den Parteien abgesprochenen Verwendungszweck eignen. Daneben wird für die Vertragsmäßigkeit der Ware in allen Texten auf die Eignung für diejenigen Zwecke abgestellt, die der Käufer unter dem Gesichtspunkt der Üblichkeit erwarten darf.

---

333 Fraktionsentwurf, BT Drs. 14/6040, 213.

334 NK-BGB/*Büdenbender*, 2012, § 434 Rn. 7; MüKoBGB/*Westermann*, 2019, § 434 Rn. 22; so wohl auch Fraktionsentwurf, ebd.

335 MüKoBGB/*Westermann*, 2019, § 434 Rn. 22.

1. Der vereinbarte Verwendungszweck

In Bezug auf den vereinbarten Verwendungszweck ist fraglich, welche Anforderungen an die Absprache der Parteien zu stellen sind. Die Regelungen dieser Frage in den verschiedenen Regelwerken sind unterschiedlich.

Die Warenkaufrichtlinie sieht vor, dass die Ware hinsichtlich ihrer Funktionalität, Kompatibilität und Interoperabilität den Anforderungen entsprechen muss, die sich aus dem Kaufvertrag ergeben. Darüber hinaus muss sie sich für einen bestimmten vom Verbraucher angestrebten Zweck eignen, den der Verbraucher dem Verkäufer spätestens bei Abschluss des Kaufvertrags zur Kenntnis gebracht und dem der Verkäufer zugestimmt hat.

Auch Art. 2 Abs. 2 b der Verbrauchsgüterkaufrichtlinie regelt in Bezug auf diese subjektive Alternative, dass der Käufer den von ihm angestrebten Zweck dem Verkäufer zur Kenntnis geben und der Verkäufer dem zustimmen muss.

Demgegenüber ist es nach Art. 100 a GEK-E und Art. IV.A.-2:302 a DCFR ausreichend, wenn der Käufer den von ihm angestrebten Verwendungszweck dem Verkäufer bei Vertragsschluss zur Kenntnis gebracht hat. Diese Zur-Kenntnis-Gabe soll nur dann nicht ausreichen, wenn der Käufer dabei nicht auf die Sachkenntnis und das Urteilsvermögen des Verkäufers vertraut hat oder vernünftigerweise nicht darauf hätte vertrauen dürfen.

Nach § 434 Abs. 1 S. 2 Nr. 1 BGB muss sich die Kaufsache für die nach dem Vertrag vorausgesetzte Verwendung eignen. Wann jedoch eine bestimmte Verwendung nach dem Vertrag vorausgesetzt wird, bedarf weiterer Untersuchung.

a) Die nach dem Vertrag vorausgesetzte Verwendung im Sinne des BGB

Bereits vor der Schuldrechtsreform war umstritten, wie der angestrebte Verwendungszweck in einen Vertrag einbezogen werden musste. Teilweise wurde vertreten, dieser müsse ein regulärer Gegenstand der vertraglichen Vereinbarung sein.[336] Nach Auffassung der Rechtsprechung war es demgegenüber ausreichend, wenn der nach dem Vertrag vorausgesetzte Gebrauch zur Geschäftsgrundlage des Vertrags gehörte.[337]

---

336 Staudinger/*Honsell*, BGB, 1995, § 459 Rn. 57; Soergel/*U.Huber*, BGB, 1991, § 459 Rn. 69 f.

337 BGH NJW 1961, 1571; RGZ 131, 343, 352.

Da das geltende Recht diese Frage bewusst nicht beantwortet,[338] hat sie grundsätzlich nichts an Relevanz verloren. Praktische Auswirkungen entfaltet sie allerdings nur bei formgebundenen Verträgen, da sich die Formbedürftigkeit stets auf den gesamten Vertrag bezieht. Verlangt man also eine vertragliche Vereinbarung, so wäre diese von der Formbedürftigkeit mit umfasst.[339]

Bei systematischer Betrachtung kann § 434 Abs. 1 S. 2 Nr. 1 BGB heute nur in dem Sinne verstanden werden, dass der angestrebte Verwendungszweck regulärer Bestandteil der vertraglichen Einigung werden muss. In Bezug auf die Beschaffenheit verlangt § 434 Abs. 1 S. 1 BGB ausdrücklich, dass diese zwischen den Parteien vereinbart worden ist. Die in § 434 Abs. 1 S. 2 Nr. 1 BGB genannte Variante des Sachmangels ist im Vergleich rechtlich gleichwertig. Es wäre deshalb nicht überzeugend, in Bezug auf diese Variante geringere Anforderungen an die Einbeziehung in die vertragliche Einigung zu stellen.[340]

Der Verwendungszweck nach § 434 Abs. 1 S. 2 Nr. 1 BGB wird damit durch die Willenserklärungen der vertragschließenden Parteien bestimmt. Wie alle anderen Willenserklärungen sind jedoch auch solche, die sich auf die Verwendbarkeit einer Kaufsache beziehen, der Auslegung zugänglich. Es ist deshalb nicht in jedem Fall eine ausdrückliche Vereinbarung oder gar eine Absprache über die Rechtsfolgen[341] erforderlich. Die Vereinbarung kann sich vielmehr sowohl aus dem Subtext anderer Erklärungen als auch aus konkludentem Verhalten ergeben.

---

338 Fraktionsentwurf, BT Drs. 14/6040, 213.

339 *Canaris* in Karlsruher Forum 2002, 5, 58; *Grigoleit/Herresthal* in JZ 2003, 233, 239; *Haas* in HMRSW, Neues Schuldrecht, Kap. 5 Rn. 102; Staudinger/*Matusche-Beckmann*, BGB, 2014, § 434 Rn. 76, Rn. 79; Oetker/Maultzsch, Vertragl-Schuldverhältnisse, 2019, § 2 Rn. 59; Reinicke/Tiedtke, KaufR, 2009, Rn. 323; aA BGH NJW-RR 2012, 1078, 1078; *Ball* in ZGS 2002, 49; NK-BGB/*Büdenbender*, 2012, § 434 Rn. 21; *Schinkels* in ZGS 2004, 226, 228; Palandt/*Weidenkaff*, BGB, 2021, § 434 Rn. 20 ff.

340 BeckOK BGB/*Faust*, Stand 1.8.2020, § 434 Rn. 51; MüKoBGB/*Westermann*, 2019, § 434 Rn. 18; a.A. Staudinger/*Matusche-Beckmann*, BGB, 2014, § 434 Rn. 76; Gebauer/Wiedmann/*Leible/Wilke*, Europäisches Zivilrecht, 2021, Kap. 11 Rn. 59; Reinicke/Tiedtke, ebd.

341 MüKoBGB/*Westermann*,2019, ebd.

b) Zur Kenntnis gebrachte Zwecke im Sinne der europäischen Texte

Der Wortlaut der Art. 6 b Warenkaufrichtlinie, Art. 2 Abs. 2 b Verbrauchsgüterkaufrichtlinie Art. 100 a GEK-E und Art. IV.A.-2:302 DCFR deutet indes nicht zwingend auf eine vertragliche Einigung hin. Die Vorschriften stellen übereinstimmend darauf ab, ob der Käufer dem Verkäufer den von ihm angestrebten Zweck zur Kenntnis gebracht hat. Allerdings verlangen Art. 6 b Warenkaufrichtlinie und Art. 2 Abs. 2 b Verbrauchsgüterkaufrichtlinie zusätzlich die Zustimmung des Verkäufers. Im Rahmen der Art. 100 a GEK-E und Art. IV.A.-2:302 DCFR ist dagegen eine einseitige Erklärung des Käufers ausreichend. Eine Zustimmung des Verkäufers wird dort nicht verlangt.[342]

Fraglich ist deshalb, welche Anforderungen an das von allen Vorschriften verlangte „zur Kenntnis bringen" zu stellen sind.[343] Denkbar wäre insofern, dass jede vorvertragliche Äußerung des Käufers bereits für ein „zur Kenntnis bringen" ausreicht. Allerdings nehmen alle vier Texte im Hinblick auf die Zur-Kenntnis-Gabe Bezug auf den Vertragsschluss, indem sie festlegen, dass diese *„bei Vertragsschluss"*[344], *„spätestens bei Vertragsschluss"*[345] beziehungsweise *„zum Zeitpunkt des Vertragsschlusses"*[346] stattfinden muss. Es soll also nach allen Texten darauf ankommen, dass dem Verkäufer der vom Käufer verfolgte Zweck bei Vertragsschluss klar vor Augen steht. Lässt sich jedoch ein Verkäufer, dem im Rahmen der Vertragsanbahnung ein bestimmter Zweck eindeutig zur Kenntnis gebracht wird, widerspruchslos auf den Vertragsschluss ein, so wird der Käufer dies aus objektiver Sicht im Sinne einer Zustimmung verstehen dürfen. Aus diesem Umstand ergibt sich das in den europäischen Texten geschützte Vertrauen des Käufers auf die entsprechende Eignung der Ware.[347] In der Warenkaufrichtlinie und der Verbrauchsgüterkaufrichtlinie wird

---

342 Dieses Abstellen des GEK-E auf einseitige Käufervorstellungen wird heftig kritisiert, weil es den Käufer in erheblichem Maße privilegiere, der durch die bloße Erklärung seiner Zweckvorstellungen die Leistungsmaßstäbe einseitig bestimmen könne. Siehe dazu: *Lorenz* in AcP 212, 2012, 702, 725; *Schopper* in Am Vorabend eines Gemeinsamen Kaufrechts, 2012, 107, 120 f.

343 Siehe zum GEK-E: *Faust* in Gemeinsames Europäisches Kaufrecht für die EU?, 2012, 161, 164; Schmidt-Kessel/*Remien*, Der Entwurf für ein gemeinsames Europäisches Kaufrecht, Art. 100 Rn. 2.

344 Art. 2 Abs. 2 b) Verbrauchsgüterkaufrichtlinie.

345 Art. 6 b) Warenkaufrichtlinie.

346 Art. 100 a) GEK-E und Art. IV.A.-2:302 (a) DCFR.

347 So auch Schulze/*Zoll*, CESL, 2012, Art. 100 Rn. 4.

diese Grundlage der geschützten Käufererwartungen dadurch hervorgehoben, dass ein als Zustimmung auszulegendes Verhalten des Verkäufers ausdrücklich verlangt wird.

Ein anderes Resultat würde man auch im deutschen Recht nicht erzielen. Über eine Auslegung der Willenserklärungen nach §§ 133, 157 BGB wird man in aller Regel zu dem Ergebnis kommen, dass das infolge der Vertragsanbahnung abgegebene Angebot den angestrebten Zweck jedenfalls konkludent mit umfasst, der anschließend bei einer deckungsgleichen Annahme zum Vertragsbestandteil wird.

Trotz der unterschiedlichen Formulierung liegt folglich inhaltlich kein qualitativer Unterschied zur Vereinbarung eines Verwendungszwecks nach deutschem Recht vor.[348] Im Ergebnis sehen insbesondere die beiden Richtlinien ebenfalls eine vertragliche Einigung vor.[349] Eine Änderung des § 434 Abs. 1 S. 2 Nr. 1 BGB ist diesbezüglich deshalb nicht erforderlich. Da die zum deutschen Recht angesprochene Frage der Formbedürftigkeit nur beim Kauf von Immobilien relevant werden dürfte, kann der hier vertretene Ansatz auch nach Anwendungsbeginn der Warenkaufrichtlinie weiterverfolgt werden.

2. Der übliche Verwendungszweck

In allen untersuchten Texten tritt neben die vertraglich vereinbarte Verwendbarkeit der Ware die Anforderung einer objektiv zu bestimmenden Verwendungseignung. Da diesem Tatbestand keine konkrete Vereinbarung zwischen den Parteien zugrunde liegt, handelt es sich um eine Fallgruppe des objektiven Fehlerbegriffs.

So verlangt Art. 7 Abs. 1 a Warenkaufrichtlinie, dass die gelieferten Waren für die Zwecke geeignet sind, für die Waren der gleichen Art in der Regel gebraucht werden. Nach Art. 2 Abs. 2 c Verbrauchsgüterkaufrichtlinie, Art. 100 b GEK-E und Art. IV.A.-2:302 b DCFR muss sich die Ware für

348 BeckOK BGB/*Faust*, Stand 1.8.2020, § 434 Rn. 51; MüKoBGB/*Westermann*, 2019, § 434 Rn. 22; a.A. Staudinger/*Matusche-Beckmann*, BGB, 2014, § 434 Rn. 76; Reinicke/Tiedtke, KaufR, 2009, Rn. 323; a.A. in Bezug auf den GEK-E *Lorenz* in AcP 212, 2012, 702, 725.

349 Siehe zur Verbrauchsgüterkaufrichtlinie BeckOK BGB/*Faust*, Stand 1.8.2020, ebd.; Grundmann/Bianca/*Grundmann*, Die EU-Kaufrechts-Richtlinie, Art. 2 Rn. 8; MüKoBGB/*Westermann*, 2019, § 434 Rn. 7; *Westermann in* JZ 2001, 530, 532.

die Zwecke eignen, für die Waren der gleichen Art gewöhnlich gebraucht werden.

Auch im deutschen Recht wird die Kaufsache wegen § 434 Abs. 1 S. 2 Nr. 2 BGB an ihrer Eignung für die gewöhnliche Verwendung gemessen. Einmal mehr weicht jedoch der Wortlaut des § 434 BGB von demjenigen der europäischen Vorschriften ab.

Fraglich ist deshalb, wie die gewöhnliche Verwendung einer Sache zu ermitteln ist. Auf den ersten Blick bereitet diese Frage keine Schwierigkeiten. Wie an zahlreichen anderen Punkten im deutschen Recht ist hier auf die Verkehrsauffassung abzustellen und damit eine Orientierung an dem Erwartungshorizont eines vernünftigen Durchschnittskäufers geboten.[350] Für die Ermittlung des Durchschnittskäufers kann die Rolle des Käufers als professioneller Nutzer oder Verbraucher von Bedeutung sein. Diese kann je nach Einzelfall erheblichen Einfluss auf die Festlegung des relevanten Verkehrskreises und damit die Beschreibung des Erwartungshorizonts haben.[351]

Welche Verwendungszwecke wiederum unter diesen Erwartungshorizont fallen, wird durch einen Vergleich mit anderen Stücken der gleichen Gattung ermittelt.[352] Vereinfacht formuliert handelt es sich bei der gewöhnlichen Verwendung einer Sache um denjenigen Einsatzzweck, zu dem man andere Sachen der gleichen Gattung verwenden kann.

Wenn aber die Frage nach der gewöhnlichen Verwendung im Sinne des § 434 Abs. 1 S. 2 Nr. 2 BGB beantwortet wird, indem auf die Zwecke abgestellt wird, zu denen Waren der gleichen Art gewöhnlich gebraucht werden, so enthält die Vorschrift dieselben Voraussetzungen wie die korrespondierenden Regelungen der europäischen Texte. Die Vorschriften stimmen demnach inhaltlich überein.

a) Bestimmung des Verwendungszwecks

Für eine Ermittlung des üblichen Verwendungszwecks ist es also zunächst erforderlich, die gelieferte Kaufsache einer Gattung beziehungsweise Art als Vergleichsgruppe zuzuordnen. Die Bestimmung der Gattung oder Art

---

350 RGZ 70, 82, 85 f.; BeckOK BGB/*Faust*, Stand 1.8.2020, § 434 Rn. 59; Heiderhoff in BB 2005, 2533 f.

351 MüKoBGB/*Westermann*, 2019, § 434 Rn. 25.

352 BeckOK BGB/*Faust*, Stand 1.8.2020, § 434 Rn. 60; MüKoBGB/*Westermann*, 2019, § 434 Rn. 24.

einer Kaufsache ist Gegenstand der Untersuchung in Kapitel C Abschnitt II.

Diese Vergleichsgruppe ist dann daraufhin zu untersuchen, worin die übliche Verwendung der ihr zuzurechnenden Sachen besteht. Dabei werden unter den üblichen Verwendungszweck nur solche Funktionen gefasst, die für Produkte der betroffenen Gattung von grundlegender Bedeutung sind. Bei der Eingrenzung der Funktionen, die in die Betrachtung für den üblichen Verwendungszweck einfließen, soll darauf abgestellt werden, ob diese bei Waren der betroffenen Art so selbstverständlich sind, dass sie nicht einmal Eingang in die Produktbeschreibungen gefunden haben.[353]

b) Anforderungen bei der Verwendung

Nachdem der übliche Verwendungszweck der Ware als solcher identifiziert ist, ist zu bestimmen, welche Anforderungen an die Sache beim Einsatz zu diesem Verwendungszweck zu stellen sind.

Diesbezüglich wird ein Käufer von der Kaufsache erwarten dürfen, dass er sie nicht nur faktisch zu dem üblichen Verwendungszweck einsetzen kann. Er darf darüber hinaus darauf vertrauen, dass weder er selbst bei der Verwendung der Sache besonderen Gefahren ausgesetzt ist noch andere Personen damit konfrontiert sind. Auch auf die rechtliche Zulässigkeit des Einsatzes der Kaufsache zu ihrem gewöhnlichen Verwendungszweck wird sich der Käufer in aller Regel verlassen dürfen. So ist beim Kauf eines Kraftfahrzeugs zu verlangen, dass es für eine Zulassung zur Teilnahme am öffentlichen Verkehr geeignet ist.[354]

Bei der Lieferung einer Sache sind dabei die Verhältnisse am Erfüllungsort entscheidend. Soll die Kaufsache an einem anderen Ort, etwa im Ausland unter anderen klimatischen oder rechtlichen Bedingungen, eingesetzt werden, ist eine entsprechende Verwendbarkeitsvereinbarung nach § 434 Abs. 1 S. 2 Nr. 1 erforderlich.[355]

---

353 BeckOK BGB/*Faust*, Stand 1.8.2020, § 434 Rn. 61, der als erläuterndes Beispiel die Lautstärken-Regulierung bei einem Radio anführt.

354 BeckOK BGB/*Faust*, Stand 1.8.2020, § 434 Rn. 63.

355 BeckOK BGB/*Faust*, Stand 1.8.2020, ebd.

c) Keine Veränderung der rechtlichen Situation

Im Hinblick auf die übliche Verwendungseignung besteht kein Handlungsbedarf im Rahmen der Umsetzung der Warenkaufrichtlinie. § 434 Abs. 1 S. 2 Nr. 2 BGB enthält keine problematischen Abweichungen von Art. 6 b Warenkaufrichtlinie. Die große Herausforderung wird in Bezug auf beide Vorschriften auch weiterhin in der sachgerechten Bestimmung der Art der Ware als Referenzgruppe bestehen.

IV. Schlussfolgerungen zur Reformbedürftigkeit des Mangelbegriffs hinsichtlich der Verwendungseignung

In Bezug auf die Merkmale der Verwendungs- oder Zweckeignung ist kein Änderungsbedarf im Rahmen der Umsetzung der Warenkaufrichtlinie erkennbar. Alle Gesichtspunkte, die im Rahmen der Warenkaufrichtlinie unter der Anforderung der Zweckeignung geregelt werden sollen, sind auch von § 434 Abs. 1 S. 2 Nr. 1 und Nr. 2 BGB erfasst. Auch im Hinblick auf die Einbeziehung einer Verwendungseignung in das vertragliche Pflichtprogramm ergeben sich keine problematischen Unterschiede.

V. Kritik am aktuellen Stand der Umsetzung

Die Verwendungseignung wird im Rahmen des Referentenentwurfs als zentrale Anforderung an die Mangelfreiheit der Kaufsache beibehalten. Dem ist uneingeschränkt zuzustimmen. Aus der Begründung des Referentenentwurfs ist darüber hinaus zu entnehmen, dass auch nach Auffassung des Bundesministeriums der Justiz und für Verbraucherschutz eine bestimmte Verwendung der Kaufsache dann vertraglich vorausgesetzt ist, wenn sie dem Verkäufer zur Kenntnis gebracht wurde und dieser gegebenenfalls durch schlüssiges Verhalten zugestimmt hat.[356]

Die Regelungen zur Verwendungseignung sind unverändert in den Regierungsentwurf und die endgültige Fassung des Umsetzungsgesetzes übernommen worden.

---

356 Referentenentwurf, 22; so auch die hier vertretene Auffassung, siehe Kapitel E. Abschnitt III. 1.

F. Zubehör

Eine weitere Gruppe von Vertragswidrigkeiten bilden solche Umstände, die nicht in der Kaufsache selbst begründet sind, sich aber dennoch aus dem nach dem Kaufvertrag geschuldeten Lieferumfang ergeben.

So verlangt Art. 6 c[357] der Warenkaufrichtlinie, dass Waren in dem Umfang mit Zubehör und Anleitungen einschließlich Montage- oder Installationsanleitungen geliefert werden, wie es im Kaufvertrag bestimmt worden ist. Gemäß Art. 7 Abs. 1 c[358] Warenkaufrichtlinie müssen die Waren darüber hinaus mit solchem Zubehör einschließlich Verpackung, Montage- oder Installationsanleitungen und anderen Anleitungen geliefert werden, deren Erhalt der Verbraucher vernünftigerweise erwarten kann.

Das BGB enthält demgegenüber keine Vorgaben dazu, welches Zubehör im Lieferumfang einer mangelfreien Sache enthalten sein muss. Auch eine grundsätzliche Regelung, die das Fehlen oder die Mangelhaftigkeit von Zubehörteilen zum Mangel der Kaufsache erklärt, gibt es nicht. Lediglich der Fall einer mangelhaften Montageanleitung wird in § 434 Abs. 2 S. 2 BGB geregelt und für solche Fälle als Sachmangel identifiziert, in denen die Kaufsache fehlerhaft montiert worden ist. Mit dieser Vorschrift sollte Art. 2 Abs. 5 S. 2[359] Verbrauchsgüterkaufrichtlinie umgesetzt werden. Auch die Verbrauchsgüterkaufrichtlinie enthält keine abstrakte Regelung zu der Frage geschuldeten Zubehörs. Dort ist die Regelung vielmehr eben-

357 Art. 6 c) Warenkaufrichtlinie lautet: „*Die Waren entsprechen dem Kaufvertrag, insbesondere wenn sie, soweit dies anwendbar ist,*
c) wie im Kaufvertrag bestimmt mit sämtlichem Zubehör und Anleitungen, einschließlich Montage- oder Installationsanleitungen, geliefert werden (…).“.

358 Art. 7 Abs. 1 c) Warenkaufrichtlinie lautet: „*Zusätzlich zur Einhaltung der subjektiven Anforderungen an die Vertragsmäßigkeit müssen die Waren*
c) soweit anwendbar, mit solchem Zubehör einschließlich Verpackung, Montage- oder Installationsanleitungen und anderen Anleitungen geliefert werden, deren Erhalt der Verbraucher vernünftigerweise erwarten kann, (…).“.

359 Art. 2 Abs. 5 Verbrauchsgüterkaufrichtlinie lautet: „*Ein Mangel infolge unsachgemäßer Montage des Verbrauchsgutes wird der Vertragswidrigkeit gleichgestellt, wenn die Montage Bestandteil des Kaufvertrags über das Verbrauchsgut war und vom Verkäufer oder unter dessen Verantwortung vorgenommen wurde. Das gleiche (sic!) gilt, wenn das zur Montage durch den Verbraucher bestimmte Erzeugnis vom Verbraucher montiert worden ist und die unsachgemäße Montage auf einen Mangel in der Montageanleitung zurückzuführen ist.*“.

falls auf Montageanleitungen beschränkt. Andere Zubehörteile werden in der Verbrauchsgüterkaufrichtlinie nicht angesprochen.

Regelungen zu Zubehörteilen sind indes nicht vollkommen neu. Sowohl in Art. 99 Abs. 1 c GEK-E[360] als auch in Art. V.A.-2:301 c DCFR[361] wird verlangt, dass die Waren einschließlich der vom Kaufvertrag geforderten Zubehörteile geliefert werden. Art. 100 (e) GEK[362] und Art. IV.A.-2:302 e DCFR[363] sehen weiter vor, dass die Waren mit solchem Zubehör sowie denjenigen Montageanleitungen und anderen Anleitungen geliefert werden müssen, deren Erhalt der Käufer erwarten darf.

Die Warenkaufrichtlinie folgt daher der im DCFR und dem GEK-E angelegten Tradition. Fraglich ist allerdings, ob eine ausdrückliche gesetzliche Regelung in Bezug auf das Fehlen vertraglich geschuldeter Zubehörteile auch erforderlich ist. Anhaltspunkte für die Beantwortung dieser Frage kann eine Untersuchung des Zwecks der ausdrücklichen Regelungen von Zubehörteilen bieten. Auch Überlegungen zu dem vom geschuldeten Lieferumfang umfassten Zubehör können für eine Annäherung an die Frage fruchtbar gemacht werden.

I. Zweck der Regelungen in den europäischen Texten

Der Zweck einer Regelung des Zubehörs wird in der Kommentierung zu Art. IV.A.-2:302 DCFR beleuchtet. Danach besteht der Hintergrund einer solchen Regelung darin, dass einige Waren nur unter Verwendung bestimmter Zubehörteile gebraucht werden können oder ihr Gebrauch oder ihre Installation so kompliziert sind, dass sie eine zutreffende und

---

360 Art. 99 Abs. 1 (c) GEK-E lautet:
„*Die Waren oder digitalen Inhalte sind vertragsgemäß, wenn sie (…)*
(c) den Anforderungen des Vertrags entsprechend mit sämtlichem Zubehör, Montageanleitungen oder anderen Anleitungen geliefert werden.".

361 V.A.-2:301 (c) DCFR lautet:
„*Conformity with the contract*
The goods do not conform with the contract unless they: (…)
(c) are supplied along with any accessories, installation instructions or other instructions required by the contract;".

362 Art. 100 (e) GEK lautet: „*Die Waren oder digitalen Inhalte müssen:*
(e) *mit solchem Zubehör, Montageanleitungen und anderen Anleitungen geliefert werden, deren Erhalt der Käufer erwarten kann;*".

363 Art. IV.A.-2:302 (e) DCFR lautet: „*The goods must: (…)*
(e) be supplied along with such accessories, installation instructions or other instructions as the buyer may reasonably expect to receive;".

verständliche Anleitung voraussetzen.[364] Im Fokus der Regelungen zu den Zubehörteilen steht also einmal mehr die Verwendbarkeit der Kaufsache. Sie setzen folglich an den in allen untersuchten Regelwerken enthaltenen Verwendbarkeits- und Zweckeignungstatbeständen an und finden ihre Fortsetzung in den ebenfalls in allen Regelwerken enthaltenen Vorschriften zum Themenbereich der fehlerhaften Montage.[365]

Sofern Zubehörteile notwendig sind, um die Kaufsache verwenden zu können, ist eine gesonderte Regelung des Zubehörs aber dann überflüssig, wenn bereits die in Frage stehende Verwendungseignung vertraglich geschuldet ist. In allen untersuchten Texten kann sich die geschuldete Verwendungseignung sowohl aus einer entsprechenden vertraglichen Vereinbarung als auch daraus ergeben, dass sie bei Sachen der gleichen Art üblich ist.

Indem die Warenkaufrichtlinie, der DCFR und der GEK-E die Lieferung des Zubehörs zur zusätzlichen Voraussetzung für die Vertragsmäßigkeit der Ware machen, gehen die Texte jedoch über eine Absicherung der Verwendungseignung der Kaufsache hinaus. Fehlendes oder mangelhaftes Zubehör führt danach auch dann zu einem Mangel, wenn keine Auswirkung auf die Verwendungseignung der Kaufsache vorliegt.[366]

Auch diese Fälle könnten allerdings einer Lösung über die in allen Regelwerken enthaltenen Grundtatbestände, namentlich die Merkmale der Beschreibung bzw. Beschaffenheit oder Eigenschaften der Kaufsache, zugänglich sein.[367] Sowohl von der Beschreibung der Ware nach der Warenkaufrichtlinie und dem DCFR als auch von der Beschaffenheit im Sinne des BGB und den Eigenschaften im Sinne des GEK-E sind Aspekte, die nicht in der Kaufsache selbst liegen, sondern nur mit ihr verbunden sind, umfasst, sofern sie einen unmittelbaren Einfluss auf die Wertschätzung der Sache haben.[368] Es ist also jedenfalls möglich, das Problem fehlenden oder

---

364 Art. IV.A.-2:302 DCFR, Comment B, Default requirements of conformity, Instructions, 1310; Schulze/*Zoll*, CESL, 2012, Art. 99 Rn. 24, Art. 100 Rn. 13.

365 Art. IV.A.-2:301 DCFR, Comment D, Conformity includes incidental matters, 1299; siehe zur unsachgemäßen Montage Kapitel G.

366 *Schopper* in Am Vorabend eines Gemeinsamen Kaufrechts, 2012, 107, 121.

367 Zur Beschreibung: Art. IV.A.-2:301 DCFR, Comment D, Conformity includes incidental matters, 1299; zur Verwendungseignung: BeckOK BGB/*Faust*, Stand 1.8.2020, § 434 Rn. 97.

368 Art. IV.A.-2:301 DCFR, Comment D, Conformity includes incidental matters, 1299; BGH NJW 2013, 1671, 1672.

mangelhaften Zubehörs unter Bezugnahme auf die Beschreibung bzw. Beschaffenheit oder die Eigenschaften der Kaufsache zu lösen.[369]

Sofern das Fehlen oder der Mangel eines Zubehörteils weder Auswirkungen auf die Verwendungseignung noch auf den Wert der Sache hat, darf bezweifelt werden, dass ein darüber hinaus gehendes legitimes Käuferinteresse an einem Schutz durch Gewährleistungsrechte besteht. Der von den Regelungen des Zubehörs verfolgte Zweck dürfte in aller Regel durch die die Vertragsmäßigkeit bzw. den Sachmangel maßgeblich prägenden Tatbestände der Verwendungseignung und der Eigenschaften beziehungsweise der Beschaffenheit oder der Beschreibung ausreichend abgedeckt sein.

II. Geschuldetes Zubehör

Sofern die Parteien eine konkrete vertragliche Regelung über den Lieferumfang von Zubehörteilen getroffen haben, dürfte die Anwendung der Regelung in der Praxis unproblematisch sein.[370] Alle relevanten Informationen können dem Kaufvertrag entnommen werden, sodass Streitigkeiten über den geschuldeten Lieferumfang unwahrscheinlich sind. Für die Vertragsparteien besteht eben darin der Zweck einer klaren Regelung über die geschuldeten Zubehörteile. Der vertraglich geschuldete Lieferumfang wird den Parteien ausdrücklich vor Augen geführt und das Risiko von Missverständnissen sowie Irrtümern diesbezüglich minimiert.

Liegt keine konkrete vertragliche Regelung zu der Frage vor, welche Zubehörteile vertraglich geschuldet werden, bereitet die abstrakte Bestimmung des Zubehörs, das Bestandteil einer vertragsgemäßen Lieferung sein muss, indes Schwierigkeiten.[371]

Der jeweilige Wortlaut von Art. 7 Abs. 1 c Warenkaufrichtlinie, Art. 100 e GEK und Art. IV.A.-2:302 e DCFR stellt auf diejenigen Zubehörteile ab, deren Erhalt der Käufer vernünftigerweise erwarten kann. Die Formulierung, insbesondere die in Art. 7 Abs. 1 c Warenkaufrichtlinie und Art. IV.A.-2:302 e DCFR enthaltene Einschränkung „vernünftigerweise" bezie-

---

369 So auch *Boerner* in ZIP 2001, 2264, 2267; Staudinger/*Matusche-Beckmann*, BGB, 2014, § 434 Rn. 130; *Tiedtke/Schmitt* in DB 2005, 1555, 1559; MüKoBGB/*Westermann*, 2019, § 434 Rn. 41.

370 Art. IV.A.-2:301 DCFR, Comment D, Conformity includes incidental matters, 1299.

371 Schmidt-Kessel/*Remien*, Der Entwurf für ein gemeinsames Europäisches Kaufrecht, Art. 100 Rn. 6.

hungsweise „*reasonably*", legt eine Orientierung an der Verkehrsauffassung nahe. Im deutschen Recht ist diese Regelungstechnik aus Art. 2 Abs. 2 d Verbrauchsgüterkaufrichtlinie und dieser folgend § 434 Abs. 1 Nr. 2 BGB durchaus bekannt.[372] Danach käme es auf den Erwartungshorizont eines vernünftigen Käufers in der Situation des den Vertrag schließenden Käufers an.[373] Neben den konkreten Umständen des Einzelfalles kann dieser Erwartungshorizont in erster Linie durch einen Vergleich mit anderen Stücken derselben Gattung ermittelt werden. Der Käufer dürfte also den Erhalt derjenigen Zubehörteile erwarten, die bei Kaufsachen einer bestimmten Gattung üblicherweise vom Lieferumfang umfasst sind. In diesem Sinne ist auch in der Kommentierung zu Art. IV.A.-2:302 DCFR festgehalten, dass Zubehörteile dann zum geschuldeten Lieferumfang gehören sollten, wenn es üblich ist, dass diese im Preis enthalten sind.[374] Auch an dieser Stelle wird im Einzelfall eine angemessene Definition der konkreten Gattung erforderlich sein. Dabei wird auf die regulären Kriterien abzustellen sein, sodass einerseits Produkte desselben Typs und desselben Herstellers, aber auch Konkurrenzprodukte derselben Art aus demselben Preissegment, in die Betrachtung einfließen.[375]

Im Hinblick auf den Regelungszweck kann im Einzelfall auch auf die Frage abgestellt werden, welche Zubehörteile Einfluss auf die Verwendbarkeit der Kaufsache haben.[376] Eine solche Herangehensweise würde dazu führen, dass der Käufer diejenigen Zubehörteile erwarten darf, ohne die ein Gebrauch der Kaufsache nicht möglich ist. Folge wäre, dass bei einer Prüfung der Frage, ob die Vertragsmäßigkeit aufgrund der Nicht-Lieferung von Zubehörteilen gestört ist, stets auch geprüft werden müsste, welche Verwendungseignung aufgrund des Kaufvertrags geschuldet wird.

Insbesondere wenn die geschuldete Verwendungseignung anhand objektiver Parameter bestimmt wird, wäre dann weiter fraglich, ob nur

---

372 BeckOK BGB/*Faust*, Stand 1.8.2020, § 434 Rn. 59.

373 In diesem Sinne lautet Erwägungsgrund 24 zur Warenkaufrichtlinie: *„Der Standard für „Vernünftigkeit" bzw. „Angemessenheit" sollte objektiv unter Berücksichtigung der Art und des Zwecks des Vertrags, der Umstände des Einzelfalls und der Gebräuche und Gepflogenheiten der Vertragsparteien bestimmt werden."*.

374 Art. IV.A.-2:302 DCFR, Comment B, Default requirements of conformity, Accessories, *1310*: *„Obviously, these items could be sold separately, but should be covered by the conformity obligation if it is customary that they are included in the price and if the buyer can therefore reasonably expect them."*.

375 BGH NJW 2019, 292, 294; BGH NJW 2011, 2872, 2873; OLG Stuttgart NJW-RR 2006, 1720, 1722; BeckOK BGB/Faust, Stand 1.8.2020, § 434 Rn. 59 ff; *Reinking* in DAR 2002, 15, 16.

376 Schulze/*Zoll*, CESL, 2012, Art. 99 Rn. 24, Art. 100 Rn. 13.

diejenigen Zubehörteile geschuldet sind, die für die Nutzung der Grundfunktionen der Kaufsache erforderlich sind. Es könnten demgegenüber auch alle Zubehörteile geschuldet sein, die benötigt werden, damit die Kaufsache ihr volles Potenzial entfalten kann. Letzteres ist insbesondere im Hinblick darauf, dass von der Warenkaufrichtlinie verstärkt auch Waren mit digitalen Elementen in den Blick genommen werden,[377] allerdings kaum denkbar. Aus Art. 3 Abs. 3[378] der Warenkaufrichtlinie ergibt sich, dass die Richtlinie bei solchen Waren nicht nur für den körperlichen Gegenstand der Ware gilt. Umfasst sind vielmehr diejenigen digitalen Inhalte und Dienstleistungen, die in den Waren enthalten oder mit ihnen verbunden sind und gemäß dem Kaufvertrag bereitgestellt werden. Die Beispiele eines Smartphones oder einer Smartwatch zeigen, dass die Erweiterungsmöglichkeiten für die Nutzbarkeit solcher Waren geradezu unbegrenzt wären. Jede Aktualisierung der mit der Kaufsache verbundenen digitalen Inhalte kann dem Käufer neue Funktionsweisen erschließen, für die zusätzliche Zubehörteile erforderlich sein können. Beispielhaft für die vielfältige Menge solcher Zubehörteile können Halterungen genannt werden, die erforderlich sind, um ein Smartphone auf dem Fahrrad oder im Auto verkehrssicher als Navigationsgerät nutzen zu können. Dasselbe gilt für Pulsgürtel, mithilfe derer auf einem Smartphone eine Überprüfung des Fitnesszustands und Trainingsfortschritts des Nutzers erfolgen kann. Eine objektive Verpflichtung zur Lieferung aller Zubehörteile, die für jede denkbare Nutzung einer solchen Kaufsache benötigt werden, wäre geradezu innovationsfeindlich. Um den geschuldeten Lieferumfang auf ein angemessenes und leistbares Ausmaß einzugrenzen, wären die Hersteller gezwungen, ausschließlich Waren mit von Beginn an begrenzten Nutzungsmöglichkeiten zu entwickeln. Dass eine solche bewusste Beschränkung der Funktionsvielfalt das Anliegen des Gesetzgebers gewesen sein könnte, ist

---

377 Art. 2 Ziff. 5 b) Warenkaufrichtlinie; *Kern* in Das neue europäische Gewährleistungsrecht, 2019, 33, 35, 50.

378 Art. 3 Abs. 3 Warenkaufrichtlinie lautet: „*Diese Richtlinie gilt nicht für Verträge über die Bereitstellung von digitalen Inhalten oder digitalen Dienstleistungen. Sie gilt jedoch für digitale Inhalte oder digitale Dienstleistungen, die im Sinne von Art. 2 Nummer 5 Buchstabe b in Waren enthalten oder mit ihnen verbunden sind und gemäß dem Kaufvertrab mit diesen Waren bereitgestellt werden, unabhängig davon, ob diese digitalen Inhalte oder digitalen Dienstleistungen vom Verkäufer oder von einem Dritten bereitgestellt werden. Bestehen Zweifel, ob die Bereitstellung enthaltener oder verbundener digitaler Inhalte oder digitaler Dienstleistungen Bestandteil des Kaufvertrags ist, so wird vermutet, dass die digitalen Inhalte oder digitalen Dienstleistungen vom Kaufvertrag umfasst sind.*“.

ausgeschlossen.[379] Erklärtes Ziel der Warenkaufrichtlinie ist es vielmehr, nachhaltige Verbrauchergewohnheiten und eine nachhaltige Kreislaufwirtschaft zu fördern.[380] Diesem Ziel würde es zuwider laufen, wenn die Hersteller gezwungen wären, ihre Produkte so auszugestalten, dass mit jedem kleinsten Innovationsschritt und jeder sich daraus ergebenden möglichen Funktionsergänzung ein neues Produkt angeschafft werden muss. Die Frage nach den im Einzelfall geschuldeten Funktionen einer Kaufsache ist vielmehr wiederum unter Rückgriff auf die Verkehrsauffassung zu beantworten. Vom Lieferumfang umfasst sein müssen danach die Zubehörteile, die einen Durchschnittskäufer in die Lage versetzen, diejenigen Funktionen der Kaufsache zu nutzen, die er bei objektiver Betrachtung von einer Sache derselben Gattung in ihrer Grundausstattung erwarten darf.

Keine der Regelungen enthält eine Aussage zur Qualität des vom Verkäufer zu liefernden Zubehörs. Fasst man mit der hier vertretenen Auffassung Zubehörteile unter den Gesichtspunkten der Beschaffenheit und der Verwendungseignung als Bestandteil der Kaufsache auf, müssen die in den Regelwerken enthaltenen Vertragsmäßigkeitstatbestände regulär auch auf Zubehörteile angewendet werden. Das gilt auch dann, wenn die Verpflichtung zur Lieferung des Zubehörs eine zusätzliche, ausdrückliche Regelung gefunden hat. Auch in diesem Fall sind Zubehörteile Bestandteil der vom Verkäufer aufgrund des Kaufvertrags geschuldeten Lieferung, die in ihrer Gesamtheit für die Vertragsmäßigkeit der Ware erheblich ist.

III. Anwendungsfälle

Konkret wird die Frage des geschuldeten Zubehörs insbesondere im Zusammenhang mit dem Fehlen und der Mangelhaftigkeit von Anleitungen und der Verpackung diskutiert.

---

379 In diesem Sinne dürfte auch Erwägungsgrund 30 zur Warenkaufrichtlinie zu verstehen sein, der sich auf Aktualisierungen bezieht und damit in erster Linie digitale Inhalte betrifft. Dieser lautet: „*Die Pflicht des Verkäufers sollte sich auf die Aktualisierungen beschränken, die notwendig sind, damit diese Waren den in dieser Richtlinie festgelegten objektiven und subjektiven Anforderungen an die Vertragsmäßigkeit weiterhin genügen. Sofern die Parteien vertraglich nichts anderes vereinbart haben, sollte der Verkäufer weder verpflichtet sein, verbesserte Versionen des digitalen Inhalts oder der digitalen Dienstleistung der Waren zur Verfügung zu stellen, noch die Funktionen der Waren zu verbessern oder auszuweiten, soweit dies über die Anforderungen an die Vertragsmäßigkeit hinausgeht.*“.

380 Siehe Erwägungsgründe 32 und 48 zur Warenkaufrichtlinie.

1. Anleitungen

Anleitungen entfalten beim Verkauf von Waren insbesondere in der Form von Gebrauchsanleitungen und Montageanleitungen Relevanz. Diese können unter Umständen schwierig voneinander abzugrenzen sein.

Der Begriff Montage oder Installation deutet zunächst auf den erstmaligen Aufbau und die Inbetriebnahme hin. Der Begriff des Gebrauchs impliziert demgegenüber die fortwährende Verwendung. Es gibt allerdings Produkte, deren reguläre Benutzung immer wiederkehrende Montagetätigkeiten beinhaltet. Dies gilt zum Beispiel für die Befestigung eines Dachgepäckträgers am Kfz oder den Anschluss eines Beamers an einen Laptop. Solche Tätigkeiten finden beim Gebrauch dieser Sachen wesentlich häufiger statt als ein einmaliger Aufbau und eine erste Installation. Es ist deshalb überzeugender, Anleitungen, in denen diese Arbeitsschritte beschreiben werden, nicht als Montageanleitungen, sondern als Bedienungsanleitungen aufzufassen.[381] Anders werden Anleitungen zum Zusammenbau von Möbeln zu beurteilen sein. Hierbei handelt es sich, jedenfalls nach dem ausdrücklichen Willen des deutschen Gesetzgebers, um Montageanleitungen.[382] Das gilt auch dann, wenn diese unter Umständen wieder auseinandergenommen und später neu zusammengesetzt werden können, um ihren Transport beispielsweise im Rahmen eines Umzugs zu erleichtern.

a) Montage- und Installationsanleitungen

Eine Sonderbehandlung erfahren in allen untersuchten Regelwerken die Montageanleitungen.

---

381 So auch BeckOK BGB/*Faust*, Stand 1.8.2020, § 434 Rn. 99; Schulze HK-BGB/*Saenger*, 2019, § 434 Rn. 19; aA *Reinking* in DAR 2002, 15, 17.

382 Fraktionsentwurf, BT Drs. 14/6040, 215.

(1) Warenkaufrichtlinie, GEK-E und DECFR

In Art. 6 c[383] und Art. 7 Abs. 1 c[384] Warenkaufrichtlinie werden Montage- und Installationsanleitungen als Sonderformen der sonst nur allgemein genannten, anderen Anleitungen explizit herausgegriffen. Dabei behandelt Art. 6 c Warenkaufrichtlinie die im Kaufvertrag bestimmten Anleitungen inklusive Montage- und Installationsanleitungen. Art. 7 Abs. 1 c Warenkaufrichtlinie regelt, dass der Verkäufer zusätzlich diejenigen Montage- und Installationsanleitungen und anderen Anleitungen zu liefern verpflichtet ist, deren Erhalt der Käufer vernünftigerweise erwarten kann. Zusätzlich regelt Art. 8 b[385] Warenkaufrichtlinie den Fall, dass sich eine Vertragswidrigkeit der Ware aus einer unsachgemäßen Montage durch den Verbraucher ergibt, die auf einen Mangel in der Montageanleitung zurückzuführen ist. Auf der Grundlage von Art. 6 c und Art. 7 Abs. 1 c beseitigt eine mangelhafte Montage- oder Installationsanleitung also auch dann die Vertragsmäßigkeit, wenn die Montage fehlerfrei gelingt.[386]

383 Art. 6 c) Warenkaufrichtlinie lautet: „*Die Waren entsprechen dem Kaufvertrag, insbesondere wenn sie, soweit dies anwendbar ist,*
c) wie im Kaufvertrag bestimmt mit sämtlichem Zubehör und Anleitungen, einschließlich Montage- oder Installationsanleitungen, geliefert werden (...).“.

384 Art. 7 I c Warenkaufrichtlinie lautet: „*Zusätzlich zur Einhaltung der subjektiven Anforderungen an die Vertragsmäßigkeit müssen die Waren*
c) soweit anwendbar, mit solchem Zubehör einschließlich Verpackung, Montage- oder Installationsanleitungen und anderen Anleitungen geliefert werden, deren Erhalt der Verbraucher vernünftigerweise erwarten kann, (...).“.

385 Art. 8 b) Warenkaufrichtlinie lautet: „*Jede Vertragswidrigkeit, die durch die unsachgemäße Montage oder Installierung der Waren verursacht wird, ist als Vertragswidrigkeit der Waren anzusehen, wenn*
(...)
b) die vom Verbraucher vorzunehmende Montage oder Installierung von diesem getätigt wurde und die unsachgemäße Montage oder Installierung auf einen Mangel in der vom Verkäufer oder, im Falle von Waren mit digitalen Elementen, vom Verkäufer oder vom Anbieter der digitalen Inhalte oder digitalen Dienstleistungen mitgelieferten Anleitung zurückzuführen ist.“.

386 *Faust* in Gemeinsames Europäisches Kaufrecht für die EU?, 2012, 161, 167; *Lorenz* in AcP 212, 2012, 702, 727; Schmidt-Kessel/*Remien*, Der Entwurf für ein gemeinsames Europäisches Kaufrecht, Art. 101 Rn. 6.

Eine strukturell gleiche Regelungstrias enthalten auch Art 99[387], Art. 100 e[388] und Art. 101 Abs. 1 b[389] GEK-E. Auch hier werden Montageanleitungen herausgegriffen und den anderen Anleitungen gegenübergestellt. Auch nach dem GEK-E sollen Montageanleitungen dann Relevanz erhalten, wenn sie vertraglich geschuldet sind oder vom Verbraucher erwartet werden dürften. Auch nach dem GEK-E sollen durch einen Montagefehler seitens des Verbrauchers verursachte Vertragswidrigkeiten dann eine rechtlich erhebliche Vertragswidrigkeit der Ware darstellen, wenn der Montagefehler auf einen Mangel in der Montageanleitung zurückzuführen ist.

Art. IV.A.-2:301, Art. IV.A.-2:302 und Art. IV.A.-2:304 DCFR stimmen inhaltlich mit den Regelungen des GEK-E überein.

Die Regelungen der Montageanleitungen in diesen drei Texten stimmen inhaltlich im Grunde vollständig überein. Im Rahmen der Warenkaufrichtlinie tritt der Begriff der Installationsanleitungen hinzu. Jedenfalls in Bezug auf analoge Produkte werden die Begriffe der Montage und der Installation synonym gebraucht.[390] Die ausdrückliche Aufnahme des Begriffs „Installationsanleitung" in die Warenkaufrichtlinie erklärt sich aber durch den im Vergleich zu den anderen Texten erweiterten Fokus der Richtlinie auf Waren mit digitalen Elementen. In diesem Zusammenhang dürfte der Begriff der Installation jedenfalls gebräuchlicher, darüber hinaus aber wohl auch inhaltlich treffender, als derjenige der Montage sein.[391]

---

387 Art. 99 Abs. 1 (c) GEK-E lautet: *„Die Waren oder digitalen Inhalte sind vertragsgemäß, wenn sie*
(...)
(c) den Anforderungen des Vertrags entsprechend mit sämtlichem Zubehör, Montageanleitungen oder anderen Anleitungen geliefert werden.".

388 Art. 100 e) GEK-E lautet: *„Die Waren oder digitalen Inhalte müssen:*
(e) mit solchem Zubehör, Montageanleitungen und anderen Anleitungen geliefert werden, deren Erhalt der Käufer erwarten kann;".

389 Art. 101 Abs. 1 (b) GEK-E lautet: *"Werden Waren oder digitale Inhalte, die aufgrund eines Verbraucherkaufvertrags geliefert wurden, unsachgemäß montiert oder installiert, ist jede hierdurch verursachte Vertragswidrigkeit als Vertragswidrigkeit der Waren oder digitalen Inhalte anzusehen, wenn*
(...)
(b) die Waren oder digitalen Inhalte zur Montage oder Installierung durch den Verbraucher bestimmt waren und die unsachgemäße Montage oder Installierung auf einen Mangel in der Anleitung zurückzuführen ist.".

390 Siehe „Installation" in Duden Online, https://www.duden.de/node/251541/revision/669291, Synonyme zu Installation.

391 Siehe dazu die Bedeutungshinweise zu dem Wort „Installation" auf https://www.duden.de/node/71464/revision/536678, die ausdrücklich auf das Installieren eines Computerprogramms oder eines Modems eingehen. Demgegenüber stellen

(2) Verbrauchsgüterkaufrichtlinie und BGB

Von diesem grundsätzlich einheitlichen Bild weichen sowohl der Wortlaut der Verbrauchsgütekaufrichtlinie als auch derjenige des BGB ab.

Zwar enthält auch Art. 2 Abs. 5 S. 2[392] Verbrauchsgüterkaufrichtlinie eine Regelung zur Montageanleitung. Er behandelt den aus einer unsachgemäßen Montage durch den Verbraucher resultierenden Mangel des Verbrauchsgutes für den Fall, dass die unsachgemäße Montage auf einen Mangel in der Montageanleitung zurückzuführen ist.[393] Anders als in den anderen untersuchten europäischen Texten ist in der Verbrauchsgüterkaufrichtlinie aber keine grundsätzliche Regelung zur Verpflichtung des Verkäufers enthalten, eine (korrekte) Montageanleitung zu liefern.

Im BGB ist der Fall einer mangelhaften Montageanleitung der einzige aus dem Bereich des Zubehörs, der mit § 434 Abs. 2 S. 2 BGB eine Regelung erfährt. Eine mangelhafte Montageanleitung wird dort für diejenigen Fälle als Sachmangel identifiziert, in denen die Kaufsache zusätzlich fehlerhaft montiert worden ist.

Mit dieser Vorschrift sollte Art. 2 Abs. 5 S. 2 der Verbrauchsgüterkaufrichtlinie umgesetzt werden. Fraglich ist allerdings, ob dieser Umsetzungsversuch gelungen ist. Die Verbrauchsgüterkaufrichtlinie stellt auf die infolge einer fehlerhaften Montage mangelhafte Kaufsache ab. Der Effekt dieser Vorschrift besteht damit in erster Linie in einer Verlängerung der Haftung des Verkäufers über den Gefahrübergang hinaus bis zum Zeitpunkt der fehlerhaften Montage. Demgegenüber erklärt § 434 Abs. 2 S. 2 BGB die mangelhafte Montageanleitung selbst zum Sachmangel. Während die Auswirkungen der fehlerhaften Montage auf die Kaufsache im Wortlaut des § 434 Abs. 2 S. 2 BGB keinen Niederschlag finden, erhebt diese Vorschrift die fehlerhafte Montage im Wege eines Ausschlusstatbestands zur Voraussetzung dafür, dass die mangelhafte Montageanleitung ein Mangel

---

die Bedeutungshinweise zu dem Wort „Montage“ auf https://www.duden.de/node/98870/revision/501144 auf das Aufstellen oder Zusammensetzen einer Sache aber auch das Anschließen einer Maschine ab.

392 Art. 2 Abs. 5 Verbrauchsgüterkaufrichtlinie lautet: *„Ein Mangel infolge unsachgemäßer Montage des Verbrauchsgutes wird der Vertragswidrigkeit gleichgestellt, wenn die Montage Bestandteil des Kaufvertrags über das Verbrauchsgut war und vom Verkäufer oder unter dessen Verantwortung vorgenommen wurde. Das gleiche (sic!) gilt, wenn das zur Montage durch den Verbraucher bestimmte Erzeugnis vom Verbraucher montiert worden ist und die unsachgemäße Montage auf einen Mangel in der Montageanleitung zurückzuführen ist.“*.

393 Siehe dazu auch Kapitel G. Montage.

der Kaufsache bleibt. Eine fehlerhafte Montage erhält also die aus einer mangelhaften Montageanleitung fließende Mangelhaftigkeit der Kaufsache auch dann aufrecht, wenn sie weder zu einer Beschädigung der Kaufsache noch zu einer Beeinträchtigung ihrer Verwendungseignung geführt hat. Eine mangelhafte Montageanleitung soll aber dann nicht beachtlich sein, wenn die mangelfreie Montage der Kaufsache trotz dieses Fehlers gelingt. In diesem Ausschlusstatbestand liegt die eigentliche Bedeutung der Vorschrift.[394]

Nach der hier vertretenen Auffassung können das Fehlen und die Mangelhaftigkeit von Zubehörteilen, die für eine Verwendung der Kaufsache erforderlich sind, die Mangelfreiheit der Kaufsache bereits auf Grundlage der Beschaffenheits- und Verwendungseignungstatbestände beseitigen. Ohne die Spezialregelung in § 434 Abs. 2 S. 2 BGB hätten darunter auch Fälle mangelhafter Montageanleitungen subsumiert werden können. Vor diesem Hintergrund stellt § 434 Abs. 2 S. 2 BGB keine Erweiterung des Sachmangelbegriffs, sondern vielmehr eine Beschränkung der Gewährleistungshaftung des Verkäufers dar.[395] Das besondere Geschick eines Monteurs bei der Montage führt dazu, dass ein vor der Montage vorhandener Sachmangel verschwindet und die Gewährleistungsrechte des Käufers entfallen.

Faust vermutet, der Fall einer mangelhaften Anleitung falle unter den allgemeinen Mangeltatbestand des Art. 2 Abs. 1[396] Verbrauchsgüterkaufrichtlinie.[397] Ob diese Vermutung zutrifft, muss im Hinblick auf die bereits in Kraft gesetzte Warenkaufrichtlinie nicht mehr untersucht werden. Jedenfalls unter dem Regime der Warenkaufrichtlinie verhindert § 434 Abs. 2 S. 2 BGB eine ausreichende Umsetzung. Nach der Art. 6 c und Art. 7 Abs. 1 c Warenkaufrichtlinie beseitigt das Fehlen einer geeigneten Montage- oder Installationsanleitung ausdrücklich die Vertragsmäßigkeit der Ware. Eine Wiederherstellung der Vertragsmäßigkeit durch eine dennoch geglückte Montage bzw. Installation durch den Käufer enthält die Warenkaufrichtlinie nicht.

§ 434 Abs. 2 S. 2 BGB muss deshalb im Rahmen der Umsetzung der Warenkaufrichtlinie umgestaltet werden. Eine neue Regelung darf nicht

394 BeckOK BGB/*Faust*, Stand 1.8.2020, § 434 Rn. 97; *Haedicke* in ZGS 2006, 55, 56; Staudinger/*Matusche-Beckmann*, BGB, 2014, § 434 Rn. 121.

395 So auch BeckOK BGB/*Faust*, Stand 1.8.2020, ebd.

396 Art. 2 Abs. 1 Verbrauchsgüterkaufrichtlinie lautet: *„Der Verkäufer ist verpflichtet, dem Verbraucher dem Kaufvertrag gemäße Güter zu liefern.“*.

397 BeckOK BGB/*Faust*, Stand 1.8.2020, § 434 Rn. 97.

mehr dazu führen, dass eine geglückte Montage einen in dem Fehlen oder der Mangelhaftigkeit einer Montageanleitung angelegten Sachmangel beseitigt. Nach der hier vertretenen Auffassung wird bezweifelt, dass eine ausdrückliche Regelung von Montageanleitungen nach dem Vorbild der Art. 6 c und 7 Abs. 1 c Warenkaufrichtlinie erforderlich ist. Betrachtet man eine Umsetzung der Art. 6 und 7 Warenkaufrichtlinie isoliert, könnte dieses Ziel deshalb durch eine Streichung des § 434 Abs. 2 S. 2 BGB erreicht werden. Kapitel G wird allerdings zeigen, dass eine schlichte Streichung mit Blick auf die in Art. 8 Warenkaufrichtlinie geregelten Montagefehler nicht in Betracht kommt.

b) Bedienungsanleitungen

Bedienungsanleitungen erfahren in keinem der untersuchten Texte eine Sonderbehandlung. In der Warenkaufrichtlinie, dem GEK-E und dem DCFR sind sie unter die anderen Anleitungen zu subsumieren. Die Verbrauchsgüterkaufrichtlinie und das BGB enthalten keine Regelungen.

Die Lieferung einer tauglichen Bedienungsanleitung kann durch eine vertragliche Vereinbarung oder aufgrund objektiv geschützter Käufererwartungen auf der Grundlage der Verkehrsauffassung in das vertragliche Pflichtprogramm aufgenommen werden. Letzteres geschieht insbesondere dann, wenn die vertragsgemäße Benutzung der Kaufsache so schwierig ist, dass sie für den Durchschnittskäufer nur unter Zuhilfenahme einer Anleitung möglich ist.[398] So ist beim Verkauf von Elektrogeräten wie Haushaltsgeräten oder Unterhaltungselektronik die Lieferung einer Gebrauchsanleitung derart üblich, dass nicht ernsthaft bezweifelt werden kann, dass ein Käufer beim Erwerb eines solchen Produkts eine Anleitung zu seiner Benutzung erwarten darf.[399] Dies gilt auch im Hinblick auf die von der Warenkaufrichtlinie stärker in den Fokus genommenen Waren mit digitalen Elementen. Auch in Bezug auf diese wird der Käufer in aller Regel eine Gebrauchsanleitung erwarten dürfen.

---

398 Art. IV.A.-2:302 DCFR, Comment B, Default requirements of conformity, Instructions, 1310; BGH NJW 1989, 3222; OLG München MDR 2006, 1338, 1339; OLG Bremen OLGR Bremen 2002, 338; NK-BGB/*Büdenbender*, 2012, § 434 Rn. 30; BeckOK BGB/*Faust*, Stand 1.8.2020, § 434 Rn. 64; Staudinger/*Matusche-Beckmann*, BGB, 2014, § 434 Rn. 87; MüKoBGB/*Westermann*, § 434 Rn. 41.

399 So auch Art. IV.A.-2:302 DCFR, Comment B, ebd.

Im deutschen Recht ist streitig, ob die auf Montageanleitungen zugeschnittene Regelung des § 434 Abs. 2 S. 2 BGB auch auf Bedienungsanleitungen Anwendung findet.[400] Eine solche Anwendung des § 434 Abs. 2 S. 2 BGB auf Bedienungsanleitungen ist abzulehnen. Der in der Vorschrift enthaltene Ausschlussgrund kann allenfalls dann Anwendung finden, wenn sich das in einem Anleitungsfehler verborgene Risiko mit geglückter Erstmontage endgültig nicht verwirklicht hat. Sobald bei einem Käufer auch nach diesem Zeitpunkt der Bedarf nach einer fehlerfreien Anleitung besteht, wäre eine Anwendung der Regelung rechtspolitisch gänzlich verfehlt.[401] Exakt dieses Käuferbedürfnis trifft auf Bedienungsanleitungen zu. Die Bedienung einer Kaufsache ist nicht wie ihre Montage zu einem in der Regel kurz nach dem Gefahrübergang liegenden Zeitpunkt abgeschlossen. Je nach Art der Kaufsache dauert sie über kürzere oder längere Zeiträume hinweg an. Eine Bedienungsanleitung hat für den gesamten Zeitraum der Verwendung der Kaufsache Relevanz. Die von einigen Autoren vertretene Auffassung, die Mangelhaftigkeit entfalle dennoch dann, wenn der Käufer das Produkt trotz einer mangelhaften oder fehlenden Bedienungsanleitung benutzen könne,[402] stößt bei den von der Warenkaufrichtlinie in den Fokus aufgenommenen Produkten mit digitalen Elementen an ihre Grenzen. Je größer die Funktionsvielfalt einer Kaufsache ist, umso größere Bedeutung entfaltet die Bedienungsanleitung. Der Fall, dass ein Käufer bei einem hoch komplexen Produkt mit einer großen Funktionsvielfalt dessen gesamte Funktionalität nutzt und beherrscht, dürfte kaum eintreten. § 434 Abs. 2 S. 2 BGB ist deshalb nicht auf Fehler in einer Bedienungsanleitung anzuwenden.

Auch in Bezug auf Bedienungsanleitungen darf jedoch bezweifelt werden, dass eine ausdrückliche gesetzliche Regelung eines die Vertragsmäßigkeit beseitigenden Tatbestandes erforderlich ist. Bedienungsanleitungen

---

400 Gegen eine Gleichstellung: *Brand* ZGS 2003, 96, 97f.; *Boerner* in ZIP 2001, 2264; Staudinger/*Matusche-Beckmann*, BGB, 2014, § 434 Rn. 130; *Rappenglitz* in JA 2003, 35, 38; Reinicke/Tiedtke, KaufR, 2009, Rn. 352; *Tiedtke/Schmitt* in DB 2005, 1555, 1559; Palandt/*Weidenkaff*, BGB, 2021, § 434 Rn. 48; aA NK-BGB/*Büdenbender*, 2012, § 434 Rn. 62, wenn durch einen Fehler der Anleitung ein Fehler der Kaufsache entsteht; *Brüggemeier* in WM 2002, 1378; Erman/*Grunewald*, BGB, 2017, § 434 Rn. 59; Oetker/Maultzsch, VertraglSchuldverhältnisse, 2019, § 2 Rn. 89; *Wenzel* in DB 2003, 1887, 1889; *Westermann* in Die Schuldrechtsreform vor dem Hintergrund des Gemeinschaftsrechts, 2001, 109, 118.

401 In diesem Sinne auch BeckOK BGB/*Faust*, Stand 1.8.2020, § 434 Rn. 64.

402 Erman/*Grunewald*, BGB, 2017, § 434 Rn. 59; MüKoBGB/*Westermann*, 2019, § 434 Rn. 41.

stehen in einem besonders engen Zusammenhang zu der Verwendung der Kaufsache. Fehlt eine nach objektiver Verkehrsauffassung notwendige Bedienungsanleitung oder ist diese mangelhaft, beeinträchtigt das unweigerlich die Verwendungseignung der Kaufsache.[403] Ein Rückgriff auf eine vertragliche Nebenpflichtverletzung, wie ihn der Bundesgerichtshof vor der Schuldrechtsreform vornahm,[404] ist vor diesem Hintergrund nicht geboten. Es liegt vielmehr ein Sachmangel in der Gestalt einer Beeinträchtigung der Verwendungseignung vor, der über § 434 Abs. 1 S. 2 Nr. 2 BGB zu lösen ist.[405]

c) Form der Anleitungen

Keine der Vorschriften enthält eine Vorgabe dazu, in welcher körperlichen Form die Anleitungen geliefert werden müssen. Ein Käufer wird in diesem Zusammenhang erwarten dürfen, dass er keine besonderen Hürden überwinden muss, um die Anleitung zur Kenntnis zu nehmen. Als mangelhaft wird eine Anleitung deshalb dann anzusehen sein, wenn sie nur unter Verwendung technischer Hilfsmittel gelesen werden kann, mit deren Vorhandensein beim Käufer der Verkäufer nicht rechnen darf. Als problematisch werden daher vor allem solche Anleitungen angesehen, die nur im Internet abrufbar oder auf einem Datenträger gespeichert sind. Diese sollen nur dann ausreichen, wenn für die Nutzung der Kaufsache der Besitz eines Computers beziehungsweise Internetanschlusses zwingend erforderlich ist.[406] Im Hinblick auf die fortschreitende Technisierung, die spätestens mit der Warenkaufrichtlinie auch im Europäischen Verbraucherschutzrecht angekommen ist, wird sich diese Problematik zunehmend relativieren. Auch im Sinne der von der Warenkaufrichtlinie angestrebten Nachhaltigkeit sollten und werden digitale Anleitungen eine immer wichtigere Rolle spielen.

So wird es bereits heute ausreichen, wenn – wie es zum Beispiel bei Smartphones durchaus üblich ist – in Papierform nur eine rudimentäre

403 In diesem Sinne auch BeckOK BGB/*Faust*, Stand 1.8.2020, § 434 Rn. 64.

404 BGH NJW 1967, 1805.

405 So auch *Boerner* in ZIP 2001, 2264, 2267; *Haas* in HMRSW, Neues Schuldrecht, Kap. 5 Rn. 56, S. 120; Staudinger/*Matusche-Beckmann*, BGB, 2014, § 434 Rn. 131; Schulze HK-BGB/*Saenger*, 2019, § 434 Rn. 19.

406 BeckOK BGB/*Faust*, Stand 1.8.2020, § 434 Rn. 102.

Anleitung für die ersten Schritte geliefert wird und im Übrigen alle Informationen zur Benutzung der Kaufsache in dieser selbst gespeichert sind.

d) Inhalt der Anleitungen

Liefert der Verkäufer eine Anleitung, so werden die Mängeltatbestände der verschiedenen Regelwerke dann relevant, wenn die gelieferte Anleitung mangelhaft ist. Neben inhaltlichen Fehlern kommen dabei Situationen in Betracht, in denen ein Käufer die Anleitung nicht verstehen kann, weil sie für Laien unverständliche Fachausdrücke enthält oder in einer Fremdsprache oder unverständlichem Kauderwelsch formuliert ist. Denkbar ist auch, dass die Verständlichkeit daran scheitert, dass die erklärungsbedürftigen Gesichtspunkte in der Anleitung nicht hinreichend erklärt oder veranschaulicht werden.[407]

Keine der Regelungen zu Anleitungen enthält einen Hinweis darauf, in welcher Sprache die Anleitungen verfasst sein müssen. Die Frage wird im Einzelfall im Rahmen der Auslegung des Vertrags zu beantworten sein. Dabei sind auch hier zunächst die zwischen den Parteien getroffenen vertraglichen Vereinbarungen zu berücksichtigen.[408] Sind solche nicht getroffen worden, muss auf äußere Parameter, wie die Sprache, in der der Vertrag verfasst wurde, oder den Ort des Vertragsschlusses abgestellt werden.[409] So wird man auch ohne entsprechende vertragliche Regelung zu einem Sachmangel kommen, wenn eine Sache zwischen zwei in der EU ansässigen Parteien mit einem in englischer Sprache verfassten Vertrag verkauft wird und ausschließlich Anleitungen in chinesischer Sprache geliefert werden.[410]

Im Übrigen wird die Frage, wann eine Anleitung hinreichend verständlich ist, nur unter Berücksichtigung der Umstände des Einzelfalls zu beantworten sein. Man wird in jedem Fall erwarten dürfen, dass eine Anleitung den weit überwiegenden Teil der voraussichtlichen Käufer in die Lage versetzt, mit der Kaufsache umzugehen. Im deutschen Recht ist in Bezug auf Montageanleitungen umstritten, ob auf einen vernünftigen

---

407 Vgl. Erwägungsgrund 34 zur Warenkaufrichtlinie.

408 BeckOK BGB/*Faust*, Stand 1.8.2020, § 434 Rn. 100.

409 Art. IV.A.-2:302 DCFR, Comment B, Default requirements of conformity, Instructions, 1310f.

410 Art. IV.A.-2:302 DCFR, Comment B, ebd.; BeckOK BGB/*Faust*, Stand 1.8.2020, § 434 Rn. 102.

Durchschnittskäufer abgestellt werden kann.[411] *Faust* schlägt diesbezüglich eine Abstufung anhand der bei einem Missverständnis drohenden Folgen vor.[412] Ein solcher Ansatz ist aus rechtspolitischer Sicht durchaus nachvollziehbar. Fraglich ist allerdings, ob eine dem Verkäufer abzuverlangende Prognose, welche Folgen sich aus einem durch einen Fehler in der Anleitung provozierten, falschen Umgang mit der Kaufsache ergeben können, in jedem Fall möglich ist.

2. Verpackung

Einen weiteren Anwendungsfall aus dem Bereich des Zubehörs stellt die Verpackung dar.

Art. 7 Abs. 1 c[413] Warenkaufrichtlinie stellt klar, dass die Verpackung im Rahmen der Richtlinie als ein Bestandteil des Zubehörs aufzufassen ist. Folglich ist unter dem Regime der Warenkaufrichtlinie die Verpackung geschuldet, die im Kaufvertrag bestimmt ist[414] oder deren Erhalt der Käufer vernünftigerweise erwarten kann[415].

Die umfassendsten Regelungen zur Verpackung enthalten der GEK-E und der DCFR. Art. 99 Abs. 1 b[416] GEK-E sieht vor, dass die Ware vereinbarungsgemäß verpackt sein muss. Fehlt eine konkrete Vereinbarung, soll

---

411 *Tiedtke/Schmitt* in DB 2005, 1555, 1556 stellt auf den Durchschnitt der Käufergruppe mit den geringsten Fachkenntnissen ab; demgegenüber vertritt BeckOK BGB/*Faust*, Stand 1.8.2020, § 434 Rn. 100 die Auffassung es sei nicht akzeptabel alle unterdurchschnittlichen Käufer – was mehr als die Hälfte sein kann – an der Montage scheitern zu lassen.

412 BeckOK BGB/*Faust*, Stand 1.8.2020, ebd.

413 Art. 7 Abs. 1 c) Warenkaufrichtlinie lautet: „*Zusätzlich zur Einhaltung der subjektiven Anforderungen an die Vertragsmäßigkeit müssen die Waren*
(…)
c) soweit anwendbar, mit solchem Zubehör einschließlich Verpackung, Montage- oder Installationsanleitungen und anderen Anleitungen geliefert werden, deren Erhalt der Verbraucher vernünftigerweise erwarten kann,".

414 Art. 6 c) Warenkaufrichtlinie.

415 Art. 7 Abs. 1 c) Warenkaufrichtlinie.

416 Art. 99 Abs. 1 (b) GEK-E lautet: „*Die Waren oder digitalen Inhalte sind vertragsgemäß, wenn sie*
(…)
(b) hinsichtlich Behältnis oder Verpackung den Anforderungen des Vertrags entsprechen".

Art. 100 d[417] GEK-E greifen, nach dem die Kaufsache entweder in der üblichen Weise oder, falls es eine solche Weise ebenfalls nicht gibt, in einer für die Erhaltung und den Schutz der Sache angemessenen Weise verpackt sein muss. Diese Vorschriften entsprechen Art. IV.A.-2:301 b[418] bzw. Art. IV.A.-2:302 d[419] DCFR.

In § 434 BGB und Art. 2 Verbrauchsgüterkaufrichtlinie fehlen vergleichbare Vorschriften. Fraglich ist deshalb auch in Bezug auf die Verpackung, ob eine ausdrückliche Regelung der Verpackung erforderlich ist und die Sachmangeltatbestände des BGB zur Umsetzung der Warenkaufrichtlinie entsprechend ergänzt werden müssen.

Dafür spricht zunächst eine Entscheidung des Bundesgerichtshofs, der die Versendung einer geladenen und gefüllten Batterie ohne Verpackung im Jahr 1976 als Nebenpflichtverletzung einordnete.[420] In dieser Entscheidung erkannte der Bundesgerichtshof zwar an, dass ein Käufer aus einer schadhaften, unvollständigen oder fehlenden Verpackung der Kaufsache Gewährleistungsansprüche herleiten könne. Indem er im konkreten Fall allerdings von einer Nebenpflichtverletzung ausging, überwand er sowohl die kurze Verjährungsfrist des alten Kaufrechts als auch die den unternehmerischen Käufer im Rahmen eines Gewährleistungsanspruch treffende Rügepflicht nach dem Handelsgesetzbuch. Dies und die Tatsache, dass die Frage der Verpackung in § 434 BGB nicht ausdrücklich angesprochen wird, veranlasste die Autoren des DCFR zu der Vermutung, dass die deutsche Rechtsprechung Verpackungsmängel nicht über das Sachmängelgewährleistungsrecht lösen werde.[421]

Der Hauptzweck der Regelungen zur Verpackung lässt sich leicht aus dem Wortlaut von Art. 100 d GEK-E und Art. IV.A.-2:302 d DCFR ablei-

---

417 Art. 100 d) GEK-E lautet: *„Die Waren oder digitalen Inhalte müssen:*
(...)
in der für Waren dieser Art üblichen Weise oder, falls es eine solche Weise nicht gibt, in einer für die Erhaltung und den Schutz der Waren angemessenen Weise umschlossen und verpackt sein;".

418 Art. IV.A.-2:301 (b) DCFR lautet: *"The goods do not conform with the contract unless they:*
(...)
(b) are contained or packaged in the manner required by the contract;".

419 Art. IV.A.-2:302 (d) DCFR lautet: *„The goods must:*
(...)
d) be contained or packaged in the manner usual for such goods or, where there is no such manner, in a manner adequate to preserve and protect the goods;".

420 BGH NJW 1976, 1353.

421 Art. IV.A.-2:302 DCFR, Notes, V. Packaging, Note 14, 1315.

ten. Er besteht im Schutz der Ware. Die Rolle, die eine angemessene Verpackung beim Verkauf von Waren spielt, geht darüber aber hinaus. So soll eine zutreffende Etikettierung der Ware den Verbraucher vor Verwechslungen und Benutzungsfehlern schützen.[422] Daneben kann eine ordnungsgemäße Verpackung für den Weiterverkauf der Ware erheblich sein.[423] Dies gilt in erster Linie für den Verkauf unter Unternehmern. Nicht zuletzt im Hinblick auf den zunehmenden Online-Handel und die zunehmende Beliebtheit von gebrauchten Waren gewinnt die Weiterverkäuflichkeit aber auch für den Verbraucherbereich an Bedeutung.

An den Verpackungsregelungen des GEK-E wird kritisiert, dass eine fehlerhafte Verpackung auch dann zur Vertragswidrigkeit führt, wenn sie für den Käufer keine Auswirkungen hat.[424] Das ist etwa dann der Fall, wenn der Käufer die Ware trotz unzureichender Verpackung in vertragsgemäßem Zustand erhält und die Verpackung selbst keinen besonderen Zweck im Hinblick auf Weiterversand oder Lagerung erfüllt.[425] Diese Kritik kann ohne Weiteres auf die Regelungen der Warenkaufrichtlinie übertragen werden.

Sofern infolge unzureichender Verpackung eine Beschädigung der Kaufsache entsteht, kann auf den Mangel an der Kaufsache selbst abgestellt werden. Die Verpackung selbst kann dann insbesondere beim Schadensersatz auf der Ebene des Verschuldens eine Rolle spielen.[426]

In den Fällen, in denen eine bestimmte Verpackung für die vertragsgemäße Verwendung der Kaufsache erforderlich ist, steht wie bei den übrigen Zubehörteilen eine Lösung über die Verwendungseignungstatbestände in § 434 Abs. 1 S. 2 Nr. 1 und Nr. 2 BGB zur Verfügung.[427] Ein solcher Fall läge beispielsweise dann vor, wenn die vertraglich vereinbarte Verwendung einer Kaufsache nicht in einer bestimmten Benutzung der Sache, sondern in ihrem Weiterverkauf liegt. In aller Regel wird die Kaufsache dafür die Voraussetzungen des § 434 Abs. 1 S. 2 Nr. 2 BGB in Bezug auf den Endabnehmer erfüllen müssen. Der Zwischenkäufer darf deshalb erwarten, dass die Kaufsache nicht nur korrekt etikettiert, sondern auch

---

422 Art. IV.-5:102 DCFR, Comment A, General, Illustration 1, 3477; BeckOK BGB/*Faust*, Stand 1.8.2020, § 434 Rn. 70.

423 So auch BGH NJW 1976, 1353; BGH NJW 1958, 1724.

424 *Lorenz in AcP 212, 2012*, 702, 727; Schmidt-Kessel/*Remien*, Der Entwurf für ein gemeinsames Europäisches Kaufrecht, Art. 100 Rn. 5.

425 *Faust* in Gemeinsames Europäisches Kaufrecht für die EU?, 2012, 161, 165.

426 *Stieper* in AcP 208, 2008, 818, 833.

427 Vgl. BeckOK BGB/*Faust*, Stand 1.8.2020, § 434 Rn. 70; Soergel/*U. Huber*, BGB, 1991, § 459 Rn. 57 f.; Staudinger/*Matusche-Beckmann*, BGB, 2014, § 434 Rn. 251.

originalverpackt ist. Anderenfalls wäre sie nicht oder nur mit einem Preisabschlag verkäuflich und damit nur eingeschränkt für den Weiterverkauf geeignet.

Soll der Verpackung nach dem Vertrag eine besondere Bedeutung zukommen, ohne dass gleichzeitig eine Auswirkung auf die Verwendbarkeit der Kaufsache vorläge, ist eine Subsumtion unter den Beschaffenheitsbegriff möglich. Ein Mangel kann anschließend regulär über § 434 Abs. 1 S. 1 BGB begründet werden. Eine Subsumtion unter den Beschaffenheitsbegriff erlaubt einem Käufer über § 434 Abs. 1 S. 2 Nr. 2 BGB darüber hinaus, diejenige Verpackung zu verlangen, die bei Sachen der gleichen Art üblich ist.[428]

Wenn jedoch die Kaufsache selbst von einem Fehlen oder einer Beschädigung der Verpackung völlig unbeeinträchtigt bleibt und eine bestimmte Form oder Güte der Verpackung selbst weder üblich noch vertraglich vereinbart ist und auch für die Verwendung der Sache keine Rolle spielt, so besteht kein legitimes Schutzinteresse des Käufers dahin gehend, aufgrund eines Mangels bei der Verpackung mit sämtlichen Gewährleistungsrechten ausgestattet zu werden.

IV. Schlussfolgerungen zur Reformbedürftigkeit des Mangelbegriffs hinsichtlich mitzuliefernden Zubehörs

Nach dem hier vertretenen, auf der Funktionalität der Kaufsache aufbauenden Ansatz wäre eine ausdrückliche Regelung des Zubehörs entbehrlich. Der direktere und das eigentliche Schutzbedürfnis des Käufers besser beschreibende Lösungsweg besteht in einer Lösung über die Zweck- oder Verwendungseignung.

Sinnstiftend für eine Regelung, nach der die unterbliebene Lieferung vertraglich geschuldeter Zubehörteile die Vertragsmäßigkeit der Ware beseitigt und die darauf zugeschnittenen Gewährleistungsrechte auslöst, bleiben lediglich Klarstellungszwecke. Für den Rechtsanwender werden durch sie Zweifel darüber beseitigt, ob im Falle nicht gelieferter Zubehörteile eine Lieferung nicht vertragsgemäßer beziehungsweise mangelhafter Ware oder eine sonstige Vertragsverletzung vorliegt. Gerade wenn die zu liefernden Zubehörteile im Kaufvertrag ausdrücklich bezeichnet werden, könnte das auch als teilweise Nichtlieferung nicht gleichartiger Waren aufgefasst

---

428 Vgl. BeckOK BGB/*Faust*, Stand 1.8.2020, ebd.; Soergel/*U. Huber*, BGB, 1991, ebd.; Staudinger/*Matusche-Beckmann*, BGB, 2014, ebd.

werden. Eine eindeutige gesetzliche Regelung stellt in diesem Zusammenhang klar, dass Sachmängelgewährleistungsrecht und nicht allgemeines Leistungsstörungsrecht anzuwenden ist.

V. Kritik am aktuellen Stand der Umsetzung

Die Lieferung von nach dem Kaufvertrag geschuldetem Zubehör wird im Umsetzungsvorschlag des Referentenentwurfs als neue Anforderung an die Mangelfreiheit der Kaufsache in § 434 BGB aufgenommen. Den Regelungen in der Warenkaufrichtlinie entsprechend wird die Lieferung von Zubehör dabei sowohl in § 434 Abs. 2 Nr. 3[429] BGB Fassung im Referentenentwurf zur subjektiven Anforderung an die Mangelfreiheit als auch in § 434 Abs. 3 Nr. 4[430] BGB Fassung im Referentenentwurf zur objektiven Anforderung an die Mangelfreiheit gemacht. Nach der hier vertretenen Auffassung wäre eine solche Ergänzung des Sachmangeltatbestandes unter rechtlichen Gesichtspunkten nicht erforderlich gewesen. Sie ist allerdings auch nicht schädlich. Im Hinblick auf die stärkere Ausrichtung des Gewährleistungsrechts auf Sachen mit digitalen Elementen ist die Ergänzung außerdem leicht nachzuvollziehen, da diese, um ihre Funktion zu erfüllen, besonders häufig Zubehörteile wie Ladekabel oder Befestigungen erfordern.

Montageanleitungen werden als Bestandteil einer neuen Kategorie von Anforderungen, im Referentenentwurf als „*Montageanforderungen*" bezeichnet, geregelt. § 434 Abs. 4[431] BGB nach Referentenentwurf stellt dabei ebenso wie der geltende § 434 Abs. 2 BGB unmittelbar auf die Montage ab. Eine Auswirkung der fehlerhaften Montage auf die Kaufsache selbst

---

429 Referentenentwurf, 3 f., siehe dort Art. 1 Nr. 1, § 434 Abs. 2 S. 1 Nr. 3; dieser lautet: „*(2) Die Sache entspricht den subjektiven Anforderungen, wenn sie*
(…)
3. mit dem im Vertrag vereinbarten Zubehör und mit Anleitungen, einschließlich Montage- und Installationsanleitungen, übergeben wird.".

430 Referentenentwurf, ebd., siehe dort Art. 1 Nr. 1, § 434 Abs. 3 S. 1 Nr. 4; dieser lautet: "*(3) Die Sache entspricht den objektiven Anforderungen, wenn sie*
(…)
4. mit dem Zubehör einschließlich der Verpackung, der Montage- oder Installationsanleitung sowie anderen Anleitungen übergeben wird, deren Erhalt der Käufer erwarten kann.".

431 Referentenentwurf, 4, siehe dort Art. 1 Nr. 1, § 434 Abs. 4; dieser lautet: „*(4) Die Sache entspricht den Montageanforderungen, wenn*
die Montage sachgemäß durchgeführt worden ist oder

wird danach weiterhin nicht verlangt. Nach dem Umsetzungsvorschlag des Referentenentwurfs wird damit die bereits seit Umsetzung der Verbrauchsgüterkaufrichtlinie vorhandene Abweichung nicht beseitigt. An dieser Stelle sollte im Sinne einer richtlinienkonformen Umsetzung der Warenkaufrichtlinie nachgebessert werden.

Die gesonderte Regelung von Installationsanleitungen in § 475b Abs. 6[432] BGB Fassung im Referentenentwurf ist eine Folge der Aufspaltung des Mangelbegriffs und der damit verbundenen Sonderbehandlung von Waren mit digitalen Inhalten. Nach der hier vertretenen Auffassung sollte eine solche Aufspaltung, sofern irgend möglich, vermieden werden. Die Regelung des Zubehörs und konkret der Installationsanleitungen rechtfertigt die Aufspaltung nicht. Die Regelung der Installationsanleitungen in § 475b Abs. 6 BGB Fassung im Referentenentwurf ist im Wesentlichen gleichlautend mit derjenigen der Montageanleitungen in § 434 Abs. 4 BGB Fassung im Referentenentwurf. Der einzige Unterschied besteht darin, dass nach § 475b Abs. 6 BGB Fassung im Referentenentwurf eine Haftung des Verkäufers auch dann besteht, wenn eine fehlerhafte Installationsanleitung von demjenigen Dritten, der die digitalen Inhalte bereitgestellt hat, übergeben wurde und die Installation daraufhin scheitert. Diese Haftung des Verkäufers für einen aus einer fehlerhaften Installationsanleitung des Anbieters der digitalen Inhalte fließende Mangel der Kaufsache ist in der Warenkaufrichtlinie angelegt. Es ist darüber hinaus zuzugeben, dass der Anbieter der digitalen Inhalte nicht in jedem Fall als Erfüllungsgehilfe des Verkäufers aufgefasst werden kann. Die Verantwortlichkeit des Verkäufers für Fehler in einer Installationsanleitung des Anbieters der digitalen Inhalte ergibt sich deshalb nicht bereits aus allgemeinen Rechts-

---

die Montage zwar unsachgemäß durchgeführt worden ist, dies jedoch weder auf einer unsachgemäßen Montage durch den Verkäufer noch auf einem Mangel in der vom Verkäufer übergebenen Anleitung beruht.".

432 Referentenentwurf, 6 f., siehe dort Art. 1 Nr. 7, § 475b Abs. 6; dieser lautet: „*(6) Eine Sache mit digitalen Elementen entspricht*
den Montageanforderungen, wenn sie den Anforderungen des § 434 Absatz 4 entspricht, und
den Installationsanforderungen, wenn
die Installation der digitalen Elemente sachgemäß durchgeführt worden ist oder
die Installation zwar unsachgemäß durchgeführt worden ist, dies jedoch weder auf einer unsachgemäßen Installation durch den Unternehmer, noch auf einem Mangel der Anleitung beruht, die der Unternehmer oder derjenige übergeben hat, der die digitalen Elemente bereitgestellt hat.".

grundsätzen.[433] Eine ausdrückliche Regelung dieser Haftungserweiterung ist also erforderlich. Sie könnte indes ohne Weiteres in der allgemeinen Regelung des Sachmangels in § 434 BGB verortet werden. Die Regelung des Zubehörs hat seit dem Referentenentwurf bis zur finalen Fassung des Umsetzungsgesetzes keine Änderungen erfahren.[434]

---

433 Siehe zum Verzicht auf die Nennung des Erfüllungsgehilfen im Rahmen des § 434 Abs. 4 BGB Fassung im Referentenentwurf wegen der sich bereits aus allgemeinen Rechtsgrundsätzen ergebenden Haftung: Referentenentwurf, 23.

434 Allerdings wurde die Regelung des § 475b Abs. 6 für die endgültige Fassung des Umsetzungsgesetzes leicht verändert. Siehe dazu Kapitel G. Abschnitt V.

G. Montage

Eine besondere Rolle in Bezug auf die Vertragsmäßigkeit verkaufter Waren nimmt das Problem einer unsachgemäßen Montage der Waren ein. In allen untersuchten Regelwerken sind Regelungen zur Montage enthalten.

In der Warenkaufrichtlinie, dem DCFR und dem GEK-E hat das Thema der Montage sogar eine eigene, von den allgemeinen Vertragsmäßigkeitsvorschriften abgetrennte Regelung erfahren. Im BGB und der Verbrauchsgüterkaufrichtlinie dagegen wird die Montage als Bestandteil der allgemeinen Vorschriften zum Sachmangel bzw. zur Vertragsmäßigkeit behandelt. Unmittelbare Folgen, die sich aus dieser unterschiedlichen Behandlung ergeben, sind nicht ersichtlich. Sie mag allenfalls ein Hinweis darauf sein, dass Fragen der Montage und Installierung vom europäischen Rechtsaktgeber als zunehmend wichtig erachtet werden. Auch der Umstand, dass durch eine unsachgemäße Montage verursachte Vertragswidrigkeiten nach dem Wortlaut der Warenkaufrichtlinie, dem DCFR und dem GEK-E als Vertragswidrigkeiten der Ware aufzufassen sind, wohingegen sie diesen nach der Verbrauchsgüterkaufrichtlinie nur gleichgestellt waren, deutet darauf hin. Im Hinblick auf Waren mit digitalen Elementen, denen eine Installationsbedürftigkeit geradezu inhärent ist, dürfte diese Bewertung in tatsächlicher Hinsicht zu unterstützen sein.

Im deutschen Recht hat sich ein weiter Montage-Begriff etabliert, von dem alle Tätigkeiten erfasst sein sollen, die dem Käufer die Nutzung der Kaufsache ermöglichen.[435] Darunter fällt neben dem Zusammensetzen der Kaufsache selbst auch das Montieren derselben an anderen Sachen. Auch die Installation von Software auf einem Computer wird unter den Montage-Begriff subsumiert.[436] Eine gleichermaßen weite Auslegung der Montage-Regelungen ist auch in Bezug auf die europäischen Vorschriften geboten. Das zeigen zum einen die im DCFR enthaltenen Anwendungs-

435 BeckOK BGB/*Faust*, Stand 1.8.2014, § 434 Rn. 92; Reinicke/Tiedtke, KaufR, 2009, Rn. 338.

436 Fraktionsentwurf, BT Drs. 14/6040, 215; BeckOK BGB/*Faust*, Stand 1.8.2020, ebd.; *Reinking* in DAR 2002, 15,17; siehe auch BGH NJW 1989, 2118 zur Subsumtion unter den Montagebegriff, wenn der Verkäufer geliefertes Benzin beim Käufer in den falschen Tank pumpt.

beispiele.[437] Ein klarer Beleg ist auch die Tatsache, dass der Tatbestand in Art. 8 Warenkaufrichtlinie mit Blick auf Waren mit digitalen Elementen um den Begriff der Installierung erweitert worden ist.[438]

Allen Vorschriften ist gemein, dass sie sich in einem ersten Schritt auf die Montage durch den Verkäufer oder unter dessen Verantwortung konzentrieren und im zweiten Schritt auf eine Montage in der Sphäre des Käufers eingehen.[439]

Inhaltlich allerdings sind die Regelungen durchaus unterschiedlich. Fraglich ist, ob sich daraus im Hinblick auf die Umsetzung der Warenkaufrichtlinie ein Handlungsbedarf ergibt.

I. Unterschiede im Anwendungsbereich der Anforderung

Ein erster Unterschied besteht darin, dass sich Art. 101 GEK-E und Art. IV.A.-2:304 DCFR ausdrücklich nur auf Verbraucherkaufverträge beziehen. In Bezug auf die Warenkaufrichtlinie und die Verbrauchsgüterkaufrichtlinie ergibt sich diese Beschränkung bereits aus dem Anwendungsbereich der Richtlinien. Wie das gesamte Sachmängelgewährleistungsrecht mit Ausnahme der Spezialregelungen zum Verbrauchsgüterkauf ist auch die Relevanz einer unsachgemäßen Montage nach § 434 Abs. 2 BGB nicht auf Verbraucherkaufverträge beschränkt. Die Beschränkung des Anwendungsbereichs des Art. 100 GEK-E führte deshalb insbesondere in der deutschsprachigen Literatur zu massiver Kritik.[440] Tatsächlich ist ein sachlicher Grund für eine solche Beschränkung nicht ersichtlich. In Bezug auf die Montage von Waren sind Verbraucher nicht schlechter gestellt als Unternehmer. Insbesondere kann in diesem Zusammenhang nicht pauschal festgestellt werden, ein Unternehmer habe überlegenes Fachwissen,

437 Art. IV.A.-2:304 DCFR, Comments, siehe dort für die Installierung von Software insbesondere: Comment C, Incorrect installation by the seller or under the seller's responsibility, Illustration 2, 1323.

438 Siehe auch Erwägungsgrund 34 zur Warenkaufrichtlinie, der in Bezug auf die Montage explizit auf die Verwendbarkeit der Ware abstellt.

439 Zum Thema mangelhafter Montageanleitungen siehe Kapitel F. Abschnitt III. 1. a).

440 *Faust* in Gemeinsames Europäisches Kaufrecht für die EU?, 2012, 161, 168; *Lorenz* in AcP 212, 2012, 702, 729; Schmidt-Kessel/*Remien*, Der Entwurf für ein gemeinsames Europäisches Kaufrecht, Art. 101 Rn. 2; *Schopper* in Am Vorabend eines Gemeinsamen Kaufrechts, 2012, 107, 120.

aus dem sich eine geringere Schutzwürdigkeit ergebe.[441] Das gilt insbesondere für die jeweils erste Alternative der verschiedenen Regelungen zur Montage, nach der die Montage durch den Verkäufer geschuldet ist. Im Hinblick auf diese Kritik und die Struktur des deutschen Sachmängelgewährleistungsrechts ist nicht damit zu rechnen, dass der Anwendungsbereich des § 434 Abs. 2 BGB bei der Umsetzung der Warenkaufrichtlinie auf Verbraucherkaufverträge beschränkt wird. Eine solche Beschränkung des Anwendungsbereichs ist auch im Hinblick auf die Umsetzung der Warenkaufrichtlinie nicht erforderlich. Die Warenkaufrichtlinie stellt es den Mitgliedsstaaten ausdrücklich frei, die Anwendbarkeit der Vorschriften der Richtlinie auf Verträge außerhalb des Verbrauchsgüterkaufs auszudehnen.[442]

II. Unterschiede beim Anknüpfungspunkt für die Vertragswidrigkeit

Ein durchaus elementarer Gesichtspunkt, der die Regelung des BGB von allen anderen untersuchten Regelwerken unterscheidet, besteht darin, dass § 434 Abs. 2 S. 1 BGB für die Feststellung des Sachmangels auf die Montage selbst abstellt.[443] Die Montage als solche ist demgegenüber nicht Gegenstand der Regelungen in der Warenkaufrichtlinie, dem DCFR und dem GEK-E. Art. 8[444] Warenkaufrichtlinie, Art. IV.A.-2:304 DCFR[445] und

---

441 In diesem Sinne dürfte auch der Fraktionsentwurf zur Umsetzung der Verbrauchsgüterkaufrichtlinie zu verstehen sein, BT Drs. 14/6040, 216.

442 Erwägungsgrund 21 zur Warenkaufrichtlinie.

443 Fraktionsentwurf, BT Drs. 14/6040, 215; BeckOK BGB/*Faust*, Stand 1.8.2020, § 434 Rn. 95.

444 Art. 8 Warenkaufrichtlinie lautet: „*Jede Vertragswidrigkeit, die durch die unsachgemäße Montage oder Installierung der Waren verursacht wird, ist als Vertragswidrigkeit der Waren anzusehen, wenn*
a) die Montage oder Installierung Teil des Kaufvertrags ist und vom Verkäufer oder unter seiner Verantwortung vorgenommen wurde oder
b) die vom Verbraucher vorzunehmende Montage oder Installierung von diesem getätigt wurde und die unsachgemäße Montage oder Installierung auf einen Mangel in der vom Verkäufer oder, im Falle von Waren mit digitalen Elementen, vom Verkäufer oder vom Anbieter der digitalen Inhalte oder digitalen Dienstleistungen mitgelieferten Anleitung zurückzuführen ist.“.

445 Art. IV.A.-2:304 DCFR lautet: „*Where goods supplied under a consumer contract for sale are incorrectly installed, any lack of conformity resulting from the incorrect installation is regarded as a lack of conformity of the goods if:*
(a) the goods were installed by the seller or under the seller's responsibility; or

Art. 101 GEK-E[446] betreffen vielmehr jede durch eine unsachgemäße Montage oder Installierung verursachte Vertragswidrigkeit der Ware selbst. In diesem Sinne ist auch Art. 2 Abs. 5[447] Verbrauchsgüterkaufrichtlinie zu verstehen, der nicht die unsachgemäße Montage als solche, sondern einen Mangel infolge unsachgemäßer Montage der Vertragswidrigkeit gleichstellt. Die untersuchten europäischen Vorschriften enthalten folglich sämtlich einen zweigliedrigen Tatbestand, der sich aus einer unsachgemäßen Montage und einer daraus resultierenden Vertragswidrigkeit der Ware zusammensetzt. Dieser zweite Schritt ist in § 434 Abs. 2 BGB nicht angelegt. Dort wird die unsachgemäße Montage selbst einem Sachmangel gleichgestellt, wobei es nicht auf eine Auswirkung auf die Kaufsache als solche ankommt.[448]

Der von den europäischen Vorschriften angestrebte Effekt besteht jedoch nicht in der Begründung einer kaufrechtlichen Haftung des Verkäufers für Montagetätigkeiten, sondern in einer zeitlichen Fiktion.[449] Die Lieferung beziehungsweise Übergabe der Ware, die in allen Regelwerken den für die Feststellung einer Vertragswidrigkeit maßgeblichen Zeitpunkt darstellt, hat bei der Entstehung einer montagebedingten Vertragswidrigkeit häufig bereits stattgefunden. In diesen Fällen sollen die Gewährleistungs-

---

(b) the goods were intended to be installed by the consumer and the incorrect installation was due to a shortcoming in the installation instructions.".

446 Art. 101 GEK-E lautet: „*1. Werden Waren oder digitale Inhalte, die aufgrund eines Verbraucherkaufvertrags geliefert wurden, unsachgemäß montiert oder installiert, ist jede hierdurch verursachte Vertragswidrigkeit als Vertragswidrigkeit der Waren oder digitalen Inhalte anzusehen, wenn*
(a) die Waren oder digitalen Inhalte vom Verkäufer oder unter seiner Verantwortung montiert oder installiert wurden oder
(b) die Waren oder digitalen Inhalte zur Montage oder Installierung durch den Verbraucher bestimmt waren und die unsachgemäße Montage oder Installierung auf einen Mangel in der Anleitung zurückzuführen ist.
2. Die Parteien dürfen die Anwendung dieses Artikels nicht zum Nachteil des Verbrauchers ausschließen, davon abweichen oder dessen Wirkungen abändern.".

447 Art. 2 Abs. 5 Verbrauchsgüterkaufrichtlinie lautet: „*Ein Mangel infolge unsachgemäßer Montage des Verbrauchsgutes wird der Vertragswidrigkeit gleichgestellt, wenn die Montage Bestandteil des Kaufvertrags über das Verbrauchsgut war und vom Verkäufer oder unter dessen Verantwortung vorgenommen wurde. Das gleiche (sic!) gilt, wenn das zur Montage durch den Verbraucher bestimmte Erzeugnis vom Verbraucher montiert worden ist und die unsachgemäße Montage auf einen Mangel in der Montageanleitung zurückzuführen ist.*".

448 Fraktionsentwurf, BT Drs. 14/6040, 215; BeckOK BGB/*Faust*, Stand 1.8.2020, § 434 Rn. 95.

449 Schulze/*Zoll*, CESL, 2012, Art. 101 Rn. 3.

rechte des Käufers erhalten bleiben, wenn der Grund für die Vertragswidrigkeit in einer dem Verkäufer zuzurechnenden, unsachgemäßen Montage besteht. Die Vertragswidrigkeit manifestiert sich in diesen Fällen erst mit der Montage.[450]

Auch im deutschen Recht erfüllt die Regelung der unsachgemäßen Montage diesen Zweck. Die Regelung geht nach dem bewussten Willen des Gesetzgebers aber darüber hinaus und führt auch dann zu einem Sachmangel, wenn ausschließlich die Montage fehlerhaft ist und keine Beschädigung der Sache eintritt.[451] In der Begründung des Fraktionsentwurfs zur Umsetzung der Verbrauchsgüterkaufrichtlinie wird als Hintergrund zu § 434 Abs. 2 BGB nur auf die gebotene Umsetzung von Art. 2 Abs. 5 Verbrauchsgüterkaufrichtlinie Bezug genommen. *Faust* geht deshalb vermutlich zu Recht von einem gesetzgeberischen Missverständnis aus.[452]

Der Umstand, dass zur Begründung eines Sachmangels nach § 434 Abs. 2 BGB keine Auswirkung auf die Kaufsache selbst erforderlich ist, führt isoliert betrachtet zu keiner Schlechterstellung des Verbrauchers. Allerdings verlangt die Warenkaufrichtlinie als vollharmonisierende Richtlinie eine vollständige Umsetzung.[453] Das gilt insbesondere auch für die Regelungen zur Vertragsmäßigkeit.[454] Bei genauer Betrachtung führt das

---

450 Erwägungsgrund 40 zur Warenkaufrichtlinie deutet darüber hinaus an, bei montagebedürftigen Waren solle der Abschluss der Installierung als Lieferung der Ware fingiert werden, um so auch den Gefahrübergang zu verschieben. Zur Begründung wird dort angeführt, der Käufer sei in einigen Fällen erst mit Abschluss der Installierung in der Lage, die Ware zu verwenden oder die Vertragswidrigkeit zu erkennen. Im Hinblick auf die Regelung des Art. 8 Warenkaufrichtlinie ist eine Verschiebung des Gefahrübergangs allerdings weder erforderlich noch sinnvoll. Sie würde dazu führen, dass der Verkäufer bei bereits übergebener Ware bis zum Zeitpunkt der Montage die volle Gefahr der Beschädigung oder des Untergangs der Ware trägt. Überzeugend ist allerdings nur, dass der Verkäufer für diejenige Beschädigung und denjenigen Untergang der Ware haftbar gemacht werden kann, die durch eine unsachgemäße Montage zustande kommen. Dieser Effekt wird durch Art. 8 Warenkaufrichtlinie bereits erreicht. Im Übrigen trägt auch die für die Verschiebung angegebene Begründung nicht. Für die Entstehung von Gewährleistungsrechten ist der Zeitpunkt des Nutzungsbeginns ebenso unerheblich wie der Zeitpunkt, in dem der Mangel vom Käufer erkannt wird. Letzterer kann allenfalls in Bezug auf Beweisfragen eine Rolle spielen, die jedoch in Art. 11 Warenkaufrichtlinie eine umfassende Regelung erfahren.

451 Fraktionsentwurf, BT Drs. 14/6040, 215; BeckOK BGB/*Faust*, Stand 1.8.2020, § 434 Rn. 95.

452 BeckOK BGB/*Faust*, Stand 1.8.2020, § 434 Rn. 97.

453 Siehe Art. 4 Warenkaufrichtlinie.

454 So ausdrücklich Erwägungsgrund 25 zur Warenkaufrichtlinie.

direkte Anknüpfen an die Montage dazu, dass in der aktuellen Version des § 434 BGB keine Regelung zu solchen Mängeln der Kaufsache selbst enthalten ist, die durch eine unsachgemäße Montage verursacht wurden. Eine solche Regelung ist aber erforderlich, um die dargestellte zeitliche Fiktion zur Begründung einer Haftung des Verkäufers noch nach Gefahrübergang eintreten zu lassen. Aktuell wird diese Lücke durch die auf die Montage bezogenen Regelungen des § 434 Abs. 2 BGB verdeckt. Sie wird aber in dem Moment sichtbar, in dem jedenfalls § 434 Abs. 2 S. 2 BGB wegen des dort enthaltenen Ausschlusstatbestandes, wie in Kapitel F. gefordert, zur Disposition gestellt wird. Eine schlichte Streichung der Vorschrift kommt deshalb nicht in Betracht. Die Regelung des § 434 Abs. 2 BGB muss vielmehr so umgestaltet werden, dass sie sich in beiden Alternativen auf solche Mängel an der Kaufsache selbst bezieht, die durch eine dem Verkäufer zuzurechnende unsachgemäße Montage verursacht werden.

III. Fallgruppen

Alle untersuchten Regelwerke regeln zwei Fallgruppen im Hinblick auf die unsachgemäße Montage.

1. Montage durch den Verkäufer

Dabei handelt es sich zunächst um den Fall, dass die Montage durch den Verkäufer oder unter seiner Verantwortung stattfindet.

Die Wendung „unter dessen Verantwortung" wurde mit dem Begriff des Erfüllungsgehilfen in die Terminologie des BGB übertragen.[455] Zu einer inhaltlichen Abweichung führt das nicht. Die ausdrückliche Erwähnung des Erfüllungsgehilfen in § 434 Abs. 2 BGB ist deshalb erforderlich, weil über die allgemeine Zurechnungsnorm des § 278 BGB nur das Vertretenmüssen eines Erfüllungsgehilfen zugerechnet werden kann. Gegenstand von § 434 Abs. 2 BGB ist aber nicht die Zurechnung eines Vertretenmüssens, sondern die eines fremden Verhaltens, konkret einer unsachgemäßen Montage.[456]

Die größte Schwierigkeit im Rahmen dieser Fallgruppe besteht in der Abgrenzung zum Werkvertragsrecht. Von entscheidender Bedeutung ist

455 Fraktionsentwurf, BT Drs. 14/6040, 215.
456 Fraktionsentwurf, ebd.; BeckOK BGB/Faust, Stand 1.8.2020, § 434 Rn. 94.

dabei die Frage, auf welcher Grundlage der Verkäufer zur Montage bzw. Installierung verpflichtet ist.

Art. 8 Warenkaufrichtlinie und Art. 2 Abs. 5 Verbrauchsgüterkaufrichtlinie setzen ausdrücklich voraus, dass die Montage Bestandteil des Kaufvertrags ist.

Der Wortlaut des § 434 Abs. 2 BGB beschränkt sich demgegenüber auf die Aussage, die Montage müsse vereinbart sein. Aus der Begründung des Fraktionsentwurfs allerdings lässt sich eindeutig ableiten, dass die Montage auch im deutschen Recht nach dem Inhalt des Kaufvertrags geschuldet sein muss.[457]

Nach dem Wortlaut der Art. 101 GEK-E und Art. IV.A.-2:304 DCFR schließlich kommt es nur darauf an, dass die Montage Waren betrifft, die aufgrund eines Kaufvertrags geliefert werden.[458] Im Hinblick auf das sich auch nach dem GEK-E und dem DCFR stellende Problem einer sinnvollen Abgrenzung zu den Vorschriften über verbundene Dienstverträge nach Kapitel 15 GEK-E und zu Book IV Part C DCFR über „Services" ist diese Formulierung zu weit.[459] Selbst wenn der Kaufvertrag keine unmittelbare Verpflichtung zur Montage enthält, wird man für eine Anwendung des kaufrechtlichen Gewährleistungsrechts verlangen müssen, dass die Montage zur Befriedigung der Interessen des Käufers aus dem Kaufvertrag vorgenommen wird.[460]

Im Übrigen kann für die Abgrenzung zwischen Kauf- und Werkvertragsrecht darauf abgestellt werden, in welchen Bereich der Schwerpunkt der geschuldeten Leistung fällt. Wird das Gesamtbild des Vertrags durch die Verpflichtung zur Übertragung von Eigentum an einer zu montierenden Sache geprägt, handelt es sich um einen Kaufvertrag mit Montageverpflichtung,[461] sodass § 434 Abs. 2 BGB Anwendung findet. Steht dagegen die Leistung der Montage oder Installation im Mittelpunkt, ist unbeschadet von der Regelung des § 434 Abs. 2 BGB Werkvertragsrecht anzuwenden. So liegt der Fall etwa bei der Errichtung eines Hauses, dem Decken eines Dachs oder vergleichbaren Handwerksarbeiten. Die diesen Arbeiten

---

457 Fraktionsentwurf, ebd.; so auch Jauernig/*Berger*, 2014, § 434 Rn. 18; BeckOK BGB/*Faust*, Stand 1.8.2020, § 434 Rn. 93.

458 In Art. IV.A.-2:304 DCFR *„under"*.

459 *Lorenz* in AcP 212, 2012, 702, 729; Schmidt-Kessel/*Remien*, Der Entwurf für ein gemeinsames Europäisches Kaufrecht, Art. 101 Rn. 2.

460 Schulze/*Zoll*, CESL, 2012, Art. 99 Rn. 24.

461 BGH ZfBR 2018, 775, 776, zur Lieferung und Montage einer Küche; s. auch EuGH NJW 2017, 3215, Rn. 37 f., 44 – Schottelius.

zugrunde liegenden Verträge behalten ihre Natur als Werkverträge auch dann, wenn der Werkunternehmer das benötigte Material stellt.[462]

Fraglich ist, ob diese Abgrenzungsproblematik im Rahmen der Umsetzung der Warenkaufrichtlinie zu berücksichtigen ist und gegebenenfalls eine Umgestaltung des § 434 Abs. 2 BGB erforderlich macht. Die Problematik einer Abgrenzung zwischen Kauf- und Werkvertragsrecht stellt sich in allen Regelwerken, die sich nicht wie die Verbrauchsgüterkaufrichtlinie oder die Warenkaufrichtlinie ausschließlich auf das Kaufrecht beschränken. Sie ist in der in allen Regelungen enthaltenen Verknüpfung des Verkaufs einer Sache mit zusätzlich zu erbringenden Montageleistungen angelegt und könnte auch durch eine wörtliche Übernahme von Art. 8 Warenkaufrichtlinie nicht beseitigt werden. Es handelt sich dabei nicht um ein Umsetzungsproblem, sondern vielmehr um eine Frage der Anwendbarkeit des Verbrauchsgüterkaufrechts und damit der Warenkaufrichtlinie insgesamt. In Erwägungsgrund 17 zur Warenkaufrichtlinie ist diesbezüglich ausdrücklich festgehalten, die Bestimmung, ob ein Vertrag, der sowohl Elemente eines Warenkaufs als auch einer Dienstleistung enthalte, einen Kaufvertrag im Sinne der Richtlinie darstelle, sei eine Frage des nationalen Rechts.[463]

2. Montage durch den Käufer

Die zweite Fallgruppe stellt die Montage der Kaufsache durch oder in der Sphäre des Verbrauchers dar.

Während sowohl Art. 8 Warenkaufrichtlinie als auch Art. 2 Abs. 2 Verbrauchsgüterkaufrichtlinie voraussetzen, dass die Montage durch den Verbraucher durchgeführt wurde, enthalten Art. 101 GEK-E und Art. IV.A.-2:304 DCFR keine solche Aussage. Die Kaufsache muss nach dem Wortlaut dieser Vorschriften nur zur Montage oder Installation durch den Verbraucher bestimmt sein. Die Vorschriften können danach so ausgelegt werden, dass sie auch dann Anwendung finden, wenn die unsachgemäße

---

462 *Haas* in HMRSW, Neues Schuldrecht, Kap. 5 Rn. 117; Oetker/Maultzsch, VertraglSchuldverhältnisse, 2019, § 2 Rn. 83; *Westermann* in NJW 2002, 241, 244; BeckOK BGB/Faust, Stand 1.8.2020, § 434 Rn. 93.

463 Erwägungsgrund 17 zur Warenkaufrichtlinie lautet: „*Wenn ein Vertrag sowohl Elemente eines Warenverkaufs als auch der Bereitstellung von Dienstleistungen enthält, soll das nationale Recht bestimmen, ob der ganze Vertrag als Kaufvertrag im Sinne dieser Richtlinie gelten kann.*“.

Montage durch Dritte, darunter sogar Fachpersonal, erfolgt, solange diese nicht dem Verkäufer zuzurechnen sind.[464]

Die Formulierung von § 434 Abs. 2 S. 2 BGB ist noch knapper. Danach muss die Kaufsache nur überhaupt zur Montage bestimmt sein. Eine Aussage dazu, durch wen die Montage erfolgen soll, enthält die Vorschrift nicht. Es wurde bereits festgestellt, dass zur Umsetzung der Warenkaufrichtlinie eine Änderung des § 434 Abs. 2 BGB im Hinblick auf den Anknüpfungspunkt des Sachmangels erforderlich ist. Fraglich ist, ob in diesem Zusammenhang auch eine Beschränkung der Anwendbarkeit der neuen Vorschrift auf Fälle, in denen die Montage durch den Käufer erfolgt, vorgenommen werden muss.

Im Rahmen der Schuldrechtsreform zur Umsetzung der Verbrauchsgüterkaufrichtlinie ist der deutsche Gesetzgeber bewusst über die Regelung des Art. 2 Abs. 5 Verbrauchsgüterkaufrichtlinie hinausgegangen.[465] Für eine Anwendbarkeit des § 434 Abs. 2 S. 2 BGB sollte es nicht darauf ankommen, ob die Kaufsache zur Montage durch den Käufer bestimmt oder ob eine Montage durch denselben bereits erfolgt ist. Hintergrund dieser Erweiterung war die Tatsache, dass der Mangelbegriff im deutschen Recht über den Verbrauchsgüterkauf hinaus verallgemeinert worden ist. Indem die Vorschrift auch auf den Kauf unter Unternehmern anwendbar gemacht wurde, rückte die Problematik eines Weiterverkaufs der gekauften Waren in den Fokus. Eine Montage der Waren ist, beispielsweise wenn es sich um Möbel handelt, häufig durch den Letztkäufer vorgesehen. Um für den Fall, dass dieser Letztkäufer aufgrund einer mangelhaften Montageanleitung an der Montage der Kaufsache scheitert, die Rückgriffsmöglichkeiten des Zwischenhändlers gegenüber seinem Lieferanten zu erhalten, musste auf die Bestimmung der Ware zur Montage durch den (Erst-)Käufer verzichtet werden.[466]

Dieselbe Problematik stellt sich auch dann, wenn im Rahmen einer geänderten Vorschrift nicht mehr auf die Montage selbst, sondern auf einen durch die Montage ausgelösten Mangel der Kaufsache abgestellt wird. Auch und gerade in diesem Fall besteht der Bedarf nach einer Rückgriffsmöglichkeit, weil sich der in der Montageanleitung angelegte Mangel nun in der Kaufsache selbst manifestiert hat. Eine Nacherfüllung durch Lieferung einer korrigierten Montageanleitung ist deshalb genauso

464 So auch Art. IV.A.-2:304 DCFR, Comment C, Incorrect Installation by the consumer, 1324.

465 Fraktionsentwurf, BT Drs. 14/6040, 215.

466 Fraktionsentwurf, BT Drs. 14/6040, 216.

ausgeschlossen wie die Rücknahme und der Weiterverkauf der Kaufsache selbst.

Die Fälle, die der deutsche Gesetzgeber bei der Fassung des § 434 Abs. 2 S. 2 BGB im Auge hatte, betreffen den Kauf unter Unternehmern und liegen damit außerhalb des Anwendungsbereichs der Warenkaufrichtlinie. Ein Weiterverkauf ist aber auch unter Verbrauchern denkbar. Bei einer solchen Konstellation wäre in Bezug auf den von einem Unternehmer ersterwerbenden Verbraucher der Anwendungsbereich der Warenkaufrichtlinie eröffnet. Erhielte man bei einer Neufassung des § 434 Abs. 2 BGB den Verzicht auf eine Montage durch den Käufer aufrecht, so ergäbe sich in einem solchen Fall ein effektiv anderes Ergebnis als bei einer wortlautgetreuen Auslegung des Art. 8 Warenkaufrichtlinie. Im Hinblick auf den vollharmonisierenden Charakter der Richtlinie könnte deshalb auch diesbezüglich eine Änderung des § 434 Abs. 2 BGB erforderlich sein.

Allerdings ergibt sich aus den Erwägungsgründen zur Warenkaufrichtlinie, dass es für die Anwendbarkeit des Art. 8 b Warenkaufrichtlinie entgegen seinem Wortlaut nicht darauf ankommen soll, ob die Montage durch den Verbraucher oder durch einen Dritten unter seiner Verantwortung durchgeführt wurde.[467] § 434 Abs. 2 S. 2 BGB muss und sollte im Rahmen der Umsetzung also nicht dahin gehend eingeschränkt werden, dass die Montage durch den Verbraucher durchgeführt werden muss. Fraglich ist dann lediglich, ob in den angesprochenen Weiterverkaufsfällen von einer Montage unter Verantwortung des Käufers ausgegangen werden kann. Entscheidend ist dabei nicht eine arbeitsrechtliche oder personenrechtliche Verantwortung. Es kommt vielmehr auf die Verantwortungsverteilung in Bezug auf das konkrete Kaufvertragsverhältnis an. Im Verhältnis zu seinem Lieferanten wird man dem Käufer einer Sache auch den Letztkäufer zuordnen können, an den er die gekaufte Ware weiterveräußert hat. Bei einem Kauf unter Unternehmern ergibt sich das häufig bereits aus der für den Verkäufer erkennbaren Bestimmung der Ware zum Weiterverkauf. In Bezug auf einen Verbraucher kann diese Frage nicht anders beantwortet

467 Erwägungsgrund 34 zur Warenkaufrichtlinie lautet: „*Wenn vorgesehen ist, dass die Waren vom Verbraucher montiert oder installiert werden, ist die Vertragswidrigkeit aufgrund einer unsachgemäßen Montage oder Installierung als Vertragswidrigkeit der Waren anzusehen, unabhängig davon, ob die Montage oder Installierung vom Verbraucher oder von einem Dritten unter der Verantwortung des Verbrauchers durchgeführt wurde, sofern die unsachgemäße Montage oder Installierung auf Mängel in den Anleitungen zurückzuführen ist, etwa auf unvollständige oder unklare Anleitungen, die die Verwendung dieser Anleitungen für den Durchschnittsverbraucher erschweren.*“.

werden. Rechtspolitisch wäre es nicht überzeugend, einem Verbraucher die Gewährleistungsrechte zu versagen, wenn sich nach dem Kauf herausstellt, dass er die erworbene Sache nicht benötigt, er sie deshalb weiterveräußert und dann haftet, weil sich erst beim Zweiterwerber der Mangel in der Montageanleitung niederschlägt.

IV. Schlussfolgerungen zur Reformbedürftigkeit des Mangelbegriffs hinsichtlich der Anforderung sachgemäßer Montage

§ 434 Abs. 2 BGB muss im Rahmen der Umsetzung der Warenkaufrichtlinie umgestaltet werden. Die neue Regelung muss Mängel an der Kaufsache selbst betreffen, die durch eine fehlerhafte Montage entstanden sind. Die Regelung steht dann in einer einheitlichen Reihe mit Art. 8 Warenkaufrichtlinie, Art. 2 Abs. 5 Verbrauchsgüterkaufrichtlinie, Art. 101 GEK-E und Art. IV.A.-2:304 DCFR. Eine darüber hinausgehende Angleichung des § 434 Abs. 2 S. 2 BGB an Art. 8 b Warenkaufrichtlinie dahin gehend, dass die Montage durch den Verbraucher erfolgen muss, ist nicht geboten. Wie die Erwägungsgründe der Richtlinie zeigen, ist eine solche Beschränkung nach dem Willen des europäischen Rechtsaktgebers trotz des ausdrücklichen Wortlauts des Art. 8 b Warenkaufrichtlinie nicht gewollt.

V. Kritik am aktuellen Stand der Umsetzung

Auch die Montage wird im Referentenentwurf in der neu geschaffenen Kategorie der Montageanforderungen geregelt. Wie bereits in Bezug auf die Montageanleitung dargestellt, bleibt der Referentenentwurf der Linie des BGB treu, indem er für die Frage der Mangelfreiheit unmittelbar auf die Montage abstellt und keine Auswirkungen der unsachgemäßen Montage auf die Kaufsache verlangt. Dies führt nach dem Ergebnis der Untersuchung zu einer problematischen Abweichung von der Warenkaufrichtlinie. An dieser Stelle besteht deshalb Korrekturbedarf.

Im Vergleich zu der geltenden Fassung des § 434 Abs. 2 BGB wurde in § 434 Abs. 4[468] BGB Fassung im Referentenentwurf auf die ausdrückliche

468 Referentenentwurf, 4, siehe dort Art. 1 Nr. 1, § 434 Abs. 4; dieser lautet: „*(4) Die Sache entspricht den Montageanforderungen, wenn die Montage sachgemäß durchgeführt worden ist oder*

Nennung des Erfüllungsgehilfen verzichtet. Dies wird im Referentenentwurf damit begründet, dass sich die Haftung des Verkäufers für seine Erfüllungsgehilfen bereits aus allgemeinen Grundsätzen ergebe.[469] Nach der hier vertretenen Auffassung sollte der Erfüllungsgehilfe weiterhin genannt werden, da insbesondere eine Zurechnung über § 278 BGB daran scheitert, dass Gegenstand der Zurechnung im Falle der Montage nicht ein fremdes Verschulden, sondern die Handlung eines Dritten ist.

Die Sonderregelung der Installation in § 475b BGB nach Referentenentwurf begegnet der in Kapitel F Abschnitt V dargestellten Kritik. Sie rechtfertigt nicht die im Referentenentwurf vorgeschlagene Aufspaltung des Mangelbegriffs.

Die Regelung der Montageanforderungen in Abs. 4 ist die einzige des § 434 BGB Fassung seit 1. Januar 2022, deren Wortlaut seit dem Regierungsentwurf für die endgültige Fassung des Umsetzungsgesetzes noch einmal verändert worden ist. Dabei ist der Regelung die Einleitung „Soweit eine Montage durchzuführen ist" hinzugesetzt worden. Dies ist insofern bemerkenswert, als sich die Verpflichtung zur Einhaltung der Montageanforderungen bereits aus § 434 Abs. 1 BGB Fassung seit 1. Januar 2022 ergibt und nach dessen Wortlaut uneingeschränkt für alle Kaufsachen gilt. In § 434 Abs. 3 BGB Fassung seit 1. Januar 2022 wird lediglich geregelt, wann diese Montageanforderungen erfüllt sind. Erst hier erfolgt die Einschränkung auf Fälle, in denen einen Montage durchzuführen ist.

die Montage zwar unsachgemäß durchgeführt worden ist, dies jedoch weder auf einer unsachgemäßen Montage durch den Verkäufer noch auf einem Mangel in der vom Verkäufer übergebenen Anleitung beruht.".

469 Referentenentwurf, 23.

H. Aktualisierungen

Mit der Warenkaufrichtlinie werden vom Verkäufer zu leistende Aktualisierungen als eine völlig neue Anforderung an die Vertragsmäßigkeit der Ware eingeführt. Dieser Aspekt ist den Vertragsmäßigkeitskonzepten der Verbrauchsgüterkaufrichtlinie, des DCFR und des GEK-E[470] ebenso fremd wie dem BGB. Er führt zu einer erheblichen Veränderung der bislang bekannten Mangeltatbestände.

Alle Gewährleistungssysteme stellen als relevanten Zeitpunkt für die Vertragsmäßigkeit der Ware auf deren Lieferung beziehungsweise Übergabe an den Käufer ab. Im deutschen Recht ergibt sich das aus § 434 Abs. 1 i.V.m. § 446 BGB, in der Verbrauchsgüterkaufrichtlinie aus Art. 3 Abs. 1[471], im GEK-E aus Art. 105 Abs. 1[472] i.V.m. Art. 142 Abs. 1[473] und im DCFR aus Art. IV.A.-2:308 Abs. 1[474] i.V.m. Art. IV.A.-5:102 Abs. 1[475].

Auch im Rahmen der Warenkaufrichtlinie ist wegen Art. 10 Abs. 1 Warenkaufrichtlinie grundsätzlich die Lieferung der Ware der für die Feststellung der Vertragsmäßigkeit relevante Zeitpunkt. Erwägungsgrund 38[476]

---

470 Art. 105 Abs. 4 GEK-E enthält im Rahmen der Regelung des Gefahrübergangs allerdings bereits einen Hinweis darauf, dass eine Aktualisierungspflicht des Verkäufers vom europäischen Rechtsaktgeber erwogen wurde. Dieser lautet: *„Muss der Unternehmer die digitalen Inhalte zu einem späteren Zeitpunkt aktualisieren, hat er dafür zu sorgen, dass die Vertragsmäßigkeit der digitalen Inhalte während der Vertragslaufzeit gewahrt ist.“*.

471 Art. 3 Abs. 1 Verbrauchsgüterkaufrichtlinie lautet: *„(1) Der Verkäufer haftet dem Verbraucher für jede Vertragswidrigkeit, die zum Zeitpunkt der Lieferung des Verbrauchsgutes besteht.“*.

472 Art. 105 Abs. 1 GEK-E lautet: *„Der Verkäufer haftet für jede Vertragswidrigkeit, die zum Zeitpunkt des Übergangs der Gefahr auf den Käufer nach Kapitel 14 besteht.“*.

473 Art. 142 Abs. 1 GEK-E lautet: *„1. Bei einem Verbraucherkaufvertrag geht die Gefahr zu dem Zeitpunkt über, zu dem der Verbraucher oder ein von ihm bezeichneter Dritter mit Ausnahme des Beförderers Besitz an den Waren oder dem materiellen Datenträger, auf dem die digitalen Inhalte bereitgestellt werden, erlangt hat.“*.

474 Art. IV.A.-2:308 DCFR lautet: *„(1) The seller is liable for any lack of conformity which exists at the time when the risk passes to the buyer, even if the lack of conformity becomes apparent only after that time.“*.

475 Art. IV.A.-5:102 DCFR lautet: *„(1) The risk passes when the buyer takes over the goods or the documents representing them.“*.

476 Erwägungsgrund 38 zur Warenkaufrichtlinie lautet: *„Die Bedeutung des Begriffs „Lieferung“ sollte nicht in dieser Richtlinie, sondern weiterhin im nationalen Recht*

zur Warenkaufrichtlinie verweist in Bezug auf den Zeitpunkt der Lieferung und den Risikoübergang auf die Verbraucherrechterichtlinie[477]. Nach Art. 18 Verbraucherrechterichtlinie besteht eine Lieferung in der Übertragung des physischen Besitzes an den Waren auf den Verbraucher.

Erwägungsgrund 37 zur Warenkaufrichtlinie[478] führt bereits zu einer ersten Öffnung. Danach soll bei einer Verpflichtung zur fortlaufenden Lieferung von digitalen Inhalten, die mit der Ware verbunden sind, anstelle des Zeitpunkts der Lieferung ein Zeitraum maßgeblich sein. Dieser Zeitraum soll mit der Lieferung der Ware beginnen und sich dann mit dem Zeitraum decken, in dem der Verkäufer für Vertragswidrigkeiten haftet.

Mit der Aufnahme von Aktualisierungen in die Vertragsmäßigkeitstatbestände der Art. 6 und 7 Warenkaufrichtlinie entfalten nun auch Faktoren Auswirkungen auf die Vertragsmäßigkeit, die möglicherweise weit nach dem Gefahrübergang liegen. Die Mangeltatbestände werden damit für zukünftige Entwicklungen geöffnet.[479]

---

geregelt werden. Dies gilt insbesondere für die Frage, was der Verkäufer tun muss, um seine Pflicht zur Lieferung der Waren zu erfüllen. Darüber hinaus sollten Verweise auf den Lieferzeitpunkt in dieser Richtlinie nicht die Vorschriften über den Risikoübergang berühren, die in der Richtlinie 2011/83/EU festgelegt und entsprechend in das Recht der Mitgliedstaaten umgesetzt wurden.".

477 Richtlinie 2011/83/EU des Europäischen Parlaments und des Rates vom 25. Oktober 2011 über die Rechte der Verbraucher, zur Abänderung der Richtlinie 93/13/EWG des Rates und der Richtlinie 1999/44/EG des Europäischen Parlaments und des Rates sowie zur Aufhebung der Richtlinie 85/577/EWG des Rates und der Richtlinie 97/7/EG des Europäischen Parlaments und des Rates, veröffentlicht im Amtsblatt der Europäischen Union, L 304/64, 54. Jahrgang, 22. November 2011.

478 Erwägungsgrund 37 zur Warenkaufrichtlinie lautet: „*Im Interesse einer höheren Rechtssicherheit sowohl für den Verbraucher als auch für den Verkäufer bedarf es einer klaren Angabe des Zeitpunkts, zu dem die Vertragsmäßigkeit der Waren beurteilt werden sollte. Für die Beurteilung der Vertragsmäßigkeit der Waren sollte der Zeitpunkt der Warenlieferung maßgeblich sein. Dies sollte auch gelten, wenn in den Waren digitale Inhalte oder digitale Dienstleistungen enthalten oder mit den Waren digitale Inhalte oder digitale Dienstleistungen verbunden sind, die durch eine einmalige Bereitstellung verfügbar gemacht werden. In Fällen, in denen die digitalen Inhalte oder digitalen Dienstleistungen, die in den Waren enthalten oder mit ihnen verbunden sind, jedoch fortlaufend über einen Zeitraum bereitgestellt werden müssen, sollte der maßgebliche Zeitpunkt für die Feststellung der Vertragsmäßigkeit dieser digitalen Inhalte oder digitalen Dienstleistungen nicht ein bestimmter Zeitpunkt, sondern ein Zeitraum, der mit dem Zeitpunkt der Lieferung beginnt, sein. Aus Gründen der Rechtssicherheit sollte sich dieser Zeitraum mit dem Zeitraum decken, in dem der Verkäufer für Vertragswidrigkeiten haftet.*".

479 *Faber* in Das neue europäische Gewährleistungsrecht, 2019, 63, 79.

Eine gewisse Öffnung findet bereits mit der Anforderung der Haltbarkeit der Ware statt.[480] Die Anforderung der Aktualisierungen geht allerdings insoweit darüber hinaus, als sie zusätzliche Leistungen des Verkäufers erforderlich macht und eine Verknüpfung mit dem Zustand oder den Eigenschaften der Ware zum Zeitpunkt der Lieferung wesentlich schwerer fällt.

I. Zweck der Regelung in der Warenkaufrichtlinie

Begründet wird die Aufnahme der Aktualisierungen in die Anforderungen an die Vertragsmäßigkeit in Erwägungsgrund 28[481] und Erwägungsgrund 31 zur Warenkaufrichtlinie.[482] Hintergrund ist einmal mehr der

---

480 Siehe dazu Kapitel B. Abschnitt I. 5.

481 Erwägungsgrund 28 zur Warenkaufrichtlinie lautet: „*Da die digitalen Inhalte oder digitalen Dienstleistungen, die in den Waren enthalten oder mit ihnen verbunden sind, ständig weiterentwickelt werden, könnten Verkäufer und Verbraucher vereinbaren, Aktualisierungen (Updates) für derartige Waren bereitzustellen. Die im Kaufvertrag vereinbarten Aktualisierungen können die digitalen Inhalte oder die digitalen Dienstleistungen der Waren verbessern, ihre Funktionen erweitern, sie an die technischen Entwicklungen anpassen, sie gegen neue Sicherheitsbedrohungen schützen oder anderen Zwecken dienen. Die Vertragsmäßigkeit von Waren mit digitalen Inhalten oder digitalen Dienstleistungen, die in den Waren enthalten oder mit ihnen verbunden sind, sollte daher auch hinsichtlich der Frage geprüft werden, ob die digitalen Inhalte oder die digitalen Dienstleistungen dieser Waren gemäß dem Kaufvertrag aktualisiert werden.*“.

482 Erwägungsgrund 31 zur Warenkaufrichtlinie lautet: „*Grundsätzlich sollte der Verkäufer bei Waren mit digitalen Elementen, bei denen die digitalen Inhalte oder Dienstleistungen, die in den Waren enthalten sind oder mit ihnen verbunden sind, durch eine einmalige Bereitstellung verfüg bar gemacht werden, nur für Vertragswidrigkeiten haften, die zum Zeitpunkt der Lieferung bestehen. Bei der Pflicht zur Bereitstellung von Aktualisierungen ist jedoch zu berücksichtigen, dass sich das digitale Umfeld derartiger Waren fortlaufend ändert. Daher sind Aktualisierungen ein notwendiges Instrument, das sicherstellt, dass die Waren genauso funktionieren wie zum Zeitpunkt der Lieferung. Zudem sind Waren mit digitalen Elementen im Gegensatz zu herkömmlichen Waren nicht vollständig außerhalb der Sphäre des Verkäufers, da der Verkäufer oder ein Dritter, der nach Kaufvertrag den digitalen Inhalt oder die digitale Dienstleistung bereitstellt, die Waren aus der Entfernung aktualisieren kann, in der Regel über das Internet. Deshalb sollte der Verkäufer in Fällen, in denen die digitalen Inhalte oder Dienstleistungen durch eine einmalige Bereitstellung verfügbar gemacht werden, für die Bereitstellung der Aktualisierungen haften, die erforderlich sind, um die Vertragsmäßigkeit der Waren mit digitalen Elementen während eines Zeitraums, den der Verbraucher vernünftigerweise erwarten kann, aufrechtzuerhalten, auch wenn die Waren zum Zeitpunkt der Lieferung vertragsgemäß waren. (…)*“.

stärkere Fokus auf Waren mit digitalen Elementen. Bei diesen sei das digitale Umfeld fortlaufenden Änderungen unterworfen. Um dennoch das unveränderte Funktionieren der Waren über den Zeitpunkt der Lieferung hinaus sicherzustellen, seien Aktualisierungen ein notwendiges Instrument.[483] Der Zweck der Aufnahme der Aktualisierungen in die Vertragsmäßigkeitstatbestände besteht demnach in einem fortgesetzten Schutz der Verwendungseignung der Ware.

Darüber hinaus seien Waren mit digitalen Elementen der Sphäre des Verkäufers auch nach der Lieferung nicht vollständig entzogen. Insbesondere sei eine Aktualisierung aus der Ferne, in der Regel über das Internet, möglich. Es ist freilich wenig überzeugend, aus der bloßen Möglichkeit eine Verpflichtung zum Verschaffen von Aktualisierungen herzuleiten. Die Erwägung wird vielmehr im dem Sinne zu verstehen sein, dass die Verpflichtung zum Verschaffen von Aktualisierungen einem Verkäufer bedenkenlos zugemutet werden könne, weil sie ohne Weiteres möglich sei. Auf internetfähige Waren mag das tatsächlich zutreffen. Es wird im Folgenden zu prüfen sein, ob sich die Verpflichtung zum Verschaffen von Aktualisierungen jedenfalls maßgeblich auf diese bezieht.

II. Der konkrete Inhalt der Anforderung in der Warenkaufrichtlinie

1. Von der Anforderung betroffene Waren

Art. 6 d[484] Warenkaufrichtlinie sieht vor, dass Waren nur dann als vertragsmäßig aufgefasst werden, wenn sie die im Kaufvertrag bestimmten Aktualisierungen erhalten. Eine Beschränkung auf internetfähige Waren oder Waren mit digitalen Inhalten ist in der Vorschrift nicht enthalten. Demgegenüber beschränkt Art. 7 Abs. 3[485] Warenkaufrichtlinie die Verpflichtung

---

483 Vgl. auch *Wiesemann/Mattheis/Wende* in MMR 2020, 139, 139.

484 Artikel 6 d) Warenkaufrichtlinie lautet: *„Die Waren entsprechen dem Kaufvertrag, insbesondere wenn sie, soweit dies anwendbar ist,*
(…)
d) wie im Kaufvertrag bestimmt Aktualisierungen erhalten.“.

485 Art. 7 Abs. 3 Warenkaufrichtlinie lautet: *„(3) Im Falle von Waren mit digitalen Elementen sorgt der Verkäufer dafür, dass der Verbraucher über Aktualisierungen, einschließlich Sicherheitsaktualisierungen, die für den Erhalt der Vertragsmäßigkeit dieser Waren erforderlich sind, informiert wird und solche erhält*
a) während des Zeitraums, den der Verbraucher aufgrund der Art und des Zwecks der Waren und der digitalen Elemente und unter Berücksichtigung der Umstände und der

des Verkäufers, dafür zu sorgen, dass der Verbraucher nicht nur über Aktualisierungen einschließlich Sicherheitsaktualisierungen, die für den Erhalt der Vertragsmäßigkeit der Waren erforderlich sind, informiert wird, sondern diese auch erhält, ausdrücklich auf Waren mit digitalen Elementen.

Fraglich ist deshalb, ob Art. 6 d Warenkaufrichtlinie dahin gehend zu reduzieren ist, dass die Vorschrift sich ebenfalls ausschließlich auf Waren mit digitalen Elementen bezieht. Ein Hinweis darauf könnte darin bestehen, dass sämtliche Erwägungsgründe, die sich mit der Aktualisierung der Waren auseinandersetzen, unterschiedslos auf Waren mit digitalen Elementen abstellen. Das gilt insbesondere auch in Bezug auf Erwägungsgrund 28, der sich explizit mit vertraglich vereinbarten Aktualisierungen befasst und zur Begründung für die Möglichkeit solcher Vereinbarungen die ständige Weiterentwicklung von Waren mit digitalen Inhalten anführt.

Gegen eine Reduktion des Art. 6 d Warenkaufrichtlinie spricht neben dessen eindeutigem Wortlaut jedoch auch die Systematik der Vorschrift. Nach dem Vertrag geschuldete Aktualisierungen sind regulärer Bestandteil des Katalogs in Art. 6 Warenkaufrichtlinie. In Art. 7 Warenkaufrichtlinie sind diese bewusst aus dem Katalog herausgenommen und in einem eigenen Absatz geregelt. Dem System aller untersuchten Gewährleistungssysteme wäre es im Übrigen vollkommen fremd, dass ein bestimmtes Merkmal nur in Bezug auf bestimmte Waren von Bedeutung sein sollte. Es ist vor diesem Hintergrund viel überzeugender anzunehmen, dass sich das Merkmal der Aktualisierungen grundsätzlich auf alle Waren beziehen kann. Die Beschränkung auf Waren mit digitalen Inhalten in Art. 7 Abs. 3 Warenkaufrichtlinie führt dann dazu, dass eine vernünftige, auf den Erhalt von Aktualisierungen gerichtete Käufererwartung aber nur bei Waren mit digitalen Elementen besteht.

Eine vertragliche Verpflichtung zur Bereitstellung von Aktualisierungen nach Art. 6 d Warenkaufrichtlinie kann sich deshalb auf jede Sorte von Waren beziehen. So kann unter dem Gesichtspunkt einer Aktualisierung etwa der Austausch eines Verschleißteils durch den Verkäufer geschuldet sein.[486] Die in Erwägungsgrund 28 ausgeführte Begründung greift in Be-

---

Art des Vertrags vernünftigerweise erwarten kann, wenn im Kaufvertrag die einmalige Bereitstellung des digitalen Inhalts oder der digitalen Dienstleistung vorgesehen ist, oder

b) während des gesamten in Artikel 10 Absatz 2 oder Absatz 5 genannten Zeitraums, wenn im Kaufvertrag die fortlaufende Bereitstellung des digitalen Inhalts oder der digitalen Dienstleistung über einen Zeitraum vorgesehen ist.".

486 *Faber* in Das neue europäische Gewährleistungsrecht, 2019, 63, 79.

zug auf Aktualisierungen nach Art. 6 d Warenkaufrichtlinie deshalb nur in einer begrenzten Anzahl von Fällen. Diese Schwäche kann an dieser Stelle insofern hingenommen werden, als Aktualisierungen vom Verkäufer nur dann und nur so geschuldet werden, wie sie im Kaufvertrag bestimmt worden sind. Es handelt sich damit ausschließlich um solche Fälle, in denen sich der Verkäufer bewusst zur Bereitstellung von Aktualisierungen bereit erklärt hat.

Im Hinblick auf die in Art. 7 Abs. 3 Warenkaufrichtlinie objektiv geschützten vernünftigen Käufererwartungen ist die Beschränkung auf Waren mit digitalen Elementen sinnvoll. Ausweislich der Erwägungsgründe waren es gerade Waren mit digitalen Elementen, die den Anlass für die Aufnahme von Aktualisierungen in das Anforderungsprogramm der Vertragsmäßigkeit gegeben haben. Auch die in Erwägungsgrund 31 dargestellte Begründung greift nur für Waren mit digitalen Inhalten. Nur in Bezug auf diese Waren kann sich vor dem Hintergrund ständiger Veränderung eine vernünftige Käufererwartung entwickeln, nach der eine Aktualisierung der in den Waren enthaltenen Elemente geschuldet werden könnte.

Waren mit digitalen Elementen werden in der Warenkaufrichtlinie nicht definiert. Eine Definition enthält jedoch Art. 2 Nr. 3 Richtlinie (EU) 2019/770. Danach sind Waren mit digitalen Elementen körperliche Gegenstände, die in einer Weise digitale Inhalte oder digitale Dienstleistungen enthalten oder mit ihnen verbunden sind, dass die Waren ihre Funktionen ohne diese digitalen Inhalte oder digitalen Dienstleistungen nicht erfüllen könnten.[487] Unter digitalen Inhalten sind nach Art. 2 Nr. 6 Warenkaufrichtlinie Daten zu verstehen, die in digitaler Form erstellt und bereitgestellt werden. Wie die Bereitstellung der digitalen Inhalte zu erfolgen hat, ist indes nicht vorgegeben. Es kann sich also auch bei Waren mit digitalen Elementen um solche Waren handeln, die nicht mit dem Internet verbunden werden können. Bei diesen kann es für den Verkäufer im Einzelfall durchaus aufwendig sein, die Aktualisierungen zur Verfügung zu stellen. In jedem Fall müssen die gelieferten Waren so ausgestaltet sein, dass ein nachträglicher Zugriff auf die digitalen Inhalte möglich ist und Aktualisierungen aufgespielt werden können. Die einfachste Möglichkeit besteht in solchen Fällen in der Bereitstellung eines Datenträgers, der mit der konkreten Ware verbunden werden kann.

---

487 Art. 2 Nr. 3 Richtlinie (EU) 2019/770.

2. Inhalt der Aktualisierungen

Welcher Inhalt in Bezug auf die Aktualisierungen geschuldet ist, hängt davon ab, ob es sich um eine auf der Grundlage von Art. 7 Abs. 3 Warenkaufrichtlinie im Rahmen der objektiven Anforderungen geschuldete Aktualisierung handelt oder ob sich die Verpflichtung aus einer vertraglichen Vereinbarung im Sinne des Art. 6 d Warenkaufrichtlinie ergibt.

Zu den vertraglich vereinbarten Aktualisierungen im Sinne des Art. 6 d Warenkaufrichtlinie enthält Erwägungsgrund 28 die folgende Erläuterung: *„Die im Kaufvertrag vereinbarten Aktualisierungen können die digitalen Inhalte oder die digitalen Dienstleistungen der Waren verbessern, ihre Funktionen erweitern, sie an die technischen Entwicklungen anpassen, sie gegen neue Sicherheitsbedrohungen schützen oder anderen Zwecken dienen.“*[488]. Sofern eine entsprechende vertragliche Vereinbarung vorliegt, können danach auch solche Aktualisierungen verlangt werden, die zu einer Verbesserung oder Weiterentwicklung der Ware führen.

Auf Aktualisierungen, die im Rahmen einer objektiven Anforderung nach Art. 7 Abs. 3 Warenkaufrichtlinie geschuldet werden, bezieht sich Erwägungsgrund 30 zur Warenkaufrichtlinie. Dort heißt es: *„Die Pflicht des Verkäufers sollte sich auf die Aktualisierungen beschränken, die notwendig sind, damit diese Waren den in dieser Richtlinie festgelegten objektiven und subjektiven Anforderungen an die Vertragsmäßigkeit weiterhin genügen. Sofern die Parteien vertraglich nichts anderes vereinbart haben, sollte der Verkäufer weder verpflichtet sein, verbesserte Versionen des digitalen Inhalts oder der digitalen Dienstleistung der Waren zur Verfügung zu stellen, noch die Funktionen der Waren zu verbessern oder auszuweiten, soweit dies über die Anforderungen an die Vertragsmäßigkeit hinausgeht.“*[489] Auch nach dem Wortlaut des Art. 7 Abs. 3 Warenkaufrichtlinie sind neben den ausdrücklich genannten Sicherheitsaktualisierungen nur solche Aktualisierungen geschuldet, die dem Erhalt der Vertragsmäßigkeit der Ware dienen.[490]

---

488 Erwägungsgrund 28 zur Warenkaufrichtlinie.

489 Erwägungsgrund 30 zur Warenkaufrichtlinie.

490 Vgl. auch *Wendehorst* in Das neue europäische Gewährleistungsrecht, 2019, 111, 122f.

3. Konkret geschuldete Handlungen

In Bezug auf die nach Art. 6 d Warenkaufrichtlinie geschuldeten Aktualisierungen ergeben sich die konkret geschuldeten Handlungen aus der vertraglichen Vereinbarung.

Im Rahmen des Art. 7 Abs. 3 Warenkaufrichtlinie ist der Verkäufer dazu verpflichtet, den Verbraucher über Aktualisierungen zu informieren und dafür zu sorgen, dass der Verbraucher diese erhält. Er ist demgegenüber nicht dazu verpflichtet, seinerseits Aktualisierungen bereitzustellen oder gar zu entwickeln. Es handelt sich folglich nicht um eine Leistungspflicht im engeren Sinne. Art. 7 Abs. 3 Warenkaufrichtlinie trägt damit dem Umstand Rechnung, dass bei dem Verkauf von Waren mit digitalen Inhalten häufig Drei-Personen-Verhältnisse zustande kommen. In aller Regel stehen sich dabei nicht nur der Käufer und der Verkäufer der Ware selbst gegenüber. Da die mit der Ware verbundenen digitalen Inhalte nur in den seltensten Fällen vom Verkäufer selbst bereitgestellt werden, tritt vielmehr der Urheber oder der Inhaber der Rechte an digitalen Inhalten hinzu. Häufig muss zwischen dem Verbraucher und diesen dritten Personen sogar eine zusätzliche Endnutzer-Lizenzvereinbarung (*end-user licence agreement* – EULA) abgeschlossen werden.[491]

Aber auch dieser eingeschränkte Umfang der Verpflichtung kann sich in der Praxis als durchaus problematisch erweisen.[492] Zum einen zwingt er die Verkäufer dazu, in extensivem Umfang Daten der Käufer zu erheben und häufig auch an Dritte weiterzugeben. Danach wird er die Daten für einen im Einzelfall zu bestimmenden, längeren Zeitraum aufbewahren müssen, darf sie aber gleichzeitig nicht länger als unbedingt erforderlich speichern. Für die Verkäufer kann sich diese Verpflichtung deshalb nicht nur zu einem Drahtseilakt mit den Vorgaben der EU-Datenschutzgrundverordnung (DS-GVO), insbesondere den dort enthaltenen Grundsätzen der Datenminimierung[493] sowie der Privacy by Default und der Privacy by Design,[494] entwickeln. Es ist auch damit zu rechnen, dass sich die Umsetzung dieser Datenerhebung und -speicherung insbesondere im analogen Handel als aufwendige und kostspielige Herausforderung erweist.[495]

---

491 *Wendehorst,* aaO., 118.

492 *Lommatzsch/Albrecht/Prüfer* in GWR 2020, 331, 333; *Staudenmayer* in NJW 2019, 2889, 2891.

493 Art. 5 Abs. 1 c) DSGVO.

494 Art. 25 DSGVO.

495 *Wendehorst* in Das neue europäische Gewährleistungsrecht, 2019, 111, 123.

4. Zeitraum

Der Zeitraum, für den der Verkäufer nach der Lieferung von Waren zum Verschaffen von Aktualisierungen verpflichtet ist, hängt ebenfalls davon ab, ob sich diese Verpflichtung aus einer entsprechenden vertraglichen Vereinbarung oder aus Art. 7 Abs. 3 Warenkaufrichtlinie ergibt.

Art. 7 Abs. 3 Warenkaufrichtlinie enthält mehr oder weniger abstrakte Regelungen zu dem Zeitraum, innerhalb dessen der Verkäufer von Waren mit digitalen Elementen zum Verschaffen von Aktualisierungen verpflichtet sein soll. Sofern nach dem Kaufvertrag eine einmalige Bereitstellung von digitalen Inhalten oder digitalen Dienstleistungen geschuldet ist, stellt die Vorschrift auf die vernünftigen Käufererwartungen ab, die unter Berücksichtigung der Art und des Zwecks der Waren und der digitalen Elemente und unter Berücksichtigung der Umstände und der Art des Vertrags zu ermitteln sind.[496] Eine Auslegungshilfe für diese Ermittlung enthält Erwägungsgrund 31. Grundsätzlich darf ein Verbraucher danach Aktualisierungen so lange erwarten, wie der Zeitraum andauert, in dem der Verkäufer für Vertragswidrigkeiten haftet. Enthalten die Waren digitale Elemente, deren Zweck befristet ist, ist der Zeitraum jedoch auf diese Frist zu beschränken. Umgekehrt kann die Erwartung von Aktualisierungen, beispielsweise im Falle von Sicherheitsaktualisierungen, gegebenenfalls auch für einen längeren Zeitraum angemessen sein.[497]

Wenn allerdings der Kaufvertrag die fortlaufende Bereitstellung digitaler Inhalte oder digitaler Dienstleistungen über einen Zeitraum vorsieht, so greift die Verpflichtung zum Verschaffen von Aktualisierungen nach Art. 10 Abs. 2 Warenkaufrichtlinie für die Dauer der Verpflichtung, jedenfalls jedoch für 2 Jahre.[498]

Im Rahmen des Art. 6 d Warenkaufrichtlinie legen die Parteien die konkreten Aktualisierungen oder den Zeitraum, für den diese zu leisten sind, zunächst in der vertraglichen Vereinbarung fest. Fraglich ist, ob in dem Fall, in dem zwar eine vertragliche Vereinbarung über bereit zu stellenden Aktualisierungen vorliegt, eine konkrete Abrede zu dem Zeitraum jedoch fehlt, ergänzend auf Art. 7 Abs. 3 Warenkaufrichtlinie abge-

---

496 Art. 7 Abs. 3 a) Warenkaufrichtlinie.

497 *Bach* in NJW 2019, 1705, 1707; *Lommatzsch/Albrecht/Prüfer* in GWR 2020, 331, 333; *Staudenmayer* in NJW 2019, 2889, 2891 f.; *Wendehorst* in Das neue europäische Gewährleistungsrecht, 2019, 111, 130.

498 Art. 7 Abs. 3 b) Warenkaufrichtlinie; *Lommatzsch/Albrecht/Prüfer*, ebd., *Tonner* in VuR 2019, 363, 368.

stellt werden kann. Gegen eine Anwendung des Art. 7 Abs. 3 Warenkaufrichtlinie spricht neben dem Regelungsstandort, der klar und eindeutig den objektiven Anforderungen zugeordnet ist, der unterschiedliche Inhalt der Aktualisierungspflicht. Während Aktualisierungen im Sinne des Art. 7 Abs. 3 Warenkaufrichtlinie auf den Erhalt der Vertragsmäßigkeit der Ware beschränkt sind, kann im Rahmen vertraglich vereinbarter Aktualisierungen eine Verbesserung oder Weiterentwicklung der Ware geschuldet sein.

Anstelle einer Anwendung des Art. 7 Abs. 3 Warenkaufrichtlinie ist es deshalb geboten, die Lösung in einer Auslegung des zwischen den Parteien geschlossenen Vertrags zu suchen. Da dieser Auslegungsansatz auch in Art. 7 Abs. 3 a Warenkaufrichtlinie angelegt ist, widerspricht dies nicht im Grundsatz der von der Richtlinie verfolgten Herangehensweise. Die in Erwägungsgrund 31 dargestellten Kriterien sind in Bezug auf die an dieser Stelle erforderliche Auslegung des Vertrags freilich nicht passend. Der Erwägungsgrund bezieht sich zwar nicht ausdrücklich auf die nach Art. 7 Abs. 3 Warenkaufrichtlinie geschuldeten Aktualisierungen. Inhaltlich stellen die Ausführungen jedoch ausdrücklich auf die vernünftigen Käufererwartungen ab, die in erster Linie von Art. 7 Warenkaufrichtlinie geschützt werden. Auch die Bezugnahme auf die Dauer der Gewährleistungshaftung scheint deutlich auf den Erhalt der Vertragsmäßigkeit der Ware, nicht jedoch auf Aktualisierungen zur Verbesserung und Weiterentwicklung der Leistungen der Ware zugeschnitten. Solche Erwägungen mögen im Einzelfall dennoch fruchtbar sein. Im Rahmen der Auslegung des Vertrags zur Beantwortung der Frage nach der Dauer einer Verschaffungspflicht von Aktualisierungen wird jedoch zunächst auf die Art der konkret geschuldeten Aktualisierungen abzustellen sein. Gegebenenfalls kann auch der Takt, in dem bei bestimmten Produkten größere Entwicklungsschritte erreicht und Nachfolgeprodukte angeboten werden, oder die Frage, inwieweit zu Nachfolgeprodukten entwickelte Updates mit dem gelieferten Vorgängermodell kompatibel sind, einen Anhaltspunkt bieten.

5. Aktualisierungsdefizite

In Art. 6 Warenkaufrichtlinie wird die Bereitstellung von Aktualisierungen als reguläre Anforderung an die Vertragsmäßigkeit der Ware aufgelistet. Liegen in Bezug auf eine Aktualisierung Defizite vor, so führt dies unmittelbar und unabhängig von jeder Auswirkung auf die sonstigen Anforderungen an die Vertragsmäßigkeit zur Vertragswidrigkeit der Ware. Der Vertragsmäßigkeit der Ware schaden dabei, wie Erwägungsgrund 28

Warenkaufrichtlinie klarstellt, sowohl das Unterbleiben der Bereitstellung einer Aktualisierung als auch das Bereitstellen einer fehlerhaften oder unvollständigen Aktualisierung.[499]

In Art. 7 Warenkaufrichtlinie wurden Aktualisierungen nicht in den Katalog der Anforderungen an die Vertragsmäßigkeit aufgenommen. Sie stellen deshalb keinen unabhängigen Anknüpfungspunkt für eine Vertragswidrigkeit dar. Die Aktualisierungen entfalten vielmehr nur dann Relevanz, wenn die Vertragsmäßigkeit der Ware im Sinne des Art. 7 Abs. 1 Warenkaufrichtlinie daran scheitert, dass eine erforderliche Aktualisierung nicht durchgeführt wurde.[500] Aus Erwägungsgrund 30 ergibt sich darüber hinaus, dass der Verkäufer auch dann für die Wiederherstellung der Vertragsmäßigkeit der Ware haften soll, wenn durch eine aufgrund des Kaufvertrags durchgeführte Aktualisierung eine Vertragswidrigkeit verursacht worden ist.[501] Keiner dieser Gesichtspunkte für sich genommen ist aus gewährleistungsrechtlicher Sicht in besonderem Maße bemerkenswert. Für den Verkäufer verbergen sich an dieser Stelle dennoch erhebliche Risiken, weil er unter Umständen auch dann in Anspruch genommen werden kann, wenn er selbst keine Informations- oder Organisationspflicht verletzt hat. Ein solcher Fall liegt beispielsweise dann vor, wenn erforderliche Aktualisierungen vom Hersteller nicht bereitgestellt werden. In einer solchen Situation haftet der Verkäufer gegenüber dem Verbraucher auch dann, wenn er keinerlei Einflussmöglichkeit auf den Hersteller hat.[502]

Auf welchen Zeitpunkt für die Frage nach der Fehlerhaftigkeit einer Aktualisierung abzustellen ist, ist in der Warenkaufrichtlinie nicht geregelt. Sofern es sich um die Aktualisierung von digitalen Inhalten handelt, liegt ein Blick in die parallel verabschiedete Richtlinie (EU) 2019/770 über digitale Inhalte und digitale Dienstleistungen nahe, die sich eingehend mit der Bereitstellung digitaler Inhalte befasst. Auch in dieser ist jedoch keine Vor-

499 Erwägungsgrund 28 zur Warenkaufrichtlinie lautet: „*(…) Die unterbliebene Bereitstellung von im Kaufvertrag vereinbarten Aktualisierungen sollte als Vertragswidrigkeit der Waren betrachtet werden. Darüber hinaus sollten fehlerhafte oder unvollständige Aktualisierungen ebenfalls als Vertragswidrigkeit der Waren betrachtet werden, da dies bedeuten würde, dass solche Aktualisierungen nicht so ausgeführt werden, wie im Kaufvertrag festgelegt wurde.*“.

500 *Wendehorst* in Das neue europäische Gewährleistungsrecht, 2019, 111, 126 ff.

501 Erwägungsgrund (30) lautet: „*(…) Wenn eine Aktualisierung seitens des Verkäufers oder eines Dritten, der gemäß Kaufvertrag den digitalen Inhalt oder die digitale Dienstleistung bereitstellt, die Vertragswidrigkeit einer Ware mit digitalen Elementen verursacht, sollte der Verkäufer für die Wiederherstellung der Vertragsmäßigkeit der Ware haften.*“.

502 *Wendehorst* in Das neue europäische Gewährleistungsrecht, 2019, 111, 126f.

schrift enthalten, die sich direkt mit dem Zeitpunkt für die Beurteilung der Vertragsmäßigkeit bereitgestellter Aktualisierungen auseinandersetzt. Grundsätzlich wird die Vertragsmäßigkeit bereitgestellter digitaler Inhalte nach Art. 10 Abs. 2 der Richtlinie über digitale Inhalte und digitale Dienstleistungen im Zeitpunkt ihrer Bereitstellung beurteilt. Denkbar wäre es deshalb auch in Bezug auf die nach der Warenkaufrichtlinie geschuldeten Aktualisierungen, im Wege einer richtlinienübergreifenden Analogie zu Art. 10 Abs. 2 der Richtlinie über digitale Inhalte und digitale Dienstleistungen, auf den Zeitpunkt ihrer Bereitstellung abzustellen.[503]

6. Nicht installierte Aktualisierungen

Art. 7 Abs. 4[504] Warenkaufrichtlinie entlässt den Verkäufer aus seiner gewährleistungsrechtlichen Haftung, wenn der Verbraucher eine bereitgestellte Aktualisierung nicht installiert und daraus eine Vertragswidrigkeit der Ware resultiert.[505] Diese Entlastung des Verkäufers ist jedoch an weitere Voraussetzungen geknüpft. Sie tritt nur ein, wenn er den Verbraucher nicht nur über die Verfügbarkeit der Aktualisierung, sondern zusätzlich auch über die rechtlichen Folgen des Unterlassens einer Aktualisierung informiert hat. Das Unterlassen oder Fehlschlagen der Installation darf außerdem nicht auf eine vom Verkäufer bereitgestellte, mangelhafte Installationsanleitung zurückzuführen sein.

Auch wenn Art. 7 Abs. 4 Warenkaufrichtlinie sich daher auf den ersten Blick wie ein Ausschlusstatbestand liest, enthält er faktisch eine weitere Verschärfung der Haftung des Verkäufers, den über die Verschaffungspflichten hinaus nun eine zusätzliche Informationspflicht über die Rechtsfolgen des Verbraucherverhaltens trifft. Dass der europäische Rechtsaktge-

503 So *Faber* in Das neue europäische Gewährleistungsrecht, 2019, 63, 79.

504 Art. 7 Abs. 4 Warenkaufrichtlinie lautet: „*(4) Unterlässt es der Verbraucher Aktualisierungen, die er gemäß Absatz 3 erhalten hat, innerhalb einer angemessenen Frist zu installieren, haftet der Verkäufer nicht für eine etwaige Vertragswidrigkeit, die allein auf das Fehlen der entsprechenden Aktualisierung zurückzuführen ist, sofern*
a) der Verkäufer den Verbraucher über die Verfügbarkeit der Aktualisierung und darüber, welche Folgen es hat, wenn der Verbraucher diese nicht installiert, informiert hat und
b) die Tatsache, dass der Verbraucher die Aktualisierung nicht oder unsachgemäß installiert hat, nicht auf eine mangelhafte dem Verbraucher bereitgestellte Installationsanleitung zurückzuführen ist.“.

505 Siehe auch *Wiesemann/Mattheis/Wende* in MMR 2020, 139, 142.

ber bei der Formulierung des Art. 7 Abs. 4 Warenkaufrichtlinie nicht das Ansinnen einer Haftungserleichterung für den Verkäufer verfolgt hat, ergibt sich auch aus Erwägungsgrund 30 zu der Richtlinie. Danach bestand das eigentliche Ziel der Regelung darin, es dem Verbraucher freizustellen, Aktualisierungen zu installieren oder dies zu unterlassen. Sofern der Verbraucher hinreichend informiert worden ist, soll er vom Verkäufer dann aber nicht mehr erwarten dürfen, dass die Vertragsmäßigkeit der Waren gewahrt bleibt.[506]

Die Vorschrift des Art. 7 Abs. 4 Warenkaufrichtlinie bezieht sich nach ihrem Wortlaut und ihrer systematischen Stellung nur auf Aktualisierungen gemäß Art. 7 Abs. 3 Warenkaufrichtlinie. Sie gilt deshalb insbesondere nicht für vertraglich geschuldete Aktualisierungen. Bei diesen kann die Haftung des Verkäufers bei einem Unterbleiben der Installation bereitgestellter Aktualisierungen daher auch unabhängig von einem Rechtsfolgen-Hinweis an den Verbraucher entfallen.

III. Auswirkungen auf das deutsche Kaufrecht

Eine gewährleistungsrechtliche Haftung des Verkäufers für die unterbliebene oder fehlerhafte Bereitstellung von Aktualisierungen ist dem deutschen Kaufrecht fremd. Es enthält für die Beurteilung der Mangelfreiheit einer Kaufsache vielmehr eine ernst gemeinte Bezugnahme auf den Zeitpunkt des Gefahrübergangs.[507]

Auch postuliert das deutsche Kaufrecht keine Pflicht des Verkäufers zur Organisation von Aktualisierungen oder gar eine korrespondierende, objektiv geschützte Käufererwartung. Aktualisierungen können allenfalls

---

506 Erwägungsgrund 30 zur Warenkaufrichtlinie lautet „*(…)Es sollte den Verbrauchern freistehen, die bereitgestellten Aktualisierungen zu installieren. Entscheidet sich der Verbraucher dafür, die Aktualisierungen nicht zu installieren, die notwendig sind, damit die Waren mit digitalen Elementen ihre Vertragsmäßigkeit beibehalten, sollte er jedoch nicht erwarten, dass die Vertragsmäßigkeit der Waren gewahrt bleibt. Der Verkäufer sollte den Verbraucher darüber informieren, dass sich die Entscheidung des Verbrauchers, Aktualisierungen nicht zu installieren, die für die Aufrechterhaltung der Vertragsmäßigkeit der Waren mit digitalen Elementen erforderlich sind, einschließlich der Sicherheitsaktualisierungen, auf die Haftung des Unternehmers für die Vertragsmäßigkeit dieser Merkmale der Waren mit digitalen Elementen, die durch die betreffenden Aktualisierungen gewahrt werden soll, auswirkt. Diese Richtlinie sollte die im Unionsrecht oder im nationalen Recht festgelegten Verpflichtungen zur Bereitstellung von Sicherheitsaktualisierungen unberührt lassen.*“.

507 BeckOK BGB/*Faust*, Stand 1.8.2020, § 434 Rn. 34f.

in Einzelfällen und in Gestalt einer vertraglichen Nebenpflicht im Sinne des § 241 Abs. 2 BGB Eingang in einen Kaufvertrag finden. In dieser Form können sie insbesondere unter dem Gesichtspunkt der Sicherung des Leistungserfolges geschuldet sein.[508] Allerdings wird in diesem Zusammenhang stets eine strikte Beschränkung auf den Erhalt der Leistung beziehungsweise des Leistungserfolges vorgenommen. Eine Verpflichtung des Verkäufers zur Verbesserung oder Weiterentwicklung von in der Kaufsache enthaltenen (digitalen) Elementen oder Software besteht nicht.[509]

Jüngere Musterverträge über den Verkauf von Software enthalten eine ausdrückliche Regelung der Frage, ob und in welchem Umfang Aktualisierungen oder Updates geschuldet werden.[510]

Im Rahmen der Umsetzung der Warenkaufrichtlinie wird das deutsche Kaufrecht zu ändern sein. Dies wird zu einer neuen Verpflichtung zur Information über und Organisation von Aktualisierungen führen. Insbesondere die Regelungen des Art. 7 Abs. 3 und Abs. 4 Warenkaufrichtlinie werden aufgrund ihrer objektiven Bedeutung dabei zu einer Veränderung der Pflichten des Verkäufers und damit des Sachmangelbegriffs des § 434 BGB führen.

Sofern Aktualisierungsfragen bisher einer Lösung über § 241 Abs. 2 BGB zugeführt wurden, wird die Aufnahme nicht bereitgestellter oder fehlerhafter Aktualisierungen in das Sachmängelgewährleistungsrecht zu einer Verkürzung der vom Käufer zu beachtenden Verjährungsfristen führen. Darin besteht sicherlich nicht der Sinn dieser Aufnahme. Positiv wirkt es sich für den Käufer aus, dass er im Rahmen des Gewährleistungsrechts neben einem Nacherfüllungsanspruch insbesondere ein Minderungsrecht erhält. Dieses dürfte eine den Interessen beider Parteien durchaus dienende Alternative zu den Rechtsbehelfen des allgemeinen Schuldrechts, insbesondere dem Rücktrittsrecht, sein. In aller Regel werden bei einer unterbliebenen oder mangelhaften Aktualisierung weder der Käufer noch der Verkäufer ein Interesse an einer vollständigen Rückabwicklung haben, solange die Kaufsache als solche durch diese nicht beschädigt wurde.

---

508 LG Köln NJW-RR 1999, 1285; BeckOK BGB/*Faust*, Stand 1.8.2020, § 241 Rn. 76; *Finger* in NJW 1970, 2049; Palandt/*Grüneberg*, BGB, 2021, § 242 Rn. 29.

509 BeckOK BGB/*Faust*, Stand 1.8.2020, ebd.; *Schrader/Engstler* in MMR 2018, 356.

510 *Schubert* in Beck´sche Online-Formulare IT- und Datenrecht, Stand: 01.08.2020, Rn. 11; siehe auch Auer-Reinsdorff/*Kast*, IT-Recht, 2019, Teil C., § 12 Rn. 171; zu einem "Update-Recht" bei vernetzten Geräten vgl. *Wiesemann/Mattheis/Wende* in MMR 2020, 139.

IV. Schlussfolgerungen zur Reformbedürftigkeit des Mangelbegriffs hinsichtlich der Verpflichtung zur Bereitstellung von Aktualisierungen

Mit der Verpflichtung zur Information über und Organisation von Aktualisierungen hält ein vollkommen neuer Aspekt Einzug in das Konzept der Vertragsmäßigkeit der Ware. Sie ist in erster Linie auf Waren mit digitalen Elementen zugeschnitten und enthält in Bezug auf diese eine durchaus naheliegende Anforderung.

Im deutschen Recht wird man zweifellos einige Schwierigkeiten haben, sich an dieses neue Konzept zu gewöhnen. Dennoch führt für den deutschen Gesetzgeber kein Weg an einer Umsetzung der Anforderung vorbei.

V. Kritik am aktuellen Stand der Umsetzung

Die Anforderung der Aktualisierungen dürfte neben einigen politischen Erwägungen[511] den Hintergrund der im Referentenentwurf vorgenommenen Aufspaltung des Mangelbegriffs darstellen. Der jährliche Erfüllungsaufwand für die Wirtschaft zur Bereitstellung von Aktualisierungen wird im Referentenentwurf auf 137.775.000 EUR geschätzt.[512] Durch die Beschränkung der Anforderung auf den Verbrauchsgüterkauf soll dieser Erfüllungsaufwand offenbar auf ein der Wirtschaft zumutbares Maß begrenzt werden.

Unter rechtlichen Gesichtspunkten sollte diese Aufspaltung vermieden werden. Im Mittelpunkt des Mangelbegriffs muss die Frage stehen, ob die Kaufsache der vertraglichen Vereinbarung und den objektiv geschützten vernünftigen Käufererwartungen entspricht. Dabei kann es nur auf Attribute der Kaufsache, wie ihre Eigenschaften und Funktionen sowie Umweltbeziehungen, und auf Vereinbarungen oder objektive Erfahrungssätze zur Kaufsache ankommen. Die Personen der Vertragsparteien sollten für die Frage, ob eine Kaufsache mangelhaft ist oder nicht, dagegen keine Rolle spielen. Bei den Vertragsparteien fehlt jeglicher Bezug zu der Kaufsache

---

511 Siehe dazu Referentenentwurf, 29: „*Da das allgemeine Kaufvertragsrecht bisher ebenfalls keine spezifischen Regelungen für den Verkauf von Sachen mit digitalen Elementen enthält, wäre es möglich gewesen, die Vorschriften der WKRL über deren Anwendungsbereich hinaus ganz oder teilweise auch in das allgemeine Kaufrecht zu übernehmen. Der vorliegende Entwurf sieht davon mit Blick auf den im Koalitionsvertrag von CDU, CSU und SPD vereinbarten Grundsatz der 1:1-Umsetzung von EU-Vorhaben ab.*“.

512 Referentenentwurf, 2.

als solcher, der es rechtfertigen könnte, ihre Personen in die Beurteilung der Kaufsache als mangelhaft oder mangelfrei einfließen zu lassen.

Der im Referentenentwurf enthaltene Umsetzungsvorschlag zu der Anforderung der Aktualisierungen begegnet weiteren, inhaltlichen Bedenken.

Die Beschränkung der Anforderung der Aktualisierungen auf Sachen mit digitalen Elementen ist nach der hier vertretenen Auffassung nur in Bezug auf objektiv geschuldete Aktualisierungen richtig. Im Rahmen der subjektiven Anforderungen nach Art. 6 d Warenkaufrichtlinie enthält die Warenkaufrichtlinie keine Beschränkung auf Waren mit digitalen Elementen. Die Regelung des § 475b Abs. 3[513] BGB Fassung im Referentenentwurf dürfte daher ebenfalls nicht auf Sachen mit digitalen Elementen beschränkt werden.

Nach § 475b Abs. 4[514] BGB nach Referentenentwurf entspricht eine Kaufsache nur dann den objektiven Anforderungen, wenn dem Verbraucher die objektiv geschuldeten Aktualisierungen bereitgestellt werden. Es besteht die Gefahr, dass auf dieser Grundlage die in Art. 7 Abs. 3[515] Warenkaufrichtlinie enthaltene Organisationspflicht im deutschen Recht als eine echte Leistungspflicht ausgelegt wird. Dafür, dass die objektiven

---

513 Referentenentwurf, 6, siehe dort Art. 1 Nr. 7, § 475b Abs. 3; dieser lautet: „*(3) Eine Sache mit digitalen Elementen entspricht den subjektiven Anforderungen, wenn sie den Anforderungen des § 434 Absatz 2 entspricht und*
für die digitalen Elemente die im Kaufvertrag vereinbarten Aktualisierungen bereitgestellt werden.“.

514 Referentenentwurf, 6, siehe dort Art. 1 Nr. 7, § 475b Abs. 4; dieser lautet: „*(4) Eine Sache mit digitalen Elementen entspricht den objektiven Anforderungen, wenn sie den Anforderungen des § 434 Absatz 3 entspricht und*
dem Verbraucher während des Zeitraums, den er aufgrund der Art und des Zwecks der Sache und ihrer digitalen Elemente sowie unter Berücksichtigung der Umstände und der Art des Vertrags erwarten kann, Aktualisierungen bereitgestellt werden, die für den Erhalt der Vertragsmäßigkeit der Sache erforderlich sind, und der Verbraucher über diese Aktualisierungen informiert wird.
§ 434 Absatz 2 gilt mit der Maßgabe, dass in Bezug auf die Aktualisierungspflicht anstelle des Gefahrübergangs der in Satz 1 bezeichnete Zeitraum tritt.“.

515 Art. 7 Abs. 3 Warenkaufrichtlinie lautet: „*(3) Im Falle von Waren mit digitalen Elementen sorgt der Verkäufer dafür, dass der Verbraucher über Aktualisierungen, einschließlich Sicherheitsaktualisierungen, die für den Erhalt der Vertragsmäßigkeit dieser Waren erforderlich sind, informiert wird und solche erhält*
a) während des Zeitraums, den der Verbraucher aufgrund der Art und des Zwecks der Waren und der digitalen Elemente und unter Berücksichtigung der Umstände und der Art des Vertrags vernünftigerweise erwarten kann, wenn im Kaufvertrag die einmalige Bereitstellung des digitalen Inhalts oder der digitalen Dienstleistung vorgesehen ist, oder

Anforderungen hinsichtlich der Aktualisierungen im Rahmen des Referentenentwurfs tatsächlich als Leistungspflicht verstanden werden, könnte dessen Begründung sprechen. Danach begründet die unterbliebene Bereitstellung von im Kaufvertrag vereinbarten Aktualisierungen einen Sachmangel der Sache mit digitalen Elementen.[516] Für vertraglich vereinbarte Aktualisierungen ist das korrekt. Es fehlt in der Begründung des Referentenentwurfs jedoch die Klarstellung, dass allein die unterbliebene Bereitstellung einer Aktualisierung im Rahmen der objektiven Anforderungen noch keinen Sachmangel begründet. Nach der hier vertretenen Auffassung führt eine Verletzung des Art. 7 Abs. 3 Warenkaufrichtlinie nur dann zu einer Vertragswidrigkeit, wenn die nicht verschaffte oder fehlerhafte Aktualisierung eine Vertragswidrigkeit der Ware im Hinblick auf die übrigen Anforderungen des Art. 7 Abs. 1 Warenkaufrichtlinie auslöst.

Eine Hochstufung der Verpflichtungen des Verkäufers in Bezug auf Aktualisierungen sollte mit Blick auf den durchaus erheblichen Erfüllungsaufwand für die Wirtschaft verhindert werden. An dieser Stelle sollte daher die Formulierung der Warenkaufrichtlinie übernommen werden.

In anderen Bereichen sollte die Formulierung der Warenkaufrichtlinie jedoch zugunsten der im BGB etablierten Terminologie aufgegeben werden. § 475b Abs. 4 BGB Fassung im Referentenentwurf verlangt nach dem aktuellen Stand die Bereitstellung derjenigen Aktualisierungen, die für den Erhalt der Vertragsmäßigkeit der Sache erforderlich sind. Der Begriff der Vertragsmäßigkeit kommt im deutschen Kaufrecht des BGB jedoch sonst nicht vor. Er sollte deshalb auch in § 475b Abs. 4 BGB Fassung im Referentenentwurf durch den Begriff der Mangelfreiheit ersetzt werden.

Der Umstand, dass der Zeitpunkt des Gefahrübergangs in § 475b Abs. 4 S. 2 BGB nach Referentenentwurf durch den Zeitraum der Verpflichtung zur Organisation von Aktualisierungen ersetzt wird, ist im Hinblick auf Erwägungsgrund 37 zur Warenkaufrichtlinie korrekt. Im Regierungsentwurf wird die Regelung des Zeitraums in § 475b Abs. 2[517] BGB nach

---

b) während des gesamten in Artikel 10 Absatz 2 oder Absatz 5 genannten Zeitraums, wenn im Kaufvertrag die fortlaufende Bereitstellung des digitalen Inhalts oder der digitalen Dienstleistung über einen Zeitraum vorgesehen ist.".

516 Referentenentwurf, 31.

517 Regierungsentwurf, 7, siehe dort Art. 1 Nr. 7, 475b Abs. 2, dieser lautet: „*(2) Eine Sache mit digitalen Elementen ist frei von Sachmängeln, wenn sie bei Gefahrübergang und in Bezug auf eine Aktualisierungspflicht auch während des Zeitraums nach Absatz 3 Nummer 2 und Absatz 4 Nummer 2 den subjektiven Anforderungen, den objektiven Anforderungen, den Montageanforderungen und den Installationsanforderungen entspricht.*".

Regierungsentwurf verschoben. Grundsätzlich ist das zu befürworten, weil § 475b Abs. 4 BGB nach Referentenentwurf sich nur auf objektive Anforderungen bezieht, die Ersetzung des Gefahrübergangs durch den Zeitraum, innerhalb dessen Aktualisierungen organisiert werden müssen, sich aber auch auf vertraglich vereinbarte Aktualisierungen beziehen muss. Stilistisch unschön ist dabei, dass § 475b Abs. 2 BGB nach Regierungsentwurf auf einen „*Zeitraum nach Absatz 3 Nr. 2*“ verweist, dieser dann jedoch keinen Zeitraum nennt, sondern nur verlangt, dass die im Kaufvertrag vereinbarten Aktualisierungen bereitgestellt werden. Dieser Kritikpunkt wurde vor Verabschiedung des Umsetzungsgesetzes behoben, indem in § 475b Abs. 3 Nr. 2 BGB Fassung seit 1. Januar 2022 die Formulierung „*während des nach dem Vertrag maßgeblichen Zeitraums*“ ergänzt wurde.

Sofern sich aus dem Verkauf einer Sache mit digitalen Inhalten eine dauerhafte Verpflichtung zur Bereitstellung digitaler Inhalte ergibt, enthält § 475c[518] BGB Fassung im Referentenentwurf eine zusätzliche Regelung des Sachmangels. Die Regelung begegnet der zu § 475b Abs. 4 BGB Fassung im Referentenentwurf dargestellten Kritik.

Im gesamten Verbrauchsgüterkaufrecht wurde der Regierungsentwurf für die finale Fassung des Umsetzungsgesetzes dahin gehend geändert, dass der Begriff der Sache durch denjenigen der Ware ersetzt worden ist. Waren sind in § 241 a Abs. 1 BGB Fassung seit 1. Januar 2022 als „*bewegliche Sachen, die nicht auf Grund von Zwangsvollstreckungsmaßnahmen oder anderen gerichtlichen Maßnahmen verkauft werden*“ legaldefiniert. Da Art. 3 Abs. 4[519] Warenkaufrichtlinie ihre Anwendung für exakt diese Fälle ausschließt, ist diese Beschränkung des Verbrauchsgüterkaufrechts nicht zu beanstanden.

---

518 Referentenentwurf, 7, siehe dort Art. 1 Nr. 7, § 475c dieser lautet: „*(1) Ist beim Kauf einer Sache mit digitalen Elementen ein Bereitstellungszeitraum für die digitalen Elemente vereinbart, so gelten ergänzend die Regelungen dieser Vorschrift. Haben die Parteien nicht bestimmt, wie lange die Bereitstellung andauern soll, so ist § 475b Absatz 4 Satz 1 Nummer 2 entsprechend anzuwenden.*
(2) Der Unternehmer haftet auch dafür, dass die digitalen Elemente während des Bereitstellungszeitraums, mindestens aber für einen Zeitraum von zwei Jahren ab der Ablieferung der Sache, den Anforderungen des § 475b Absatz 2 entsprechen.
(3) Die Pflicht, nach § 475b Absatz 3 und 4 Aktualisierungen bereitzustellen und den Verbraucher darüber zu informieren, besteht während des Bereitstellungszeitraums, mindestens aber für einen Zeitraum von zwei Jahren ab der Ablieferung der Sache.“.

519 Art. 3 Abs. 4 Warenkaufrichtlinie lautet: „*(4) Diese Richtlinie gilt nicht für*
(…)
b) Waren, die aufgrund von Zwangsvollstreckungsmaßnahmen oder anderen gerichtlichen Maßnahmen verkauft werden.“.

I. Rechte Dritter

Fast alle untersuchten Regelwerke enthalten schließlich Vorschriften, die sich mit den Auswirkungen von Rechten Dritter auf die Vertragsmäßigkeit der Ware befassen.

So sehen sowohl Art. IV.A.-2:305[520] DCFR als auch Art. 102 Abs. 1[521] GEK-E vor, dass die Waren frei von Rechten oder nicht offensichtlich unbegründeten Ansprüchen Dritter sein müssen.

Die Regelung des § 435 BGB ist dem sehr ähnlich, indem sie die Kaufsache dann für frei von Rechtsmängeln erklärt, wenn Dritte in Bezug auf die Sache keine oder nur die im Kaufvertrag übernommenen Rechte gegen den Käufer geltend machen können.

In Bezug auf die Verbrauchsgüterkaufrichtlinie ist umstritten, ob sie auch Rechtsmängel mit umfasst.[522] Eine den Vorschriften in den anderen Regelwerken vergleichbar eindeutige Regelung enthält sie nicht. Die umfassende Formulierung des Art. 2 Abs. 1[523] Verbrauchsgüterkaufrichtlinie, nach der alle Arten von Mängeln erfasst sein können, spricht dafür, dass auch Rechtsmängel in den Regelungsumfang der Verbrauchsgüterkauf-

---

520 Art. IV.A.-2:305 DCFR lautet: „*The goods must be free from any right or reasonably well founded claim of a third party. However, if such a right or claim is based on industrial property or other intellectual property, the seller's obligation is governed by the following Article.*".

521 Art. 102 Abs. 1 GEK-E lautet: „*1. Die Waren oder digitalen Inhalte müssen frei von Rechten oder nicht offensichtlich unbegründeten Ansprüchen Dritter sein.*".

522 Dafür Grundmann/Bianca/*Bianca*, Die EU-Kaufrechts-Richtlinie, Art. 3 Rn. 6; Grundmann/Bianca/*Grundmann*, Die EU-Kaufrechts-Richtlinie, Art. 2 Rn. 14; *Rieger* in VuR 1999, 287; dagegen Fraktionsentwurf, BT-Drs. 14/6040, 80; *Doehner*, Die Schuldrechtsreform, 158 f.; *Ernst/Gsell* in ZIP 2000, 1410, 1411; BeckOGK BGB/*Gutzeit*, Stand 15.11.2019, § 435 Rn. 46; Gebauer/Wiedmann/*Leible/Wilke*, Europäisches Zivilrecht, 2021, Kap. 11 Rn. 87; MüKoBGB/*Lorenz*, 2019, Vor § 474 Rn. 13.

523 Art. 2 Abs. 1 Verbrauchsgüterkaufrichtlinie lautet: „*(1) Der Verkäufer ist verpflichtet, dem Verbraucher dem Kaufvertrag gemäße Güter zu liefern.*".

richtlinie fallen. Dagegen sprechen die in Art. 2 Abs. 2[524] enthaltenen Vermutungstatbestände, die sämtlich auf Sachmängel zugeschnitten sind.[525]

Mit Art. 9[526] Warenkaufrichtlinie ist dort wiederum eine Vorschrift vorhanden, die sich nach dem Titel mit den Rechten Dritter befasst. Inhaltlich weicht diese Regelung allerdings insofern bereits auf den ersten Blick von den Regelungen der anderen Texte ab, als Art. 9 Warenkaufrichtlinie nicht schlicht die Freiheit von Rechten Dritter verlangt, sondern auf eine sich aus diesen Rechten ergebende Beschränkung der Nutzbarkeit abstellt. Im Rahmen der Warenkaufrichtlinie wurde also eine neue Herangehensweise an die Problematik mit Rechten Dritter belasteter Waren gewählt.

Um einen Eindruck davon zu erhalten, welche Relevanz dieser neue Ansatz zu den Rechten Dritter für die Umsetzung der Warenkaufrichtlinie entfaltet, müssen die einzelnen Tatbestandsmerkmale des Art. 9 Warenkaufrichtlinie beleuchtet und zu der Regelung des § 435 BGB beziehungsweise den dazu vertretenen Auffassungen ins Verhältnis gesetzt werden.

---

524 Art. 2 Abs. 2 Verbrauchsgüterkaufrichtlinie lautet: „*(2) Es wird vermutet, daß Verbrauchsgüter vertragsgemäß sind, wenn sie*
a)mit der vom Verkäufer gegebenen Beschreibung übereinstimmen und die Eigenschaften des Gutes besitzen, das der Verkäufer dem Verbraucher als Probe oder Muster vorgelegt hat;
b) sich für einen bestimmten vom Verbraucher angestrebten Zweck eignen, den der Verbraucher dem Verkäufer bei Vertragsschluss zur Kenntnis gebracht hat und dem der Verkäufer zugestimmt hat;
c) sich für die Zwecke eignen, für die Güter der gleichen Art gewöhnlich gebraucht werden;
d) eine Qualität und Leistungen aufweisen, die bei Gütern der gleichen Art üblich sind und die der Verbraucher vernünftigerweise erwarten kann, wenn die Beschaffenheit des Gutes und gegebenenfalls die insbesondere in der Werbung oder bei der Etikettierung gemachten öffentlichen Äußerungen des Verkäufers, des Herstellers oder dessen Vertreters über die konkreten Eigenschaften des Gutes in Betracht gezogen werden.“.

525 BeckOK BGB/*Faust*, Stand 1.8.2020, § 435 Rn. 4.

526 Art. 9 Warenkaufrichtlinie lautet: „*Wenn eine Beschränkung, die sich aus einer Verletzung von Rechten Dritter, insbesondere von Rechten des geistigen Eigentums, ergibt, die Nutzung der Waren im Sinne der Artikel 6 und 7 verhindert oder einschränkt, stellen die Mitgliedstaaten sicher, dass der Verbraucher Anspruch auf die Abhilfen bei Vertragswidrigkeit gemäß Artikel 13 hat, es sei denn, im nationalen Recht ist die Nichtigkeit oder Auflösung des Kaufvertrags für solche Fälle vorgesehen.*“.

I. Die Elemente der Tatbestände in den verschiedenen Regelwerken

1. Nutzungsbeeinträchtigung

§ 435 BGB setzt für die Mangelfreiheit der Kaufsache schlicht die Freiheit von Rechten Dritter voraus. Können Dritte Rechte in Bezug auf die Kaufsache geltend machen, sollen diese nach dem Wortlaut der Vorschrift nur dann nicht zu einem Rechtsmangel führen, wenn der Käufer diese Rechte im Kaufvertrag übernommen hat. Die Vorschrift ist allerdings insofern missverständlich formuliert, als vom Käufer freilich nicht die Rechte des Dritten übernommen werden sollen, sondern vielmehr die mit diesen Rechten korrespondierende Schuld gegenüber dem Dritten.

Die Regelung des § 435 BGB zielt auf den Schutz des Vertrauens des Käufers in den Erwerb unbelasteten Eigentums.[527] Liegt eine Belastung des Eigentums vor, die nicht zum Bestandteil des Kaufvertrags gemacht worden ist, so soll das zu einer gewährleistungsrechtlichen Haftung des Verkäufers führen. Eine Beeinträchtigung der Nutzung wird in § 435 BGB für das Vorliegen eines Rechtsmangels nicht vorausgesetzt.[528] Liegt eine solche Nutzungsbeeinträchtigung vor, führt diese bereits zu einem Sachmangel im Sinne des § 434 BGB wegen der fehlenden Eignung der Kaufsache zur vertraglich vereinbarten oder gewöhnlichen Verwendung.[529]

Art. 9 Warenkaufrichtlinie verlangt demgegenüber ausdrücklich eine Beschränkung, die sich aus einer Verletzung von Rechten Dritter ergibt und die Nutzung der Waren im Sinne der Artikel 6 und 7 verhindert oder einschränkt. Mit der Verhinderung oder Einschränkung der Nutzung wird damit zunächst ein neues Tatbestandsmerkmal in das Konzept der Haftung des Verkäufers für die Rechte Dritter eingeführt. Nun wird auch im deutschen Recht vertreten, Rechte, auf die sich Dritte dem Käufer gegenüber hinsichtlich der Kaufsache berufen können, hätten stets einen beeinträchtigenden Einfluss auf die Verwendbarkeit der Kaufsache.[530] Daraus könnte abzuleiten sein, dass die Aufnahme dieses neuen Tatbestandsmerkmals keine besondere Neuerung darstellt und eine Umsetzung von Art. 9 Warenkaufrichtlinie das deutsche Recht vor keine echten Herausforderungen stellen wird. Die Verhinderung oder Einschränkung der

---

527 BeckOK BGB/*Faust*, Stand 1.8.2020, § 435 Rn. 6.

528 Fraktionsentwurf, BT Drs. 14/6040, 218.

529 BeckOK BGB/*Faust*, Stand 1.8.2020, § 435 Rn. 12; MüKoBGB/*Westermann*, 2019, § 434 Rn. 19.

530 BeckOK BGB/*Faust*, Stand 1.8.2020, § 434 Rn. 29.

Nutzung ist jedoch mehr als ein bloßes Tatbestandsmerkmal. Aus Erwägungsgrund 35[531] zur Warenkaufrichtlinie ergibt sich, dass der hinter der Regelung des Art. 9 Warenkaufrichtlinie stehende Zweck im Schutz der vertragsmäßigen Nutzungsmöglichkeiten durch den Verbraucher besteht. Im Rahmen von Art. 9 Warenkaufrichtlinie wird das Konzept der gewährleistungsrechtlichen Haftung des Verkäufers für Rechte Dritter deshalb vollständig umgestaltet. Der Fokus wird gänzlich weg vom Interesse des Käufers am Erwerb unbelasteten Eigentums und hin zum Schutz seiner Nutzungsmöglichkeit verschoben.

Indem Art. 9 Warenkaufrichtlinie der Frage nach einer Nutzungsbeeinträchtigung eine derart große Bedeutung beimisst, rückt sein Anwendungsbereich wesentlich näher an denjenigen der Art. 6 b[532] und 7 Abs. 1 a[533] Warenkaufrichtlinie heran, als es bei den zu vergleichenden Vorschriften in BGB, GEK-E und DCFR der Fall ist. Da die Art. 6 und 7 Warenkaufrichtlinie sogar Eingang in den Wortlaut des Art. 9 Warenkaufrichtlinie gefunden haben, ist diese Annäherung vom europäischen Rechtsaktgeber durchaus bewusst gewählt. Fraglich ist deshalb, ob der Anwendungsbereich des Art. 9 Warenkaufrichtlinie von demjenigen der Art. 6 und 7 Abs. 1 Warenkaufrichtlinie, insbesondere der dort enthaltenen Anforderung der Eignung der Ware für den vereinbarten beziehungsweise gewöhnlichen Zweck, abgegrenzt werden muss.

---

531 Erwägungsgrund 35 zur Warenkaufrichtlinie lautet: „*Vertragsmäßigkeit sollte die Abwesenheit von Sachmängeln und Rechtsmängeln umfassen. Beschränkungen, die sich aus einer Verletzung von Rechten Dritter ergeben, insbesondere von Rechten des geistigen Eigentums, könnten die vertragsgemäße Nutzung von Waren verhindern oder einschränken. Die Mitgliedstaaten sollten sicherstellen, dass der Verbraucher in derartigen Fällen Anspruch auf in der vorliegenden Richtlinie für Fälle von Vertragswidrigkeit vorgesehene Abhilfen hat, es sei denn, nationales Recht sieht in solchen Fällen die Nichtigkeit oder die Auflösung des Vertrags vor.*“.

532 Art. 6 b) Warenkaufrichtlinie lautet: "*Die Waren entsprechen dem Kaufvertrag, insbesondere wenn sie, soweit dies anwendbar ist,*
(…)
b) sich für einen bestimmten vom Verbraucher angestrebten Zweck eignen, den der Verbraucher dem Verkäufer spätestens bei Abschluss des Kaufvertrags zur Kenntnis gebracht und dem der Verkäufer zugestimmt hat,“.

533 Art. 7 Abs. 1 a) Warenkaufrichtlinie lautet: „*(1) Zusätzlich zur Einhaltung der subjektiven Anforderungen an die Vertragsmäßigkeit müssen die Waren*
a) für die Zwecke geeignet sein, für die Waren der gleichen Art in der Regel gebraucht werden, gegebenenfalls unter Berücksichtigung des bestehenden Unionsrechts und nationalen Rechts, technischer Normen oder — in Ermangelung solcher technischer Normen — anwendbarer sektorspezifischer Verhaltenskodizes,“.

Die Abgrenzung zwischen Sach- und Rechtsmangel bereitet im deutschen Recht einige Schwierigkeiten. Dabei ist unter anderem umstritten, ob Sach- und Rechtsmängel bei einer Beeinträchtigung der Verwendungseignung miteinander konkurrieren können.[534] Für die Frage der Abgrenzungsbedürftigkeit, aber auch für die Abgrenzungskriterien, spielen die an eine Einordnung als Sach- oder Rechtsmangel geknüpften Rechtsfolgen eine erhebliche Rolle. Im deutschen Recht ergeben sich Unterschiede hinsichtlich des für die Ermittlung eines Rechtsmangels relevanten Zeitpunkts, in Bezug auf den jedenfalls teilweise auf den Eigentumsübergang und nicht auf den Gefahrübergang abgestellt wird, und der Anwendbarkeit der Beweislastumkehr, die nach § 477 BGB nur für Sachmängel greift.

Im Rahmen der Warenkaufrichtlinie sind die Rechtsfolgen der Art. 6, 7 und 9 Warenkaufrichtlinie jedoch identisch.[535] Es ist deshalb kein rechtlicher Grund ersichtlich, der verhindert, dass Art. 6 oder 7 und Art. 9 Warenkaufrichtlinie gleichzeitig zur Anwendung kommen können. Der Wortlaut des Art. 9 Warenkaufrichtlinie, der ausdrücklich auf die Nutzung der Ware im Sinne der Art. 6 oder 7 Warenkaufrichtlinie verweist, legt vielmehr nahe, dass im Rahmen der Warenkaufrichtlinie eine gemeinsame Anwendung geboten ist. Folgt eine Nutzungsbeeinträchtigung daher aus einer rechtlichen Beschränkung auf der Grundlage der Rechte Dritter, so ergibt sich die Vertragswidrigkeit der Ware aus Art. 6 oder Art. 7 in Verbindung mit Art. 9 Warenkaufrichtlinie.

Art. 9 Warenkaufrichtlinie kodifiziert mit anderen Worten nichts anderes als einen rechtlich geprägten Fall einer regulären Verletzung der Anforderung der Eignung der Ware zu ihrem vertraglich vereinbarten oder gewöhnlichen Zweck.

2. Betroffene Rechte

Fraglich ist, ob die Rechte Dritter, vor denen ein Käufer in den verschiedenen Systemen geschützt werden soll, inhaltlich übereinstimmen.

---

534 In diesem Sinne BeckOK BGB/*Faust*, Stand 1.8.2020, § 435 Rn. 12; aA BeckOGK BGB/*Gutzeit*, Stand 15.11.2019, § 435 Rn. 29; Staudinger/*Matusche-Beckmann*, BGB, 2014, § 435 Rn. 26.

535 Siehe unten Kapitel I. Abschnitt I. 5. und 6.

a) Geistiges Eigentum etc.

Sowohl im Wortlaut des Art. 9 Warenkaufrichtlinie als auch in Erwägungsgrund 35 zur Warenkaufrichtlinie werden im Rahmen der Rechte Dritter die Rechte aus dem geistigen Eigentum besonders hervorgehoben. Sie dürften daher die Motivation des europäischen Rechtsaktgebers für die Aufnahme des Art. 9 in die Warenkaufrichtlinie dargestellt haben.

Der besondere Stellenwert solcher Rechte ist mit Blick auf die von der Warenkaufrichtlinie besonders in den Fokus genommenen Waren mit digitalen Elementen zu erklären. Digitale Inhalte sind geradezu üblicherweise mit den genannten Rechten Dritter aus dem geistigen Eigentum behaftet.[536] Anders als andere Rechte können die Rechte aus dem geistigen Eigentum nicht immer vollständig übertragen werden. Auch ein gutgläubiger Erwerb ist in Bezug auf Urheberrechte und andere gewerbliche Schutzrechte von Beginn an ausgeschlossen.[537]

In Bezug auf die genannten Rechte aus dem geistigen Eigentum an digitalen Inhalten ist deshalb auch die Beschränkung auf Nutzungsbeeinträchtigungen ohne Weiteres nachzuvollziehen. Eine Freiheit von solchen Rechten kann üblicherweise nicht geleistet werden. Der Käufer kann deshalb nur erwarten, bei der vertragsgemäßen Nutzung von diesen Rechten nicht beeinträchtigt zu werden. Eine solche Beeinträchtigung liegt beispielsweise dann vor, wenn ein Verbraucher nach dem Erwerb von Ware mit digitalen Elementen im Rahmen der Installation mit dem dritten Rechteinhaber eine Endnutzer-Lizenzvereinbarung (end-user license agreement – EULA) abschließen muss, die ihm bestimmte Nutzungsvarianten oder Handlungen untersagt.[538]

---

536 *Faber* in Das neue europäische Gewährleistungsrecht, 2019, 63, 103.

537 Auer-Reinsdorff/Conrad/*Redeker*, IT-Recht, 2019, Teil C, § 16 Rn. 76.

538 Dieses Beispiel ist Erwägungsgrund 53 zu der Richtlinie (EU) 2019/770 entnommen, die sich explizit mit digitalen Inhalten auseinandersetzt. Diese entfalten im Rahmen der Warenkaufrichtlinie als Bestandteil von Waren mit digitalen Inhalten Relevanz. Erwägungsgrund 53 zur Richtlinie (EU) 2019/770 lautet: *"Beschränkungen der Nutzung digitaler Inhalte oder digitaler Dienstleistungen durch den Verbraucher im Einklang mit dieser Richtlinie könnten aufgrund von Einschränkungen entstehen, die vom Inhaber von Rechten des geistigen Eigentums im Einklang mit den Rechtsvorschriften für geistiges Eigentum auferlegt wurden. Solche Beschränkungen können sich aus der Lizenzvereinbarung für Endnutzer ergeben, gemäß der die digitalen Inhalte oder die digitalen Dienstleistungen für den Verbraucher bereitgestellt werden. Dies kann beispielsweise dann der Fall sein, wenn dem Verbraucher durch eine Lizenzvereinbarung für Endnutzer untersagt ist, bestimmte Merkmale im Zusammenhang mit der Funktionalität der digitalen Inhalte oder digitalen Dienstleistungen*

Rechte aus geistigem Eigentum stehen in aller Regel in einem unmittelbaren Zusammenhang zu den physischen Eigenschaften und den sich daraus ergebenden Funktionen der Kaufsache. Dieser Zusammenhang kann auch in Bezug auf geistiges Eigentum an digitalen Inhalten hergestellt werden, weil diese über die Speicherung der sie enthaltenden Codes auf den in der Ware enthaltenen Datenträgern mit dieser verbunden werden. Im deutschen Recht können Rechte aus geistigem Eigentum deshalb häufig bereits unter den Beschaffenheitsbegriff subsumiert werden und führen folglich zu einem Sachmangel nach § 434 BGB.[539]

b) Dingliche Belastungen

Im deutschen Recht besteht einer der Hauptanwendungsfälle des § 435 BGB in der Belastung des Eigentums mit beschränkt dinglichen Rechten. Fraglich ist, ob diese auch von Art. 9 Warenkaufrichtlinie umfasst sind. Grundsätzlich lässt der Wortlaut des Art. 9 Warenkaufrichtlinie dies ohne Weiteres zu.[540] Die Rechte aus geistigem Eigentum werden insoweit nur beispielhaft („insbesondere") aufgeführt.

Aus der zusätzlichen Voraussetzung der Nutzungsbeeinträchtigung ergibt sich jedoch, dass dies nur für solche Rechte gelten kann, die einer Nutzung durch den Käufer entgegenstehen können. Bei einigen beschränkt dinglichen Rechten, die im deutschen Recht im Rahmen von § 435 BGB zu einem Rechtsmangel führen, ist durchaus fraglich, ob sie in Konflikt mit der vertragsmäßigen Nutzung der Kaufsache durch den Käufer treten können. An dieser Stelle können nicht alle denkbaren beschränkt dinglichen Rechte im Hinblick auf ihre Eignung zur Beeinträchtigung der vertraglichen Nutzung geprüft werden. In Zweifelsfällen wird

---

zu nutzen. Eine solche Beschränkung könnte dazu führen, dass die digitalen Inhalte oder die digitalen Dienstleistungen die in dieser Richtlinie festgelegten objektiven Anforderungen an die Vertragsmäßigkeit nicht erfüllen, sofern sie Merkmale betreffen sollte, die digitale Inhalte oder digitale Dienste desselben Typs für gewöhnlich aufweisen und die der Verbraucher vernünftigerweise erwarten kann. In solchen Fällen sollte der Verbraucher in der Lage sein, gegenüber dem Unternehmer, der die digitalen Inhalte oder die digitalen Dienstleistungen geliefert hat, die in dieser Richtlinie festgelegten Abhilfen für Vertragswidrigkeit geltend zu machen. (…)".

539 BeckOK BGB/*Faust*, Stand 1.8.2020, § 435 Rn. 11; BeckOGK BGB/*Gutzeit*, Stand 15.11.2019, § 435 Rn. 36; a.A.: Erman/*Grunewald*, BGB, 2017, § 435 Rn. 7; MüKoBGB/*Westermann*, 2019, § 435 Rn. 4.

540 So auch *Faber* in Das neue europäische Gewährleistungsrecht, 2019, 63, 105.

die Eignung des Rechts eines Dritten zur Beeinträchtigung der Nutzung durch den Käufer eigens festzustellen sein. Zur Veranschaulichung mögen die folgenden beiden Beispiele dienen.

Die Gefahr einer Nutzungsbeeinträchtigung kann etwa bei Pfandrechten oder Anwartschaftsrechten hinterfragt werden. Solange der Verkäufer in der Lage ist, dem Käufer den Besitz an der Kaufsache zu verschaffen, wird dieser zunächst in der Lage sein, diese zu nutzen. In beiden Fällen ist eine Beeinträchtigung der Nutzung indes nicht ausgeschlossen. Sowohl bei Pfandrechten als auch bei Anwartschaftsrechten drohen Herausgabeansprüche, die jede weitere Nutzung vollständig vereiteln können.

Problematisch könnte die Frage der Nutzungsbeeinträchtigung auch im Bereich des von der Warenkaufrichtlinie nicht geregelten Verkaufs von Immobilien sein. Im Rahmen des § 435 BGB führen in etwa an einem Grundstück bestehende Reallasten zu einem Rechtsmangel. Diese stehen einer Nutzung des Grundstücks nicht grundsätzlich entgegen. Allerdings droht auch im Rahmen von Reallasten eine Nutzungsbeeinträchtigung im Zusammenhang mit der Zwangsvollstreckung. Und auch ohne Eintritt des Sicherungsfalls können sich Reallasten im Falle einer Weiterveräußerung und vor allem bei jeder weiteren Nutzung des Grundstücks als Sicherheit als Beeinträchtigung erweisen. Eine Beeinträchtigung der vertragsmäßigen Nutzung ist daher auch in diesen Fällen nicht ausgeschlossen.

In beiden Fällen sind die beschränkt dinglichen Rechte eines Dritten folglich grundsätzlich dazu geeignet, in Kollision mit den Nutzungsinteressen des Käufers zu treten, sodass sie als Anwendungsfälle von Art. 9 Warenkaufrichtlinie in Betracht kommen. Die dargestellten Beispiele führen aber zu der Frage, ob es für eine Anwendung des Art. 9 Warenkaufrichtlinie ausreicht, wenn das Risiko einer Nutzungsbeeinträchtigung in dem an der Ware bestehenden Recht eines Dritten grundsätzlich angelegt ist. Es könnte demgegenüber auch erforderlich sein, dass der berechtigte Dritte seine Rechte gegenüber dem Käufer geltend macht und sich so die Nutzungsbeeinträchtigung tatsächlich verwirklicht.

In letzterem Sinne könnte insbesondere der Wortlaut der Richtlinie zu verstehen sein, der ausdrücklich eine Verhinderung oder Einschränkung der Nutzung verlangt. Eine solche liegt jedoch nicht vor, solange dingliche Rechte nicht geltend gemacht werden.

Die Tatsache, dass die Unvereinbarkeit der Rechte des Dritten mit denjenigen des Käufers bereits im Zeitpunkt der Lieferung besteht, spricht demgegenüber dafür, dass eine latent angelegte Nutzungsbeeinträchtigung ausreicht. Ob sich dieses Grundproblem im weiteren Verlauf verwirklicht, ist maßgeblich davon abhängig, ob der Dritte sich dazu entscheidet, seine

Rechte geltend zu machen. Für die Parteien des Kaufvertrags handelt es sich dabei um einen externen Faktor, der auf das rechtliche Verhältnis zwischen den beiden Parteien keinen Einfluss haben sollte.[541] Auch ein Vergleich mit der Rechtslage bei einem Sachmangel spricht für das Ausreichen eines latenten Risikos. Ein Sachmangel liegt auch dann vor, wenn dieser zum Zeitpunkt des Gefahrübergangs nur latent in der Kaufsache angelegt ist, sich erst zu einem späteren Zeitpunkt zeigt und dabei gegebenenfalls zu einer Nutzungsbeeinträchtigung führt.[542]

Die überzeugenderen Argumente sprechen deshalb dafür, dass eine Geltendmachung der Rechte durch den berechtigten Dritten nicht erforderlich ist. Folgt man dieser Ansicht, so ergibt sich an dieser Stelle eine Parallele zum deutschen Recht, das nach dem eindeutigen Wortlaut des § 435 BGB („geltend machen können") ebenfalls nicht verlangt, dass der Rechteinhaber sein Recht tatsächlich geltend macht.[543] Verlangt man demgegenüber, dass der Dritte seine Rechte geltend macht und damit die Nutzungsbeeinträchtigung aktiviert, so wären auch an dieser Stelle die in Art. 9 Warenkaufrichtlinie geregelten Fälle im deutschen Recht einer Lösung über einen Sachmangel wegen fehlender Verwendungseignung nach § 434 Abs. 1 S. 2 Nr. 1 oder Nr. 2 BGB zugänglich.[544]

c) Obligatorische Rechte

Ein weiterer durchaus relevanter Anwendungsfall des § 435 BGB besteht darin, dass obligatorische Rechte Dritter an der Kaufsache bestehen. Der häufigste Fall, in dem der Käufer der Sache nach §§ 566, 581 Abs. 2 BGB in einen bestehenden Miet- oder Pachtvertrag eintritt, betrifft allerdings Wohnraum und liegt damit außerhalb des Anwendungsbereichs der Warenkaufrichtlinie.

Anders als Art. IV.A.-2:305 DCFR und Art. 102 Abs. 1 GEK-E enthält Art. 9 Warenkaufrichtlinie keinen ausdrücklichen Hinweis auf Ansprüche Dritter. Der Wortlaut des Art. 9 Warenkaufrichtlinie steht einer Anwendung auf obligatorische Rechte Dritter jedoch auch nicht grundsätzlich entgegen.

---

541 *Faber* in Das neue europäische Gewährleistungsrecht, 2019, 63, 105.

542 *Faber*, ebd.

543 BeckOK BGB/*Faust*, Stand 1.8.2020, § 435 Rn. 7.

544 Vgl. BeckOK BGB/*Faust*, Stand 1.8.2020, § 435 Rn. 12.

Auch in Bezug auf diese wird im Einzelfall erforderlich sein, dass sie dazu geeignet sind, eine Nutzungsbeeinträchtigung herbeizuführen. Wie das bereits angesprochene Beispiel der Miete zeigt, wird das bei obligatorischen Rechten häufig der Fall sein.[545]

d) Öffentlich-rechtliche Beschränkungen

Im deutschen Recht werden auch öffentlich-rechtliche Beschränkungen unter den Begriff des Rechtsmangels nach § 435 BGB subsumiert. Da der Wortlaut des Art. 9 Warenkaufrichtlinie ebenso wie derjenige des § 435 BGB auf die Rechte Dritter abstellt, ist die Anwendbarkeit auf öffentlich-rechtliche Beschränkungen in Art. 9 Warenkaufrichtlinie weder mehr noch weniger angelegt als im Rahmen des § 435 BGB.

Einen klaren Verweis auf die Vorgaben staatlichen Rechts und des Unionsrechts enthält jedoch Art. 7 Abs. 1 a Warenkaufrichtlinie. Dieser verlangt die Berücksichtigung von Unionsrecht und nationalem Recht im Rahmen der Prüfung der Vertragsmäßigkeit der Ware in Bezug auf ihre Eignung für die Zwecke, die bei Waren der gleichen Art üblich sind. In diesem Zusammenhang können deshalb ohne Weiteres auch öffentlich-rechtliche Beschränkungen zum Auslöser der Vertragswidrigkeit der Ware gemacht werden, wenn diese dazu führen, dass die gelieferte Ware nicht in der Form genutzt werden kann, wie es bei Waren der gleichen Art üblich ist.

Da auch Art. 9 Warenkaufrichtlinie ausdrücklich eine Beeinträchtigung der Nutzbarkeit für den Verbraucher verlangt, bietet eine Anwendung der Vorschrift keinen Vorteil gegenüber einer isolierten Anwendung des Art. 7 Warenkaufrichtlinie. Im Gegenteil wird für eine Anwendung des Art. 9 Warenkaufrichtlinie im Einzelnen einiger Begründungsaufwand zu betreiben sein, um herzuleiten, inwiefern die konkreten öffentlich-rechtlichen Beschränkungen das Recht eines Dritten darstellen. Im Rahmen der Warenkaufrichtlinie ist es deshalb überzeugender, öffentlich-rechtliche Beschränkungen einer Lösung allein über Art. 7 Abs. 1 a Warenkaufrichtlinie zuzuführen.

---

545 *Faber* in Das neue europäische Gewährleistungsrecht, 2019, 63, 106.

3. Verletzung der Rechte

Nach dem Wortlaut des Art. 9 Warenkaufrichtlinie muss sich die Beschränkung, die zu der Nutzungsbeeinträchtigung für den Verbraucher führt, aus einer Verletzung der Rechte Dritter ergeben. Das könnte darauf hindeuten, dass eine bloße Kollision der Rechte des Verbrauchers mit denjenigen des Dritten nicht ausreicht, sondern vielmehr zunächst eine Verletzung der Rechte des Dritten vorliegen muss und die Nutzungsbeeinträchtigung nur ein Resultat aus dieser Verletzung ist.

Die Warenkaufrichtlinie selbst enthält dazu keine weiteren erhellenden Ausführungen. Anders ist das jedoch bei der Richtlinie (EU) 2019/770, die sich mit digitalen Dienstleistungen und digitalen Inhalten befasst. Letztere sind jedoch in dem Moment, in dem sie mit einer Ware verbunden sind, nach der Warenkaufrichtlinie zu behandeln. Die Hervorhebung der Rechte aus geistigem Eigentum deutet außerdem darauf hin, dass der europäische Rechtsaktgeber bei der Formulierung des Art. 9 Warenkaufrichtlinie einmal mehr insbesondere Waren mit digitalen Inhalten in den Fokus genommen hat. Es darf deshalb davon ausgegangen werden, dass bei einer Auslegung des Art. 9 Warenkaufrichtlinie die Erwägungsgründe zu der Richtlinie (EU) 2019/770 jedenfalls insoweit herangezogen werden können, als dies für eine richtungsweisende Orientierung erforderlich ist.

In dem in Erwägungsgrund 53[546] zur Richtlinie (EU) 2019/770 enthaltenen Beispiel, in dem der Verbraucher deshalb an der vertragsgemäßen Nutzung der digitalen Inhalte gehindert wird, weil er mit dem Rechteinhaber eine Endnutzer-Lizenz-Vereinbarung (EULA) abschließen musste, die ihm dieses untersagt, liegt in aller Regel keine Verletzung der Rechte des Dritten vor. Der Abschluss der Endnutzer-Lizenz-Vereinbarung führt vielmehr dazu, dass diese Rechte umfassenden Schutz erhalten. Die Nutzungsbeeinträchtigung für den Verbraucher ergibt sich in diesem Fall also

---

546 Erwägungsgrund 53 zur Richtlinie (EU) 2019/770 lautet: *„Beschränkungen der Nutzung digitaler Inhalte oder digitaler Dienstleistungen durch den Verbraucher im Einklang mit dieser Richtlinie könnten aufgrund von Einschränkungen entstehen, die vom Inhaber von Rechten des geistigen Eigentums im Einklang mit den Rechtsvorschriften für geistiges Eigentum auferlegt wurden. Solche Beschränkungen können sich aus der Lizenzvereinbarung für Endnutzer ergeben, gemäß der die digitalen Inhalte oder die digitalen Dienstleistungen für den Verbraucher bereitgestellt werden. Dies kann beispielsweise dann der Fall sein, wenn dem Verbraucher durch eine Lizenzvereinbarung für Endnutzer untersagt ist, bestimmte Merkmale im Zusammenhang mit der Funktionalität der digitalen Inhalte oder digitalen Dienstleistungen zu nutzen. (…)“.*

nicht aus einer Verletzung der Rechte des Dritten, sondern vielmehr daraus, dass er eine solche unterlassen muss.[547]

Erwägungsgrund 54 zur Richtlinie (EU) 2019/770 stellt zunächst tatsächlich auf eine Verletzung der Rechte Dritter (z.B. durch den Anbieter) ab. Im weiteren Verlauf wird jedoch ausdrücklich klargestellt, dass ein Rechtsmangel im Sinne der Richtlinie auch dann vorliegen soll, wenn der Rechteinhaber *"den Unternehmer rechtmäßig zwingt, die Verletzung dieser Rechte einzustellen und die betreffenden digitalen Inhalte oder digitalen Dienstleistungen nicht mehr bereitzustellen oder der Verbraucher die digitalen Inhalte oder digitalen Dienstleistungen nicht nutzen kann, ohne gegen das Recht zu verstoßen*".[548] Auch aus Erwägungsgrund 54 ergibt sich deshalb, dass es genügt, wenn eine Nutzungsbeeinträchtigung dadurch entsteht, dass eine Verletzung der Rechte des Dritten nicht (mehr) stattfindet oder der Verbraucher jede Verletzung unterlässt, weil er sonst gegen das Recht verstoßen würde.[549]

Diese Überlegungen zu Rechten aus dem geistigen Eigentum an digitalen Inhalten dürften auch auf andere Rechte Dritter an gelieferten Waren auszudehnen sein. Der konkrete Inhalt der in den Erwägungsgründen zur Richtlinie (EU) 2019/770 enthaltenen Beispiele ist dem Anwendungsbereich der Richtlinie geschuldet. Die Interessenlage der Vertragsparteien weicht bei anderen Waren jedoch nicht in relevanter Art von der in den Beispielen dargestellten Situation ab. Unabhängig von ihrer Verletzung führen die Rechte Dritter nach dem Konzept des Art. 9 Warenkaufrichtlinie auch bei anderen Waren dazu, dass der Verbraucher die gelieferten Waren nicht nutzen kann beziehungsweise darf. Der Verkäufer hat auch bei anderen Waren seine Pflicht zur Lieferung vertragsmäßiger Waren ver-

---

547 Vgl. *Faber* in Das neue europäische Gewährleistungsrecht, 2019, 63, 103.

548 Erwägungsgrund 54 zur Richtlinie (EU) 2019/770 lautet: „*Rechtsmängel sind bei digitalen Inhalten oder digitalen Dienstleistungen, die Rechten des geistigen Eigentums unterliegen, besonders erheblich. Beschränkungen der Nutzung digitaler Inhalte oder digitaler Dienstleistungen durch den Verbraucher im Einklang mit dieser Richtlinie könnten ein Ergebnis von Verletzungen von Rechten Dritter sein. Ein solcher Verstoß könnte den Verbraucher wirksam an der Nutzung digitaler Inhalte oder digitaler Dienstleistungen oder einiger ihrer Merkmale hindern beispielsweise wenn der Verbraucher überhaupt nicht oder nicht rechtmäßig auf die digitalen Inhalte oder digitalen Dienstleistungen zugreifen kann. Der Grund dafür kann darin liegen, dass der Dritte den Unternehmer rechtmäßig zwingt, die Verletzung dieser Rechte einzustellen und die betreffenden digitalen Inhalte oder digitalen Dienstleistungen nicht mehr bereitzustellen, oder dass der Verbraucher die digitalen Inhalte oder digitalen Dienstleistungen nicht nutzen kann, ohne gegen das Recht zu verstoßen. (…)*“.

549 Vgl. *Faber* in Das neue europäische Gewährleistungsrecht, 2019, 63, 104.

letzt, indem er solche Waren geliefert hat, in denen aufgrund der Rechte eines Dritten eine Nutzungsbeeinträchtigung angelegt war. Er kann auch bei anderen Waren nicht deshalb privilegiert werden, weil ein rechtstreuer Verbraucher die Verletzung der Rechte des Dritten unterlässt oder umgekehrt der Dritte eine Verletzung seiner Rechte effektiv unterbindet.

Der Tatbestand des Art. 9 Warenkaufrichtlinie ist deshalb so auszulegen, dass eine Kollision der gegenüber dem Verbraucher geschuldeten Rechtsposition mit den Rechten Dritter ausreichend ist. Eine darüber hinausgehende, echte Verletzung der Rechte des Dritten ist entgegen dem Wortlaut des Art. 9 Warenkaufrichtlinie nicht erforderlich.[550]

4. Person des Dritten

Der Begriff des Dritten wird im deutschen Recht sehr weit ausgelegt. Insbesondere werden sowohl der Verkäufer[551] als auch teilweise der Käufer als Dritte aufgefasst.[552] Vor allem der letztere Gesichtspunkt verliert mit der in Art. 9 Warenkaufrichtlinie enthaltenen Voraussetzung einer Nutzungsbeeinträchtigung seinen Sinn. Ist es der Käufer selbst, dem Rechte an der Ware zustehen, so können diese einer Nutzung nicht entgegenstehen. Ist es dagegen der Verkäufer, der Rechte an der Ware hat, die mit einer vertragsmäßigen Nutzung durch den Käufer konfligieren, so wird er ohne Weiteres in der Lage sein, diesen Konflikt durch die Gewährung eines Nutzungsrechts aus dem Weg zu räumen. Wird die Gewährung eines solchen Nutzungsrechts vor oder bei der ursprünglichen Lieferung der Ware versäumt, ist es allerdings durchaus naheliegend, diese als die Lieferung nicht vertragsmäßiger Ware aufzufassen. Eine nachgeschobene Gewährung eines Nutzungsrechts wäre dann Gegenstand eines Nacherfüllungsanspruchs.

---

550 So auch *Faber*, aaO, 63, 103 f.

551 BeckOK BGB/*Faust*, Stand 1.8.2020, § 435 Rn. 17; Erman/*Grunewald*, BGB, 2017, § 435 Rn. 10; BeckOGK BGB/*Gutzeit*, Stand 15.11.2019, § 435 Rn. 15; Staudinger/*Matusche-Beckmann*, BGB, 2014, § 435 Rn. 8; Palandt/*Weidenkaff*, BGB, 2021, § 435 Rn. 6.

552 RGZ 59, 400, 404 ff.; BeckOK BGB/*Faust*, Stand 1.8.2020, ebd; Palandt/*Weidenkaff*, BGB, 2021, ebd.; aA NK-BGB/*Büdenbender*, 2012, § 435 Rn. 16; Erman/*Grunewald*, BGB, 2017, ebd.; BeckOGK BGB/*Gutzeit*, Stand 15.11.2019, ebd.; Staudinger/*Matusche-Beckmann*, BGB, 2014, ebd.

5. Relevanter Zeitpunkt

Im deutschen Recht ist umstritten, auf welchen Zeitpunkt in Bezug auf die Feststellung eines Rechtsmangels abzustellen ist. Teilweise wird wie beim Sachmangel auf den Zeitpunkt des Gefahrübergangs abgestellt.[553] Insbesondere in der älteren Rechtsprechung und in der Literatur wird vertreten, für den Rechtsmangel komme es auf den Zeitpunkt des Eigentumsübergangs an.[554]

Im Rahmen der Warenkaufrichtlinie ist auf den Zeitpunkt der Lieferung abzustellen.[555] Dabei handelt es sich nicht nur um den einzigen Zeitpunkt, der in der Richtlinie genannt ist und an den in Art. 10 Warenkaufrichtlinie für die Haftung des Verkäufers angeknüpft wird. Darüber hinaus ist zu berücksichtigen, dass die Rechtsfolge im Rahmen der Warenkaufrichtlinie aus der Nutzungsbeeinträchtigung hergeleitet wird. Geschützt wird also nicht das Interesse des Käufers am Erwerb eines unbeeinträchtigten Rechts an der Sache, der gegebenenfalls zu einem anderen, späteren Zeitpunkt als dem Gefahrübergang stattfinden kann. Geschützt wird das Interesse des Käufers, die Kaufsache nutzen zu können. Die Nutzung der Kaufsache beginnt üblicherweise bereits mit ihrer Inbesitznahme und damit im Moment des Gefahrübergangs. Für Sachmängel, die sich aus einer Nutzungsbeeinträchtigung aufgrund von Rechten Dritter ergeben, wird auch im deutschen Recht unstreitig auf den Zeitpunkt des Gefahrübergangs abgestellt.[556]

6. Rechtsfolgen

Im deutschen Recht führt das Nichtvorliegen eines Tatbestandsmerkmals von § 435 BGB zu einem Rechtsmangel. Da der Verkäufer die Kaufsache nach § 433 Abs. 1 S. 2 BGB frei von Sach- und Rechtsmängeln zu leisten hat, löst ein solcher Mangel Gewährleistungsrechte des Käufers nach § 437 BGB aus.

553 BGH NJW 2017, 1666, 1667; BGH NJW 2004, 1802.

554 BGH NJW 1991, 915, 916; RGZ 111, 86, 89; Erman/*Grunewald*, BGB, 2017, § 435 Rn. 16; BeckOGK BGB/*Gutzeit*, Stand 15.11.2019, § 435 Rn. 26; Staudinger/*Matusche-Beckmann*, BGB, 2014, § 435 Rn. 5; Palandt/*Weidenkaff*, BGB, 2021, § 435 Rn. 7; MüKoBGB/*Westermann*, 2019, § 435 Rn. 6.

555 So auch *Faber* in Das neue europäische Gewährleistungsrecht, 2019, 63, 105.

556 BeckOK BGB/*Faust*, Stand 1.8.2020, § 435 Rn. 12.

Nach dem Wortlaut der Warenkaufrichtlinie müssen dem Käufer bei einer Nutzungsbeeinträchtigung wegen der Verletzung der Rechte Dritter nur die „Abhilfen bei Vertragswidrigkeit" aus Art. 13 zur Verfügung stehen. Diese Formulierung könnte im Sinne einer Rechtsfolgenverweisung zu verstehen sein. Aus Erwägungsgrund 35[557] zur Warenkaufrichtlinie ergibt sich jedoch eindeutig, dass die Vertragsmäßigkeit der Ware auch von ihrer Freiheit von Rechten Dritter, die eine vertragsgemäße Nutzung von Waren verhindern oder einschränken können, abhängen soll. Zu demselben Ergebnis kommt man auch, wenn man mit der hier vertretenen Auffassung die Vertragswidrigkeit der Ware in den Anwendungsfällen des Art. 9 Warenkaufrichtlinie aus Art. 6 oder 7 in Verbindung mit Art. 9 Warenkaufrichtlinie herleitet.

Daraus ergibt sich, dass auch außerhalb der Abhilfen des Art. 13 Warenkaufrichtlinie alle Vorschriften, die an die Vertragsmäßigkeit der Ware anknüpfen, unmittelbar auf die nach Art. 9 Warenkaufrichtlinie zu lösenden Fälle der Nutzungsbeeinträchtigung aufgrund von entgegenstehenden Rechten Dritter anzuwenden sind. Neben der in Art. 10 Abs. 1 Warenkaufrichtlinie festgesetzten Erheblichkeit des Zeitpunkts der Lieferung gilt das insbesondere für die in Art. 11 Warenkaufrichtlinie enthaltenen Beweislastregeln. Vor diesem Hintergrund rückt die Beschränkung der Beweislastumkehr des § 477 BGB auf Sachmängel jedenfalls in ein kritisches Licht.

Sofern Rechte Dritter der Einhaltungen der objektiven Anforderungen an die Vertragsmäßigkeit der Ware im Sinne des Art. 7 Warenkaufrichtlinie entgegenstehen, ist darüber hinaus Art. 7 Abs. 5 Warenkaufrichtlinie anwendbar. Der Verkäufer kann einer Haftung in Bezug auf eine Nutzungsbeeinträchtigung durch Rechte Dritter deshalb nur entgehen, wenn er den Verbraucher vor Abschluss des Vertrags ausdrücklich darüber informiert, dass diesbezüglich eine Abweichung von den objektiven Anforderungen an die Vertragsmäßigkeit vorliegt und der Verbraucher diese Abweichung ausdrücklich und gesondert akzeptiert. Dies wird in Erwä-

557 Erwägungsgrund 35 zur Warenkaufrichtlinie lautet: „*Vertragsmäßigkeit sollte die Abwesenheit von Sachmängeln und Rechtsmängeln umfassen. Beschränkungen, die sich aus einer Verletzung von Rechten Dritter ergeben, insbesondere von Rechten des geistigen Eigentums, könnten die vertragsgemäße Nutzung von Waren verhindern oder einschränken. Die Mitgliedstaaten sollten sicherstellen, dass der Verbraucher in derartigen Fällen Anspruch auf in der vorliegenden Richtlinie für Fälle von Vertragswidrigkeit vorgesehene Abhilfen hat, es sei denn, nationales Recht sieht in solchen Fällen die Nichtigkeit oder die Auflösung des Vertrags vor.*".

gungsgrund 53[558] zur Richtlinie (EU) 2019/770 explizit hervorgehoben. Der Erwägungsgrund entfaltet in Bezug auf die Auslegung der Warenkaufrichtlinie keine unmittelbare Wirkung. Dies ist auch nicht erforderlich, weil sich die Anwendbarkeit des Art. 7 Abs. 5 Warenkaufrichtlinie bereits aus der Herleitung der Vertragswidrigkeit der Ware über Art. 7 Abs. 1 in Verbindung mit Art. 9 Warenkaufrichtlinie ergibt.

7. Keine Rechtsmangelregelung im engeren Sinne

Sowohl aus der Fokussierung auf die Nutzungsbeeinträchtigung als auch aus den in der Vorschrift genannten Beispielen für im Rahmen der Vorschrift zu berücksichtigenden Rechte Dritter ergibt sich, dass es sich bei Art. 9 Warenkaufrichtlinie nicht im engeren Sinn um eine Rechtsmangelregelung handelt. Der Inhalt von Art. 9 Warenkaufrichtlinie besteht vielmehr in der Regelung eines Sachmangels, der sich aus Rechtspositionen Dritter ergibt.

Die Sachverhalte, die mit Art. 9 Warenkaufrichtlinie in den Fokus genommen werden, stellen nach geltendem deutschen Recht in aller Regel bereits einen Sachmangel dar. Nur wenn man mit der hier vertretenen Auffassung im Rahmen des Art. 9 Warenkaufrichtlinie nicht verlangt, dass ein dritter Rechteinhaber seine Rechte geltend machen muss, kann der Anwendungsbereich des Art. 9 Warenkaufrichtlinie im Einzelfall über den Sachmangelbegriff des § 434 BGB hinausgehen.

Im deutschen Recht sollen mit der Regelung des Rechtsmangels in § 435 BGB auch oder gerade die Sachverhalte geregelt werden, in denen nicht die Beschaffenheit und nicht die Verwendungseignung betroffen sind und der Käufer deshalb keine Rechte aus einem Sachmangel herleiten kann.[559] Diese Fälle bleiben in der Warenkaufrichtlinie vollständig ungeregelt.

---

558 Erwägungsgrund 53 zur Richtlinie (EU) 2019/770 lautet: „(…) *Der Unternehmer sollte einer dementsprechenden Haftung nur entgehen können, wenn er die Bedingungen für Abweichungen von den in dieser Richtlinie festgelegten objektiven Anforderungen an die Vertragsmäßigkeit erfüllt, was konkret bedeutet, dass der Unternehmer den Verbraucher vor Abschluss des Vertrags ausdrücklich darüber informiert, dass eine bestimmte Eigenschaft der digitalen Inhalte oder digitalen Dienstleistungen von den objektiven Anforderungen an die Vertragsmäßigkeit abweicht und dass der Verbraucher diese Abweichung ausdrücklich und gesondert akzeptiert hat.*“.

559 Siehe beispielsweise BeckOK BGB/*Faust*, Stand 1.8.2020, § 435 Rn. 18 f.

II. Folgen für die Regelung von Rechtsmängeln

Fraglich ist deshalb, ob die Regelung des Rechtsmangels über Nutzungsbeeinträchtigungen hinaus im deutschen Recht weiterhin Bestand haben kann. Dem dürfte jedenfalls für den Anwendungsbereich der Warenkaufrichtlinie mit deren Anwendungsbeginn das Vollharmonisierungsgebot aus Art. 4 Warenkaufrichtlinie entgegenstehen.[560]

Vor diesem Hintergrund ist es sehr zu begrüßen, dass zahlreiche rechtliche Aspekte bereits nach geltendem deutschen Recht unter die Begriffe der Beschaffenheit und der Verwendungseignung subsumiert werden können. Mit Blick auf den Anwendungsbeginn der Warenkaufrichtlinie ist damit zu rechnen, dass die Begriffe auch zukünftig mindestens in dem derzeitigen Maß einer weiten Auslegung zugeführt werden.

Im Rahmen der Umsetzung steht der deutsche Gesetzgeber dennoch vor der Herausforderung, wie er die durch die Warenkaufrichtlinie drohende Regelungslücke verhindern oder jedenfalls eingrenzen kann.

Die Hauptanwendungsfälle von § 435 BGB betreffen nicht bewegliche Gegenstände. Immobilien sind vom Anwendungsbereich der Richtlinie nicht erfasst, sodass die Vorschrift in Bezug auf diese grundsätzlich erhalten bleiben kann. Voraussetzung wäre freilich eine ausdrückliche Spaltung der Mängeltatbestände in Bezug auf bewegliche und unbewegliche Sachen.

Denkbar wäre auch, dass eine Nachfolgevorschrift zu § 435 BGB, die explizit auf Fälle ohne Nutzungsbeeinträchtigung zugeschnitten wird, für den Verbrauchsgüterkauf für unanwendbar erklärt wird. Folge wäre allerdings, dass der Verbraucher im Rahmen eines Verbrauchsgüterkaufs schlechter gestellt wäre als jeder andere Käufer.

Keiner dieser Lösungsansätze ist befriedigend. Sie würden zu einer Spaltung der Mangeltatbestände je nach Anwendungsfall führen und hätten teilweise rechtspolitisch kaum tragbare Folgen.

Im Rahmen der Umsetzung muss deshalb auch erwogen werden, ob für echte Rechtsmängel ein strukturell völlig neuer Ansatz gefunden werden kann, über den beispielsweise die Regelungen des allgemeinen Schuldrechts direkt zur Anwendung gebracht werden können. Eine gedankliche Anleihe könnte dazu beispielsweise in Art. 87 Abs. 1 GEK-E genommen werden, der neben der Lieferung nicht vertragsgemäßer Ware[561] auch eine

560 Vgl. auch *Faber* in Das neue europäische Gewährleistungsrecht, 2019, 63, 107.
561 Art. 87 Abs. 1 (c) GEK-E.

sonstige Form der nicht vertragsgemäßen Erfüllung[562] des Kaufvertrags nennt und zu einem möglichen Anknüpfungspunkt für Abhilfen des Käufers nach Art. 106 GEK-E macht.

III. Schlussfolgerungen zur Reformbedürftigkeit des Mangelbegriffs hinsichtlich der Rechte Dritter

Art. 9 Warenkaufrichtlinie dürfte sich im Rahmen der Umsetzung zu einem der kritischeren Gesichtspunkte entwickeln. Die Vorschrift ist offensichtlich stark auf digitale Inhalte zugeschnitten und erfasst allenfalls einen Teilbereich des Rechtsmangels im Sinne des § 435 BGB. Die Hauptanwendungsfälle des Art. 9 Warenkaufrichtlinie dürften im deutschen Recht über einen Sachmangel nach § 434 BGB zu lösen sein. Der Inhalt der Vorschrift als solcher kann deshalb nicht als kritisch bezeichnet werden. Die Schwierigkeiten ergeben sich vielmehr aus dem Vollharmonisierungsgebot und der daraus resultierenden Frage, ob und wie die Verschaffung von mit Rechten Dritter belasteten Eigentums, ohne dass damit eine Nutzungsbeeinträchtigung einhergeht, mit angemessenen Rechtsbehelfen des Käufers belegt werden kann.

IV. Kritik am aktuellen Stand der Umsetzung

Auf den Rechtsmangel im Sinne des § 435 BGB geht der Referentenentwurf des Bundesministeriums der Justiz und für Verbraucherschutz nicht ein. Auch im Regierungsentwurf und dem Umsetzungsgesetz in seiner endgültigen Fassung ist keine Neuregelung des Rechtsmangels enthalten. Nach dem hier festgestellten Ergebnis überrascht es, dass seitens des Bundesministeriums keine Notwendigkeit zur Neu-Regelung des Rechtsmangels gesehen wurde. Nach der hier vertretenen Auffassung verlangt eine richtlinienkonforme Umsetzung der Warenkaufrichtlinie nicht nur eine Umgestaltung des § 435 BGB, sondern auch eine innovative Lösung zum Schutz des Käufers vor dem Erwerb mit Rechten Dritter belasteten Eigentums, die nicht mit einer Beeinträchtigung der Nutzung verbunden ist.

---

562 Art. 87 Abs. 1 (f) GEK-E.

J. Das Verhältnis der Anforderungen

Neben dem Inhalt der einzelnen Tatbestandsmerkmale hängt die Vertragsmäßigkeit der Ware im Einzelfall davon ab, in welches Verhältnis die einzelnen Anforderungen zueinander zu setzen sind. Der Maßstab, der in jedem einzelnen Fall an die gelieferten Waren anzulegen ist, verändert sich je nachdem, ob alle Tatbestandsmerkmale kumulativ vorliegen müssen oder ob einzelne Anforderungen gegenüber anderen in der Gestalt vorrangig sind, dass sie diese verdrängen können.

Dabei ist einerseits das Verhältnis des subjektiven Fehlerbegriffs, wie er in Art. 6 Warenkaufrichtlinie, Art. 99 GEK-E, Art. IV.A.-2:301 DCFR, Art. 2 Abs. 2 a und b Verbrauchsgüterkaufrichtlinie und § 434 Abs. 1 S. 1 und S. 2 Nr. 1 BGB zum Ausdruck kommt, zum objektiven Fehlerbegriff der Art. 7 Warenkaufrichtlinie, Art. IV.A.-2:302 DCFR, Art. 2 Abs. 2 c und d Verbrauchsgüterkaufrichtlinie und § 434 Abs. 1 S. 2 Nr. 2, S. 3 BGB relevant. Daneben sind auch die verschiedenen Fälle des subjektiven Fehlerbegriffs, insbesondere die Vereinbarung einer Beschaffenheit oder einer Qualität oder Beschreibung und die Vereinbarung eines Verwendungszwecks, zueinander ins Verhältnis zu setzen. Das Verhältnis der verschiedenen objektiven Anforderungen untereinander wird von allen Texten vergleichsweise klar vorgegeben.

I. Das Verhältnis zwischen subjektiven und objektiven Anforderungen

Das Verhältnis zwischen den subjektiven und objektiven Anforderungen an die Vertragsmäßigkeit der Ware ist häufig vollkommen unproblematisch. Das gilt insbesondere dann, wenn die verschiedenen Anforderungen in keinem Widerspruch zueinanderstehen. In diesem Fall ergänzen sich die verschiedenen Anforderungen. Die Ware ist dann nur vertragsmäßig, wenn sie auch tatsächlich alle Anforderungen erfüllt.[563] Bei einer Beschaffenheitsvereinbarung oder Zweckeignungsabrede wird in der Regel davon auszugehen sein, dass die Kaufsache nach dem Willen der Parteien durch-

---

563 Zur Warenkaufrichtlinie: *Faber* in Das neue europäische Gewährleistungsrecht, 2019, 63, 81; zum BGB: *Looschelders* in Neues SchuldR, 2002, 395, 402; Reinicke/Tiedtke, KaufR, 2009, Rn. 324; MüKoBGB/*Westermann*, 2019, § 434 Rn. 20.

aus auch den gewöhnlichen Anforderungen genügen soll. Nur zusätzlich soll sie die konkrete in den Vertrag aufgenommene Beschaffenheit aufweisen oder Verwendung ermöglichen.[564]

Unproblematisch ist auch der Fall, in dem eine Parteivereinbarung höhere Anforderungen an die Kaufsache stellt, als es bei den objektiv geschützten vernünftigen Käufererwartungen der Fall wäre.[565] Die vereinbarte Beschaffenheit oder Verwendung muss jedoch nicht immer über die gewöhnliche Verwendung hinausgehen. Sie kann auch hinter ihr zurückbleiben.[566] Denkbare Fallgruppen sind der Verkauf eines Kfz allein zu dem Zweck, daraus Ersatzteile zu gewinnen, oder der Verkauf eines Hauses zum Abbruch.[567]

1. BGB und Verbrauchsgüterkaufrichtlinie

Im BGB ist das Verhältnis zwischen objektivem und subjektivem Fehlerbegriff eindeutig geregelt. Zunächst sieht das Gesetz einen grundsätzlichen Vorrang der Beschaffenheitsvereinbarung vor einer Verwendungszweckabrede vor. Des Weiteren geht die vereinbarte Verwendung nach dem Wortlaut des § 434 Abs. 1 Nr. 1 BGB („sonst“) der üblichen Verwendung vor. Eine Kaufsache wäre demnach auch dann frei von einem Sachmangel, wenn sie sich nicht für die gewöhnliche Verwendung eignet und/oder nicht die übliche Beschaffenheit hat, solange sie nur für die vom Vertrag vorausgesetzte Verwendung eingesetzt werden kann oder die vereinbarte Beschaffenheit hat.[568]

Bereits in Bezug auf die Verbrauchsgüterkaufrichtlinie war fraglich, ob dieses von § 434 Abs. 1 S. 2 BGB vorgegebene Verhältnis mit den Vorgaben der Richtlinie vereinbart werden kann.[569] Nach dem 8. Erwägungsgrund der Richtlinie gelten die in Art. 2 der Richtlinie genannten Voraussetzungen kumulativ. Die Vermutung für die Vertragsmäßigkeit des Verbrauchsguts greift danach nur dann, wenn es sämtliche Voraussetzungen des Art. 2

564 BeckOK BGB/*Faust*, Stand 1.8.2020, § 434 Rn. 49.

565 *Faber* in Das neue europäische Gewährleistungsrecht, 2019, 63, 81.

566 Vgl. BeckOK BGB/*Faust*, Stand 1.8.2020, § 434 Rn. 52.

567 MüKoBGB/*Westermann*, 2019, § 434 Rn. 19.

568 Erman/*Grunewald*, BGB, 2017, § 434 Rn. 20; Staudinger/*Matusche-Beckmann*, BGB, 2014, § 434 Rn. 83; Palandt/*Weidenkaff*, BGB, 2021, § 434 Rn. 25; MüKo-BGB/*Westermann*, 2019, § 434 Rn. 24.

569 Gegen die Vereinbarkeit: *Jorden/Lehmann* in JZ 2001, 952, 956; *Pfeiffer* in ZGS 2002, 94 f.

Verbrauchsgüterkaufrichtlinie erfüllt. Erforderlich wäre danach, dass ein Verbrauchsgut nicht nur der Beschreibung des Verkäufers und vorgelegten Mustern entspricht, es müsste sich darüber hinaus sowohl für den vertraglich vereinbarten als auch für den gewöhnlichen Einsatzzweck eignen und die Qualität und Leistungen aufweisen, die bei Gütern der gleichen Art üblich sind.

Dies steht zunächst in einem deutlichen Widerspruch zum deutschen Recht. In der deutschsprachigen Literatur wird versucht, diesen Widerspruch durch eine Auslegung der vertraglichen Einigung aufzulösen. Es komme darauf an, ob die Vereinbarung einer bestimmten Verwendung nach dem Parteiwillen beinhalte, dass die Kaufsache sich exklusiv für diesen Verwendungszweck eignen müsse und von jeder Eignung für die gewöhnliche Verwendung freigestellt sein solle. Sofern dies der Fall sei, könne – dem Wortlaut des deutschen Gesetzes entsprechend – dem vereinbarten Verwendungszweck der Vorrang eingeräumt werden. Die Verbrauchsgüterkaufrichtlinie stehe dem nicht entgegen. Die Möglichkeit einer solchen Vereinbarung sei eine Konsequenz der Vertragsfreiheit, die nach der ausdrücklichen Vorgabe des 8. Erwägungsgrundes auch durch Art. 2 der Verbrauchsgüterkaufrichtlinie nicht eingeschränkt werden sollte.[570]

Diese Argumentationslinie lässt sich ohne Weiteres auf die Vereinbarung einer Qualität, Beschaffenheit oder sonstiger Merkmale der Kaufsache übertragen. Sie ist auch inhaltlich überzeugend, weil sie sich nicht nur streng am Parteiwillen orientiert, sondern darüber hinaus auch den Schutz des Verbrauchers hinreichend im Blick behält, dem das Abweichen der Ware von den objektiven Anforderungen durch die vertragliche Freistellung klar vor Augen steht.

2. DCFR und GEK-E

Der Befund, dass die subjektiven, vereinbarten Anforderungen an die Vertragsmäßigkeit der Ware gegenüber den objektiven Anforderungen Vorrang genießen, wurde durch den DCFR und den GEK-E bestätigt. Im DCFR wird dieser Vorrang in der Systematik der Mustervorschriften

570 BeckOK BGB/*Faust*, Stand 1.8.2020, § 434 Rn. 48; Grundmann/Bianca/*Grundmann*, Die EU-Kaufrechts-Richtlinie, Art. 2 Rn. 9; Gebauer/Wiedmann/*Leible/Wilke*, Europäisches Zivilrecht, 2021, Kap. 11 Rn. 47; Staudinger/*Matusche-Beckmann*, BGB, 2014, § 434 Rn. 82; Reinicke/Tiedtke, KaufR, 2009, Rn. 325.

nur angedeutet. Art. IV.A.-2:301 a DCFR hält die vom Vertrag explizit vorgeschriebenen Merkmale als ersten Gradmesser der Vertragsmäßigkeit fest. Alle weiteren qualitätsbezogenen Merkmale fallen „nur" unter Art. IV.A.-2:301 d DCFR, eine Vorschrift, von der in Art. IV.A.-2:301 d DCFR wie nebenbei festgehalten wird, dass ihre Vorgaben von der gelieferten Ware ebenfalls einzuhalten sind. Ein klares Bild ergibt sich demgegenüber aus den Kommentaren zu Art. V.A.-2:303 DCFR. Diesen ist eindeutig zu entnehmen, dass die Voraussetzungen der Art. IV.A.-2:302 DCFR und Art. IV.A.-2:303 DCFR gegenüber einer Parteivereinbarung nachrangig sein sollen.[571] Da in Bezug auf Verbraucherverträge eine Abweichung von den rechtlichen Vorschriften nicht zulässig ist, kann sich dieser Aspekt der Vertragsfreiheit wiederum nur auf die konkrete Beschreibung der Kaufsache beziehen. Die Parteien können also nicht die Vorschrift des Art. V.A.-2:302 DCFR abbedingen. Sie können jedoch vereinbaren, dass die Kaufsache in einem bestimmten Punkt gerade nicht den vorgelegten Mustern, einer Angabe des Herstellers oder einer bei vergleichbaren Sachen üblicherweise vorliegenden Qualität entspricht.

Der GEK-E enthält für das Verhältnis zwischen den subjektiven Voraussetzungen in Art. 99 Abs. 1 GEK-E und den objektiven Anforderungen in Art. 100, 101, 102 GEK-E mit Art. 99 Abs. 2 GEK-E eine eindeutige Regelung. Art. 99 Abs. 2 GEK-E sieht ausdrücklich einen Vorrang der subjektiven Voraussetzungen aus Art. 99 Abs. 1 GEK-E vor. Nur *„soweit die Parteien nichts anderes vereinbart haben"*, sollen die Art. 100 bis 102 Anwendung finden. Daraus ergibt sich ein klares Bekenntnis zu einem subjektiven Fehlerbegriff.[572] Auch gegenüber einem Verbraucher sollte demnach ein Abweichen von den Kriterien des Art. 100 GEK-E möglich sein, wenn dies zwischen den Parteien so vereinbart war.

3. Warenkaufrichtlinie

Die Warenkaufrichtlinie verfolgt demgegenüber einen ganz anderen Ansatz. Das klare Bekenntnis des 8. Erwägungsgrundes zur Verbrauchsgüterkaufrichtlinie zur Vertragsfreiheit ist in der Warenkaufrichtlinie nicht

---

571 Art. IV.A.-2:302 DCFR, Comment A, General, 1308 ff.

572 *Faust* in Gemeinsames Europäisches Kaufrecht für die EU?, 2012, 161, 163; *Gsell* in Der Entwurf für ein optionales europäisches Kaufrecht, 2012, 229, 233f.; Schmidt-Kessel/*Remien*, Der Entwurf für ein gemeinsames Europäisches Kaufrecht, Art. 99 Rn. 4.

mehr enthalten. Zwar hebt auch diese in ihren Erwägungsgründen zweimal die Vertragsfreiheit hervor, beide Erwägungsgründe betreffen aber Spezialfälle. Erwägungsgrund 43 behandelt das Recht der Mitgliedstaaten, für den Verkauf gebrauchter Waren besondere Verjährungsfristen festzusetzen. Erwägungsgrund 63 setzt sich mit dem Verhältnis zwischen dem Verkäufer und vor ihm in der Lieferkette stehenden Personen auseinander. Er betrifft in erster Linie Rückgriffsfälle. Auch wenn die Warenkaufrichtlinie deshalb an einzelnen Stellen die Vertragsfreiheit betont, kann eben dieser Hervorhebung entnommen werden, dass eine Beschränkung der Vertragsfreiheit durch die Warenkaufrichtlinie vom europäischen Rechtsaktgeber im Übrigen jedenfalls bewusst in Kauf genommen wird.

Das Verhältnis zwischen den objektiven und den subjektiven Anforderungen an die Vertragsmäßigkeit der Ware wird in der Warenkaufrichtlinie vielfach angesprochen. Zunächst ist in Erwägungsgrund 23 die schlichte Aussage enthalten, dass die Vertragsmäßigkeit auf Grundlage von subjektiven und objektiven Anforderungen an die Vertragsmäßigkeit beurteilt werden sollte.[573] Diese Aussage wird in Erwägungsgrund 29 ergänzt, der bereits die erste eindeutige Erklärung zum Verhältnis der Anforderungen enthält. Danach sollten die Waren, um vertragsmäßig zu sein, nicht nur die subjektiven Anforderungen an die Vertragsmäßigkeit, sondern darüber hinaus die objektiven Anforderungen der Richtlinie an die Vertragsmäßigkeit erfüllen.[574] Diese Erklärung passt zu dem Wortlaut von Art. 7 Abs. 1[575] Warenkaufrichtlinie, der vorsieht, dass Waren die objektiven Anforderun-

---

573 Erwägungsgrund 25 zur Warenkaufrichtlinie lautet: „*Um Klarheit darüber zu schaffen, was Verbraucher von Waren erwarten können und welcher Haftung der Verkäufer unterliegt, wenn er nicht liefert, was erwartet wird, müssen die Vorschriften zur Bestimmung der Vertragsmäßigkeit der Waren unbedingt vollständig harmonisiert werden. Alle Hinweise auf Vertragsmäßigkeit in dieser Richtlinie beziehen sich auf die Übereinstimmung der Waren mit dem Kaufvertrag. Um die berechtigten Interessen beider Parteien eines Kaufvertrags zu wahren, sollte die Vertragsmäßigkeit auf Grundlage von subjektiven und objektiven Anforderungen an die Vertragsmäßigkeit beurteilt werden.*“.

574 Erwägungsgrund 29 zur Warenkaufrichtlinie lautet: „*Damit Waren vertragsgemäß sind, sollten sie nicht nur die subjektiven Anforderungen an die Vertragsmäßigkeit, sondern darüber hinaus die objektiven Anforderungen dieser Richtlinie an die Vertragsmäßigkeit erfüllen.*“.

575 Art. 7 Abs. 1 Warenkaufrichtlinie lautet: „*Zusätzlich zur Einhaltung der subjektiven Anforderungen an die Vertragsmäßigkeit müssen die Waren ...*“.

gen an die Vertragsmäßigkeit „*zusätzlich*" zu den in Art. 6 Warenkaufrichtlinie geregelten subjektiven Anforderungen erfüllen müssen.[576]

Erwägungsgrund 36 räumt demgegenüber ein, dass es erforderlich sein kann, den Parteien die Möglichkeit zu geben, von den in der Warenkaufrichtlinie vorgesehenen objektiven Anforderungen an die Vertragsmäßigkeit abzuweichen. Diese Möglichkeit müsse aber an besondere Voraussetzungen geknüpft sein.[577] Erwägungsgrund 36 bereitet damit die Regelung des Art. 7 Abs. 5[578] Warenkaufrichtlinie vor, der die bereits im Erwägungsgrund dargestellten Voraussetzungen aufgreift. Danach muss der Verbraucher im ersten Schritt eigens über die Abweichung eines bestimmten Merkmals der Ware von den objektiven Anforderungen unterrichtet worden sein. In einem zweiten Schritt ist eine gesonderte, ausdrückliche Zustimmung des Verbrauchers zu der Abweichung erforderlich. Diese Zustimmung muss bei Vertragsschluss vorliegen, sie muss aber losgelöst von anderen Erklärungen oder Vereinbarungen abgegeben werden.[579] Sie darf damit nicht Bestandteil des Kaufvertrags sein, der bereits die auf den Abschluss des Vertrags gerichtete Willenserklärung enthält.

Aus der Voraussetzung des Unterrichtens beziehungsweise Inkenntnissetzens ergibt sich, dass eine aktive Information des Verbrauchers erforderlich ist. Es genügt also nicht, wenn dieser den Mangel selbstständig erkennt. Die Warenkaufrichtlinie enthält jedoch keine Vorgaben dazu, von wem der Verbraucher in Kenntnis gesetzt werden muss. Insbesondere wurde nicht die naheliegende aktive Formulierung gewählt, dass der Verkäufer den Verbraucher in Kenntnis setzen muss. Es dürfte demnach aus-

---

576 Vgl. *Kupfer/Weiß* in VuR 2020, 95, 97; *Lommatzsch/Albrecht/Prüfer* in GWR 2020, 331, 332; *Staudenmayer* in NJW 2019, 2889, 2890; *Tonner* in VuR 2019, 363, 363 f.

577 Erwägungsgrund 36 zur Warenkaufrichtlinie lautet: „*Um für ausreichende Flexibilität der Vorschriften zu sorgen, beispielsweise im Hinblick auf den Verkauf von gebrauchten Waren, sollten die Parteien die Möglichkeit haben, von den in dieser Richtlinie vorgesehenen objektiven Anforderungen an die Vertragsmäßigkeit abzuweichen. Eine solche Abweichung sollte nur möglich sein, wenn der Verbraucher eigens davon unterrichtet wurde und wenn er ihr gesondert von anderen Erklärungen oder Vereinbarungen und durch sein aktives und eindeutiges Verhalten zugestimmt hat.*".

578 Art. 7 Abs. 5 Warenkaufrichtlinie lautet: „*Es liegt keine Vertragswidrigkeit im Sinne der Absätze 1 oder 3 vor, wenn der Verbraucher zum Zeitpunkt des Abschlusses des Kaufvertrags eigens darüber in Kenntnis gesetzt wurde, dass ein bestimmtes Merkmal der Waren von den in den Absätzen 1 und 3 vorgesehenen objektiven Anforderungen an die Vertragsmäßigkeit abweicht, und er bei Abschluss des Kaufvertrags dieser Abweichung ausdrücklich und gesondert zugestimmt hat.*".

579 Siehe Erwägungsgrund 36 zur Warenkaufrichtlinie.

reichend sein, wenn der Verbraucher seine Information von einem Dritten erhält. Praktische Anwendungsfälle einer solchen Information durch Dritte sind beispielsweise Rückrufaktionen des Herstellers oder Warnungen durch unabhängige Stellen z.B. Konsumentenmagazine.[580]

Die Unterrichtung muss sich auf ein bestimmtes Merkmal beziehen. Dieses muss allerdings nicht nur eindeutig bezeichnet werden. Aus Erwägungsgrund 36 zur Warenkaufrichtlinie ergibt sich, dass der Verbraucher über die Abweichung als solche in Kenntnis gesetzt werden muss. Die Information muss deshalb explizit die Klarstellung enthalten, dass die Waren in Bezug auf dieses Merkmal nach unten von dem für die Ware sonst geltenden objektiven Standard abweicht.[581]

Das Ergebnis der Unterrichtung muss die positive Kenntnis des Verbrauchers über die Abweichung sein. Das ergibt sich auch aus dem Fehlen einer mit Art. 2 Abs. 3 Verbrauchsgüterkaufrichtlinie vergleichbaren Regelung. Danach liegt keine Vertragswidrigkeit vor, wenn der Verbraucher Kenntnis von der Vertragswidrigkeit hatte oder vernünftigerweise nicht in Unkenntnis sein konnte. Die neben die positive Kenntnis gestellte Alternative des vernünftigerweise Nicht-in-Unkenntnis-sein-Könnens, ist in der Warenkaufrichtlinie nicht enthalten.[582] Damit dürfte die zum GEK-E diskutierte Frage, ob eine Verhinderung der Vertragswidrigkeit durch eine Vereinbarung zwischen den Parteien auch in Bezug auf potenzielle Abweichungen möglich ist,[583] klar mit „nein“ beantwortet sein.[584]

Für die ausdrückliche Zustimmung ist nach Erwägungsgrund 36 ein „aktives und eindeutiges Verhalten“ des Verbrauchers ausreichend. Fraglich ist in diesem Zusammenhang, ob der Verbraucher mit einer Liste von mehreren Abweichungen konfrontiert werden kann, die er mit einer einzigen Zustimmung in einem Akt akzeptiert. Der im Singular formulierte Wortlaut von Erwägungsgrund 36 (*„eine Abweichung“*) und Art. 7 Abs. 5 Warenkaufrichtlinie (*„ein bestimmtes Merkmal“*, *„dieser Abweichung“*) lässt solche En-bloc-Zustimmungen meines Erachtens nicht zu.[585]

Der in Art. 7 Abs. 5 Warenkaufrichtlinie enthaltene Gedanke, nach dem eine Abweichung von den objektiven Anforderungen (nur) dann möglich ist, wenn die Parteien in Bezug auf die Abweichung eine eindeutige Ver-

580 *Faber* in Das neue europäische Gewährleistungsrecht, 2019, 63, 83.
581 *Faber*, aaO., 84.
582 *Faber*, aaO., 95.
583 Vgl. *Faust* in Gemeinsames Europäisches Kaufrecht für die EU?, 2012, 161, 164; *Lorenz* in AcP 212, 2012, 702, 725; Schulze/*Zoll*, CESL, 2012, Art. 100 Rn. 6.
584 *Faber* in Das neue europäische Gewährleistungsrecht, 2019, 63, 83 f.
585 A.A. *Faber*, aaO., 85.

einbarung getroffen haben, widerspricht nicht im Grundsatz dem zum deutschen Recht entwickelten Ansatz.[586] Er führt jedoch zu einer erheblichen Erhöhung der formalen Hürden. Im Bereich des Online-Warenhandels sind die Anforderungen vergleichsweise leicht zu erfüllen, indem die Zustimmung zu einer Abweichung durch das Anklicken eines zusätzlichen Kästchens, die Betätigung einer Schaltfläche oder Aktivierung einer ähnlichen Funktion[587] erteilt werden kann. Mit der Bestätigung von AGB oder der Datenschutzerklärung und gegebenenfalls zusätzlich abgefragten datenschutzrechtlichen Einwilligungserklärungen werden Verbraucher bereits heute mit einer Vielzahl von zu betätigenden Schaltflächen konfrontiert. Eine weitere Erhöhung der Anzahl, der vor oder bei einem Vertragsschluss anzuklickenden Kästchen, ist weder für den Verbraucher noch für den Online-Händler ideal. Dennoch wird man für eine wirksame Zustimmung des Verbrauchers zu einer Abweichung der Ware von den objektiven Standards im Hinblick auf die klare Regelung des Art. 7 Abs. 5 Warenkaufrichtlinie das Vorhalten einer weiteren Schaltfläche verlangen müssen.[588]

Im analogen Bereich wird die Einhaltung dieser zusätzlichen Anforderungen die Parteien vor wesentlich größere, bürokratische Schwierigkeiten stellen.[589] Zwar ist in der Warenkaufrichtlinie weder für die Information noch für die Zustimmung des Verbrauchers eine besondere Form für vorgesehen. Auch eine mündliche Information und eine mündliche, in besonders eindeutigen Ausnahmefällen sogar eine konkludente Zustimmung, wären danach ausreichend.[590] Die Beweislast für beide Aspekte liegt jedoch vollständig beim Verkäufer, dem im Hinblick auf die immense

586 In diesem Sinne auch *Bach* in NJW 2019, 1705, 1708.

587 Diese Möglichkeiten werden in Erwägungsgrund 49 zur Richtlinie (EU) 2019/770 über bestimmte vertragsrechtliche Aspekte der Bereitstellung digitaler Inhalte und digitaler Dienstleistungen in Bezug auf die dort enthaltene Parallelvorschrift des Art. 8 Abs. 5 dargestellt.

588 *Faber* in Das neue europäische Gewährleistungsrecht, 2019, 63, 86; vgl. auch *Zöchling-Jud* in GPR 2019, 115, 120.

589 A.A. wohl *Staudenmayer* in NJW 2019, 2889, 2890, der die Bestimmung als im Vergleich zu Art. 2 Abs. 3 Alt. 1 Verbrauchsgüterkaufrichtlinie „praxisnäher" bezeichnet. Auch im Bundesministerium der Justiz und für Verbraucherschutz wird offenbar eine andere Auffassung vertreten. Im Referentenentwurf wird der Aufwand zur Umsetzung der Vorgaben des Art. 7 Abs. 5 Warenkaufrichtlinie im Online Handel und im stationären Handel als gleich eingeschätzt. Siehe Referentenentwurf, S. 19.

590 *Faber* in Das neue europäische Gewährleistungsrecht, 2019, 63, 86; *Zöchling-Jud* in GPR 2019, 115, 120.

Bedeutung der Erklärungen dringend dazu zu raten ist, auf eine Fixierung der Erklärungen in Schriftform zu bestehen.[591]

Die in Art. 7 Abs. 5 Warenkaufrichtlinie enthaltenen Anforderungen erklären sich insbesondere im Hinblick auf die Entstehungsgeschichte der Warenkaufrichtlinie. Der Regel ist deutlich anzumerken, dass die Richtlinie ursprünglich nur auf den Online-Handel zugeschnitten war. Aufgrund des vollharmonisierenden Charakters wird der deutsche Gesetzgeber nicht umhinkommen, die Regelung in deutsches Recht umzusetzen. Ihre Anwendbarkeit sollte dabei jedoch auf den Verbrauchsgüterkauf beschränkt werden.

II. Das Verhältnis der subjektiven Merkmale

Über das Verhältnis der subjektiven zu den objektiven Anforderungen hinaus wird im deutschen Recht auch das Verhältnis der subjektiven Anforderungen untereinander diskutiert. Das gilt insbesondere für das Verhältnis des vereinbarten Verwendungszwecks zur vereinbarten Beschaffenheit.

1. Diskussion im deutschen Recht

Haben die Vertragsparteien sowohl eine bestimmte Beschaffenheit der Kaufsache als auch einen konkreten Verwendungszweck vereinbart, kommt es darauf an, ob sich beide Anforderungen miteinander vereinbaren lassen.

Wenn die verschiedenen Vereinbarungen in keinem Widerspruch zueinanderstehen, sodass die Kaufsache im optimalen Fall beiden Anforderungen genügen kann, ist sie nur dann mangelfrei, wenn sie auch tatsächlich alle Anforderungen erfüllt.[592] In diesem Fall ergänzen sich die Vereinbarungen zu den verschiedenen subjektiven Anforderungen. Aus dem Gesetz ergibt sich das insofern, als die konkrete Verwendbarkeit sich entweder bereits aus der Beschaffenheitsabrede ergibt, sodass allein § 434 Abs. 1 S. 1 BGB einschlägig ist. Ergibt sich der Verwendungszweck nicht aus der Beschaffenheitsabrede, kann eine Lösung über § 434 Abs. 1 S. 2 Nr. 1 BGB

591 So auch *Faber*, ebd.

592 *Looschelders* in Neues SchuldR, 2002, 395, 402; Reinicke/Tiedtke, KaufR, 2009, Rn. 324; MüKoBGB/*Westermann*, 2019, § 434 Rn. 20.

gefunden werden. Die Vorschrift ist in diesem Fall deshalb unproblematisch anwendbar, weil für den Bereich, in den die Abrede eines Verwendungszwecks fällt, gerade keine Beschaffenheit vereinbart wurde.[593] Die Verwendungszweckvereinbarung erfüllt in solchen Fällen die Rolle eines Auffangtatbestands, der eingreift, wenn eine Beschaffenheitsvereinbarung fehlt oder nicht bewiesen werden kann.[594]

Schwieriger ist die Situation, wenn die vereinbarte Beschaffenheit und der vereinbarte Verwendungszweck sich gegenseitig ausschließen. In einem solchen Fall ist der Gesetzeswortlaut zunächst sehr eindeutig. Nach § 434 Abs. 1 S. 1 BGB genießt die Beschaffenheitsvereinbarung Vorrang vor allen anderen Fällen des § 434 BGB. Eine derart pauschale Lösung lässt aber in vielen Fällen die Interessen der Parteien unberücksichtigt, deren Schutz jedoch den eigentlichen Zweck des Gewährleistungsrechts darstellt. Das Verhältnis zwischen Verwendungszwecks- und Beschaffenheitsvereinbarung ist deshalb in einem ersten Schritt durch Auslegung des geschlossenen Vertrags zu ermitteln.[595]

In diesem Zusammenhang wird darauf abgestellt, welche der beiden Vertragsparteien aus dem angestrebten Verwendungszweck die dafür notwendige Beschaffenheit der Sache abgeleitet hat. Sofern der Käufer selbstständig von der von ihm beabsichtigten Verwendung auf eine dafür nach seiner Vorstellung erforderliche Beschaffenheit schließt, wird er an der Vereinbarung dieser Beschaffenheit festgehalten. Es liegt dann kein Mangel der Kaufsache vor, wenn diese der verabredeten Beschaffenheit entspricht, und zwar auch dann nicht, wenn sie keine Eignung für die vertraglich vorausgesetzte Verwendung aufweist.[596]

Ist es demgegenüber der Verkäufer, der auf der Grundlage des vom Käufer mitgeteilten Verwendungszwecks Schlüsse auf die konkret erforderliche Beschaffenheit der Kaufsache zieht, und werden diese daraufhin zum Vertragsbestandteil gemacht, so liegt nahe, dass der Verkäufer das Risiko der Verwendbarkeit für den angestrebten Zweck tragen soll. Ein Sachmangel liegt dann auch vor, wenn die Kaufsache zwar der vereinbarten Beschaffenheit entspricht, sich aber nicht für die vereinbarte Verwendung

593 BeckOK BGB/*Faust*, Stand 1.8.2020, § 434 Rn. 49.

594 MüKoBGB/*Westermann*, 2019, § 434 Rn. 22; so wohl auchFraktionsentwurf, BT Drs. 14/6040, 213.

595 BeckOK BGB/*Faust*, Stand 1.8.2020, § 434 Rn. 49; Erman/*Grunewald*, BGB, 2017, § 434 Rn. 14; MüKoBGB/*Westermann*, 2019, § 434 Rn. 21.

596 BeckOK BGB/*Faust*, Stand 1.8.2020, ebd.; MüKoBGB/*Westermann*, 2019, § 434 Rn. 20; so zu Art. 2 Abs. 2 lit. a) Verbrauchsgüterkaufrichtlinie auch Grundmann/Bianca/*Grundmann*, Die EU-Kaufrechts-Richtlinie, Art. 1 Rn. 23.

eignet.[597] Zu dem gleichen Ergebnis wird man auch dann kommen, wenn der Vereinbarung der Beschaffenheit eine auf eine bestimmte Verwendbarkeit der Kaufsache gerichtete Beratung durch den Verkäufer vorausgegangen ist.[598]

Nur, wenn ein Rangverhältnis zwischen vereinbarter Beschaffenheit und vom Vertrag vorausgesetzter Verwendung nicht ermittelt werden kann oder wenn die Auslegung ergibt, dass die Parteien beide Anforderungen gleichwertig gewichtet haben, greift die gesetzliche Wertung, nach der die Beschaffenheitsvereinbarung Vorrang vor einem vereinbarten Verwendungszweck hat.[599]

2. Auswirkungen der Warenkaufrichtlinie

Fraglich ist, ob dieser Ansatz im Hinblick auf die Warenkaufrichtlinie auch zukünftig vertreten werden kann. Die Anhaltspunkte, die der Warenkaufrichtlinie zur Beantwortung dieser Frage entnommen werden können, sind indes spärlich.

Art. 7 Abs. 5 Warenkaufrichtlinie bezieht sich ausdrücklich nur auf die objektiven Anforderungen an die Vertragsmäßigkeit der Ware. Die Vorschrift kann deshalb im Zusammenhang mit dem Verhältnis der subjektiven Anforderungen untereinander nicht fruchtbar gemacht werden.

In Art. 6 Warenkaufrichtlinie werden die verschiedenen subjektiven Anforderungen an die Vertragsmäßigkeit der Ware mit „und" verbunden. Sofern sich die verschiedenen subjektiven Anforderungen miteinander vereinbaren lassen, ist dem klar zu entnehmen, dass die Ware kumulativ alle subjektiven Anforderungen erfüllen muss.

Schließen sich die verschiedenen subjektiven Anforderungen aus, ist die kumulative Erfüllung aller Anforderungen indes unmöglich. Nach dem Wortlaut des Einleitungssatzes greifen die in der folgenden Aufzählung geregelten Anforderungen nur, *„soweit dies anwendbar ist"*. Eine vergleichbare Beschränkung enthält auch Art. 5 Warenkaufrichtlinie. Wenn allerdings verschiedene Vereinbarungen zu den Merkmalen oder dem Einsatzzweck

---

597 Erman/*Grunewald*, BGB, 2017, § 434 Rn. 19; *Haas* in HMRSW, Neues Schuldrecht, Kap. 5 Rn. 104; Reinicke/Tiedtke, KaufR, 2009, Rn. 324; *Schinkels* in ZGS 2004, 226, 230; MüKoBGB/*Westermann*, 2019, ebd.; i.d.S. auch *Schlechtriem* in Zivilrechtswissenschaft und Schuldrechtsreform, 2001, 205, 215.

598 *Ehmann/Sutschet* in JZ 2004, 62, 65.

599 BeckOK BGB/*Faust*, Stand 1.8.2020, § 434 Rn. 49; Prütting/Wegen/Weinreich/*Schmidt*, BGB, 2020, § 434 Rn. 37; MüKoBGB/*Westermann*, 2019, § 434 Rn. 21.

der Ware, zu mitzuliefferndem Zubehör oder geschuldeten Aktualisierungen etc. getroffen worden sind, wird sich kaum vertreten lassen, die einschlägigen Anforderungen seien nicht anwendbar.

Da die Warenkaufrichtlinie sich auf gewährleistungsrechtliche Vorschriften beschränkt, enthält sie keine Regelung zu der Frage, ob die Leistungspflicht im Falle einer Unmöglichkeit ausgeschlossen ist. Den auf die Nacherfüllung bezogenen Regelungen der Abhilfen des Verbrauchers in Art. 13 Abs. 1 und Abs. 3 Warenkaufrichtlinie kann jedoch der allgemeine Rechtsgedanke entnommen werden, dass dem Verkäufer keine Leistungen abverlangt werden sollen, die schlechterdings unmöglich sind.

Eine ausschließliche Lösung über die Gewährleistungsrechte der Minderung, des Rücktritts oder eines Schadensersatzanspruchs scheint auch im Rahmen der Warenkaufrichtlinie nicht sachgerecht. Die Richtlinie dokumentiert in Art. 13 Abs. 4 Warenkaufrichtlinie mit dem klaren Vorrang der Nacherfüllung vor den anderen Gewährleistungsrechten, dass sie dem Leistungsinteresse der Parteien eine besondere Bedeutung beimisst.

Eine Auflösung des Dilemmas zwischen verschiedenen sich widersprechenden Anforderungen im Wege der Vertragsauslegung muss deshalb auch weiterhin möglich sein. Enthalten weder der Vertrag noch die Umstände des Vertragsschlusses Anhaltspunkte, welcher Anforderung im Kollisionsfall der Vorzug zu geben ist, kann der Warenkaufrichtlinie kein klares Rangverhältnis der verschiedenen Anforderungen entnommen werden. Allenfalls können der in Art. 6 Warenkaufrichtlinie gewählten Reihenfolge zarte Hinweise darauf entnommen werden, dass der Beschreibung oder einer Vereinbarung zu Art, Menge und Qualität der Ware gegenüber den anderen subjektiven Anforderungen der Vorzug zu geben sein könnte.

Bei der Kollision subjektiver Anforderungen handelt es sich um einen in der Praxis durchaus relevanten Fall. Auf eine Regelung der Frage, welcher Anforderung in einem Zweifelsfall größeres Gewicht beizumessen ist, kann deshalb meines Erachtens nicht verzichtet werden. Die Warenkaufrichtlinie bietet dafür keine echte Lösung an. Da jedoch auch im Rahmen der Warenkaufrichtlinie ein Verkäufer nicht zu unmöglichen Leistungen verpflichtet sein kann, steht die Richtlinie dem Beibehalten einer Zweifelsregelung zur Auflösung einer solchen Kollision nicht entgegen. Der in § 434 Abs. 1 BGB angelegte klare Vorrang der Beschaffenheitsvereinbarung ist mit dem Wortlaut des Art. 6 Warenkaufrichtlinie demgegenüber nicht zu vereinbaren.

III. Das Verhältnis der objektiven Merkmale

Das Verhältnis der objektiven Anforderungen an die Vertragsmäßigkeit der Ware bereitet in keinem der untersuchten Texte Schwierigkeiten. Sowohl Art. 7 Abs. 1 Warenkaufrichtlinie als auch Art. IV.A.-2:302 DCFR und Art. 100 GEK-E verbinden die verschiedenen objektiven Anforderungen mit „und". Sie müssen folglich kumulativ vorliegen. Dasselbe Verhältnis wird auch ausdrücklich in Erwägungsgrund 8 zur Verbrauchsgüterkaufrichtlinie vorgegeben. Auch in Bezug auf § 434 BGB wird verlangt, dass die objektiven Anforderungen an die Kaufsache kumulativ vorliegen.[600]

IV. Schlussfolgerungen zur Reformbedürftigkeit des Mangelbegriffs hinsichtlich des Verhältnisses der Anforderungen

Das Verhältnis der verschiedenen Anforderungen an die Ware zueinander gehört zu den Fragen, die im Kaufrecht immer wieder heiß diskutiert werden. Es ist vor diesem Hintergrund grundsätzlich zu begrüßen, dass in der Warenkaufrichtlinie jedenfalls in Bezug auf das Verhältnis subjektiver und objektiver Anforderungen zueinander eine klare Regelung getroffen worden ist. Die konkrete Regelung des Art. 7 Abs. 5 Warenkaufrichtlinie scheint jedoch zu stark am Online-Handel orientiert. Im analogen Bereich bedeutet die Einhaltung aller Voraussetzungen für die Parteien einen kaum zu bewältigenden Aufwand. Bei der Umsetzung der Vorschrift sollte deshalb darauf geachtet werden, dass ihre Anwendbarkeit auf den Verbrauchsgüterkauf beschränkt wird.

Während das Verhältnis der objektiven Merkmale unproblematisch ist, enthält die Warenkaufrichtlinie keine sachgerechte Lösung für eine Kollision subjektiver Anforderungen an die Ware. Das deutsche Recht wird für solche Fälle auch zukünftig eine Lösung anbieten müssen. Diese kann beispielsweise in einer Zweifelsregelung bestehen. Der klar formulierte Vorrang der Beschaffenheitsvereinbarung vor Zweckeignungsabreden muss aus § 434 BGB gestrichen werden.

600 BeckOK BGB/*Faust*, Stand 1.8.2020, § 434 Rn. 55.

V. Kritik am aktuellen Stand der Umsetzung

Im Umsetzungsvorschlag des Referentenentwurfs des Bundesministeriums der Justiz und für Verbraucherschutz wird erkannt und ausdrücklich festgehalten, dass der Vorrang des subjektiven Fehlerbegriffs aufgegeben werden muss.[601] Dementsprechend sieht § 434 Abs. 1[602] BGB Fassung im Referentenentwurf vor, dass eine Kaufsache nur dann mangelfrei ist, wenn sie den subjektiven Anforderungen, den objektiven Anforderungen und den Montageanforderungen entspricht. Für Sachen mit digitalen Inhalten enthält § 475b Abs. 2[603] BGB Fassung im Referentenentwurf eine gleichlautende Regelung, in der zusätzlich die Installationsanforderungen ergänzt wurden. Die verschiedenen Anforderungen müssen nach beiden Vorschriften also kumulativ vorliegen.

Der Bedarf zur Umsetzung des Art. 7 Abs. 5[604] Warenkaufrichtlinie wurde grundsätzlich zutreffend erkannt, wobei die Umsetzungsbemühungen zu Recht auf den Verbrauchsgüterkauf beschränkt wurden. Zum Zweck der Umsetzung des Art. 7 Abs. 5 Warenkaufrichtlinie wird im Referentenentwurf zunächst in § 475 Abs. 3[605] BGB nach Referentenentwurf § 442 BGB als für den Verbrauchsgüterkauf nicht anwendbar erklärt. Dies ist erforderlich, weil wegen Art. 7 Abs. 5 Warenkaufrichtlinie die bloße Kenntnis des Verbrauchers von einem Mangel nicht zu einem Verlust seiner

601 Referentenentwurf, 21.

602 Referentenentwurf, 3, siehe dort Art. 1 Nr. 1, § 434 Abs. 1; dieser lautet: „*(1) Die Sache ist frei von Sachmängeln, wenn sie bei Gefahrübergang den subjektiven Anforderungen, den objektiven Anforderungen und den Montageanforderungen dieser Vorschrift entspricht.*“.

603 Referentenentwurf, 6, siehe dort Art. 1 Nr. 7, § 475b Abs. 2; dieser lautet: „*(2) Eine Sache mit digitalen Elementen ist frei von Sachmängeln, wenn sie bei Gefahrübergang den subjektiven Anforderungen, den objektiven Anforderungen, den Montageanforderungen und in Bezug auf die digitalen Elemente den Installationsanforderungen entspricht.*“.

604 Art. 7 Abs. 5 Warenkaufrichtlinie lautet: „*(5) Es liegt keine Vertragswidrigkeit im Sinne der Absätze 1 oder 3 vor, wenn der Verbraucher zum Zeitpunkt des Abschlusses des Kaufvertrags eigens darüber in Kenntnis gesetzt wurde, dass ein bestimmtes Merkmal der Waren von den in den Absätzen 1 und 3 vorgesehenen objektiven Anforderungen an die Vertragsmäßigkeit abweicht, und er bei Abschluss des Kaufvertrags dieser Abweichung ausdrücklich und gesondert zugestimmt hat.*“.

605 Referentenentwurf, 5, siehe dort Art. 1 Nr. 6 zu § 475 Abs. 3; dieser lautet:
„*a) Absatz 3 wird wie folgt geändert:*
aa) In Satz 1 wird die Angabe „§ 439 Absatz 5“ durch die Angabe „§ 439 Absatz 6“ ersetzt.
bb) In Satz 2 wird nach der Angabe „§§“ die Angabe „442,“ eingefügt.“.

Gewährleistungsrechte führen kann. Die Vertragswidrigkeit und damit die Abhilfen des Verbrauchers entfallen nach Art. 7 Abs. 5 Warenkaufrichtlinie vielmehr nur dann, wenn der Verbraucher zum Zeitpunkt des Abschlusses des Kaufvertrags eigens darüber in Kenntnis gesetzt wurde, dass ein bestimmtes Merkmal der Waren von den objektiven Anforderungen an die Vertragsmäßigkeit abweicht, und er bei Abschluss des Kaufvertrags dieser Abweichung ausdrücklich und gesondert zugestimmt hat. Diese Vorgaben soll § 476 Abs. 1 S. 2[606] BGB Fassung im Referentenentwurf umsetzen. Dieser Regelungsentwurf weicht in zweierlei Hinsicht von Art. 7 Abs. 5 Warenkaufrichtlinie ab.

Zunächst unterscheidet sich der Referentenentwurf im Hinblick auf den Zeitpunkt, zu dem die Information des Verbrauchers erfolgt sein muss, von Art. 7 Abs. 5 Warenkaufrichtlinie. Nach Art. 7 Abs. 5 Warenkaufrichtlinie muss diese Information zum Zeitpunkt des Abschlusses des Kaufvertrags stattfinden. Davon weicht der Referentenentwurf bewusst ab und begründet das damit, dass dieser Zeitpunkt *„für eine wohlüberlegte Entscheidung des Verbrauchers in Kenntnis der Abweichung zu spät sein kann. Es soll der Eindruck vermieden werden, der Verkäufer könne zunächst ein Angebot ohne Hinweis auf die Abweichung machen und erst im Zeitpunkt der Annahme durch den Verbraucher auf diese hinweisen.“*[607] Die im Referentenentwurf verfolgten Motive sind mit Blick auf das Ziel eines hohen Verbraucherschutzniveaus durchaus nachzuvollziehen. Dennoch dürfte es sich hier um eine im Hinblick auf das Vollharmonisierungsgebot unzulässige Abweichung handeln.

Darüber hinaus sieht § 476 Abs. 1 S. 2 Nr. 2 BGB Fassung im Referentenentwurf vor, dass die ausdrückliche und gesonderte Vereinbarung Bestandteil des Kaufvertrags sein muss. Nach der hier vertretenen Auffassung kann es sich bei der Aufnahme dieser Vereinbarung in den Kaufvertrag gerade nicht mehr um eine gesonderte Zustimmung handeln. Aus Erwägungsgrund 34 zur Warenkaufrichtlinie ergibt sich, dass mit der gesonderten

606 Referentenentwurf, 8, siehe dort Art. 1 Nr. 8, § 476 Abs. 1 S. 2; dieser lautet: *„Von den Anforderungen nach § 434 Absatz 3, § 475b Absatz 4 und 5 oder § 475c Absatz 3 kann vor Mitteilung eines Mangels an den Unternehmer durch Vertrag abgewichen werden, wenn*
der Verbraucher vor der Abgabe seiner Vertragserklärung eigens davon in Kenntnis gesetzt wurde, dass ein bestimmtes Merkmal der Sache von den objektiven Anforderungen abweicht, und
diese Abweichung im Sinne der Nummer 1 im Vertrag ausdrücklich und gesondert vereinbart wurde.“.

607 Referentenentwurf, 43.

Zustimmung im Sinne des Art. 7 Abs. 5 Warenkaufrichtlinie gemeint ist, dass diese gesondert von anderen Erklärungen oder Vereinbarungen abgegeben werden muss. Gegenstand des Kaufvertrags ist bereits die Vereinbarung einer Verpflichtung zur Übereignung und Übergabe einer Kaufsache gegen einen bestimmten Kaufpreis. Der Kaufvertrag umfasst daher bereits andere Erklärungen und Vereinbarungen, sodass die Zustimmung zu einer Abweichung der Kaufsache von den objektiven Anforderungen nicht Gegenstand des Kaufvertrags sein kann.

Die Vorschrift des § 476 Abs. 1 S. 2 BGB Fassung im Referentenentwurf bedarf daher einer Korrektur, um eine richtlinienkonforme Umsetzung des Art. 7 Abs. 5 Warenkaufrichtlinie darzustellen.

Sowohl Art. 7 Abs. 5 Warenkaufrichtlinie als auch die §§ 474 ff. BGB, innerhalb derer die genannte Vorschrift der Warenkaufrichtlinie umgesetzt werden soll, gelten nur für den Verbrauchsgüterkauf. Außerhalb des Verbrauchsgüterkaufs ist es deshalb weiterhin möglich, die objektiven Anforderungen an die Kaufsache durch eine schlichte vertragliche Einigung abzubedingen. Dieser Gesichtspunkt wird in § 434 Abs. 3[608] BGB Fassung im Regierungsentwurf aufgegriffen, der den objektiven Anforderungen voranstellt, dass diese nur gelten, *„soweit nicht wirksam etwas anderes vereinbart wurde"*. Der Referentenentwurf wurde insoweit ergänzt. Diese Ergänzung ist nicht zu beanstanden. Eine weitere Veränderung für die endgültige Fassung des Umsetzungsgesetzes hat nicht stattgefunden.

608 Regierungsentwurf, 5, siehe dort Art. 1 Nr. 1, § 434 Abs. 3, dieser lautet: „*(3) Soweit nicht wirksam etwas anderes vereinbart wurde, entspricht die Sache den objektiven Anforderungen, wenn sie (...)*".

K. Ergebnis

In vielen Kernbereichen werden die Umsetzung der Warenkaufrichtlinie und ihre Integration in das deutsche Kaufrecht nur wenige Schwierigkeiten bereiten. Das gilt beispielsweise für die Anforderungen der Zweckeignung oder der Art, in Bezug auf die keine problematischen Abweichungen im Verhältnis zum geltenden deutschen Recht festgestellt werden konnten. Der Begriff der Beschaffenheit umfasst fast alle in der Warenkaufrichtlinie enthaltenen Anforderungen an die Vertragsmäßigkeit der Ware, die einen unmittelbaren Bezug zur Sache aufweisen. Auch die in Art. 6 c und Art. 7 c Warenkaufrichtlinie adressierte Frage der Lieferung von Zubehör kann nach der hier vertretenen Auffassung bereits nach heutigem deutschen Recht über die Begriffe der Beschaffenheit oder der Zweckeignung befriedigend gelöst werden.[609]

In diesen Bereichen werden im Rahmen der Umsetzung der Warenkaufrichtlinie nur kleinere Anpassungen erforderlich. So muss in Bezug auf die Beschaffenheit der Kaufsache beispielsweise die Relevanz von Proben und Mustern als unabhängiger Maßstab auch außerhalb der vertraglichen Einigung in das deutsche Kaufrecht aufgenommen werden.[610] Auch der Kreis der Personen, deren Äußerungen dem Verkäufer zugerechnet werden, sodass er sich an diesen daraufhin messen lassen muss, muss so erweitert werden, dass er alle Personen, die vor dem Verkäufer in der Lieferkette stehen, umfasst.[611]

Die in der Warenkaufrichtlinie enthaltene Vielzahl von Anknüpfungspunkten scheint vor diesem Hintergrund rein rechtlich nicht erforderlich. Am Beispiel des deutschen Rechts lässt sich veranschaulichen, dass die Anknüpfungspunkte der Beschreibung, der Art, der Qualität, der Funktionalität, der Kompatibilität, der Interoperabilität und der sonstigen Merkmale sowie die Zweckeignung und die Lieferung von Zubehör ohne Weiteres mit den beiden Begriffen der Beschaffenheit und der Verwendungseignung abgedeckt werden können.

609 Siehe dazu im Einzelnen Kapitel F. Abschnitte I., II. und IV.
610 Siehe dazu im Einzelnen Kapitel B. Abschnitt II. 2 und 4 sowie Abschnitt III.
611 Siehe dazu im Einzelnen Kapitel B. Abschnitt III. 3. b) und 4 sowie Abschnitt III.

Einzelne Begriffe wie die Beschreibung, die Art, die Qualität und die sonstigen Merkmale liegen darüber hinaus sehr nah beieinander, sodass sie nur mit Schwierigkeiten sauber voneinander abgegrenzt werden können. Es darf in diesem Zusammenhang allerdings bezweifelt werden, dass der europäische Rechtsaktgeber besonderen Wert auf eine klare Abgrenzung legt. Insbesondere die Bezugnahme auf sonstige Merkmale kann in dem Sinne verstanden werden, dass es nicht darauf ankommen soll, welches konkrete Tatbestandsmerkmal im Einzelfall betroffen ist. Die Begrifflichkeit ist so abstrakt, dass sie inhaltlich kaum mit Leben gefüllt werden kann. Ihre Aussage besteht vielmehr darin, dass alle denkbaren Gesichtspunkte, die Einfluss auf die Wertschätzung der Ware haben können, von den Anforderungen an ihre Vertragsmäßigkeit umfasst sein sollen.[612]

Zu demselben Ergebnis gelangt man auch bei einer Analyse des DCFR, in dessen Kommentierung nicht streng zwischen den einzelnen Merkmalen der Vertragsmäßigkeit unterschieden wird.[613] Über die gewählte Fassung der Vorschriften sollen vielmehr alle denkbaren Fragen in Bezug auf die Vertragsmäßigkeit möglichst unproblematisch gelöst werden können. Dabei ist offenbar irrelevant, unter welches Tatbestandsmerkmal ein Fall konkret zu subsumieren ist. Der Zweck der ausdrücklichen Benennung einiger Fallgruppen besteht vielmehr ausschließlich darin, bei den Parteien ein Bewusstsein dafür zu wecken, dass die Anforderungen an die Vertragsmäßigkeit einer Kaufsache über den unmittelbaren Kern der Sache hinausgehen können.

Die Regelung der Montage in der Warenkaufrichtlinie erfordert die Korrektur eines Missverständnisses, das bereits bei der Umsetzung der Verbrauchsgüterkaufrichtlinie entstanden ist. Die Vorschrift des § 434 Abs. 2 BGB muss dazu so neu ausgestaltet werden, dass sie Mängel an der Kaufsache selbst betrifft, die durch eine fehlerhafte Montage entstanden sind.[614] Es ist nicht zu erwarten, dass diese Korrektur mit unüberwindlichen Schwierigkeiten einhergeht.

Andere Aspekte der Vertragsmäßigkeit der Ware werden nicht nur den deutschen Gesetzgeber, sondern auch den deutschen Rechtsanwender in der näheren Zukunft durchaus herausfordern.

612 Siehe zum Tatbestandsmerkmal der sonstigen Merkmale Kapitel B. Abschnitt I. 7. und 8.

613 Siehe hierzu Kapitel B. Abschnitt I. 3. b) (3); Art. IV.A.-2:301 DCFR, Comment D, Conformity includes incidental matters, 1299; Art. IV.A.-2:302 DCFR, Comment A, General, 1309.

614 Siehe dazu im Einzelnen Kapitel G. Abschnitte II. und IV.

Nach geltendem deutschen Recht wird für die Feststellung eines Sachmangels konsequent auf den Zeitpunkt des Gefahrübergangs abgestellt. Dies wird mit Anwendungsbeginn der Warenkaufrichtlinie, die für die Frage der Vertragsmäßigkeit auf den Zeitpunkt der Lieferung abstellt, grundsätzlich auch weiterhin möglich sein. Die Warenkaufrichtlinie wird den deutschen Rechtsanwender allerdings zu einem flexibleren Umgang mit dem für die Feststellung der Vertragsmäßigkeit relevanten Zeitpunkt zwingen. Anforderungen an die Haltbarkeit der Ware und insbesondere die Berücksichtigung von geschuldeten und gegebenenfalls auch geleisteten Aktualisierungen betreffen Entwicklungen nach dem Gefahrübergang.

Welche Auswirkungen diese Öffnung für zukünftige Entwicklungen auf die rechtliche Praxis entfaltet, bleibt abzuwarten. Es ist damit zu rechnen, dass bei der Anwendung dieser neuen Anforderungen zahlreiche Fragen zu klären und Schwierigkeiten zu überwinden sind. Die Anforderung der Aktualisierungen ist sehr stark auf digitale Inhalte zugeschnitten und wird auch in erster Linie dort zur Anwendung kommen. Die Tatsache, dass sich dies auch im Wortlaut der Richtlinie und insbesondere im Anwendungsbereich des Art. 7 Abs. 3 Warenkaufrichtlinie niederschlägt, ist zu begrüßen. Mit der Feststellung des konkreten Zeitraums, in dem im Einzelfall Aktualisierungen geschuldet werden,[615] und der Frage, Aktualisierungen welchen Inhalts objektiv geschuldet werden,[616] werden sich die Gerichte allerdings mit großer Sicherheit regelmäßig beschäftigen müssen. Vermutlich wird es einige Zeit in Anspruch nehmen, bis in Bezug auf diese Gesichtspunkte klare Linien erkannt werden können.

Handlungsbedarf besteht im Rahmen der Umsetzung auch in Bezug auf die Anforderung der Menge der zu liefernden Ware. Es muss eine Regelung formuliert werden, nach der auch eine Zuviel-Lieferung einen Sachmangel darstellt und damit die Anwendbarkeit des Gewährleistungsrechts auslöst.[617] Nach der hier vertretenen Auffassung wird darüber hinaus zukünftig keine Beschränkung der Anwendbarkeit des Gewährleistungsrechts auf verdeckte Mankolieferungen mehr möglich sein.[618] Denkbar ist allerdings, dass dies auf der Grundlage von Art. 13 Abs. 7 Warenkaufrichtlinie durch eine Anpassung der Rechtsfolgen für den Fall, dass der Käufer eine offene Mankolieferung annimmt, ausgeglichen werden kann. Schließ-

615 Siehe dazu Kapitel H. Abschnitt II. 4.
616 Siehe dazu Kapitel H. Abschnitt II. 2.
617 Siehe dazu im Einzelnen Kapitel D. Abschnitte II. und IV.
618 Siehe dazu im Einzelnen Kapitel D. Abschnitt III. c) und Abschnitt IV.

lich sollte die in Art. 16 Abs. 2 Warenkaufrichtlinie enthaltene Spezialregelung zur teilweisen Schlechtleistung in das BGB übernommen werden.

Im Hinblick auf die Anforderung der Menge werden die mit der Beschränkung auf das Gewährleistungsrecht einhergehenden Grenzen der Warenkaufrichtlinie am stärksten sichtbar. Insbesondere Abgrenzungsfragen sind zum Teil schwierig zu beantworten, weil die korrespondierenden Vorschriften des allgemeinen Schuldrechts oder des Bereicherungsrechts im europäischen Recht fehlen. Darüber hinaus müssen in der Warenkaufrichtlinie Fragen des allgemeinen Schuldrechts, wie der Umgang mit einem Beitrag des Gläubigers an einer Pflichtverletzung in Art. 13 Abs. 7 Warenkaufrichtlinie, aber auch das Leistungsverweigerungsrecht in Art. 13 Abs. 6 Warenkaufrichtlinie oder die Rückabwicklung eines Vertrags in Art. 16 Abs. 3 Warenkaufrichtlinie, punktuell in das Gewährleistungsrecht aufgenommen werden. Dass sie dort thematisch fremd sind und ihre rechtliche Einbindung fehlt, zeigt sich bereits daran, dass die konkrete Regelung in allen genannten Fällen den Mitgliedstaaten überlassen wird.

Für die Mitgliedstaaten kann die Beschränkung auf das Gewährleistungsrecht allerdings auch ein Vorteil sein. Das gilt insbesondere dann, wenn ein geeigneter Ort für Regelungen, die in der Warenkaufrichtlinie nicht enthalten sind und für die aufgrund des Vollharmonisierungsgebots im Gewährleistungsrecht kein Raum bleibt, gesucht wird. So liegt die Sache insbesondere bei der Berücksichtigung von Rechten Dritter. Art. 9 Warenkaufrichtlinie regelt fast ausschließlich diejenigen Aspekte der Rechte Dritter, die im deutschen Recht bereits über einen Sachmangel im Sinne des § 434 BGB gelöst werden können. In Verbindung mit dem Vollharmonisierungsgebot entsteht dadurch die Problematik, wie der Schutz eines Käufers vor dem Erwerb belasteten Eigentums zukünftig sichergestellt werden soll. Die Regelung des § 435 BGB dürfte vor dem Hintergrund der Warenkaufrichtlinie nicht unverändert Bestand haben können.

Zu einer echten Umgewöhnung wird der deutsche Rechtsanwender auch durch den Wegfall des Vorrangs des subjektiven Fehlerbegriffs gezwungen.[619] Die in § 434 BGB angelegte Hierarchie der Mängeltatbestände entfällt damit vollständig. Zwar ist auch im Rahmen der Warenkaufrichtlinie eine Lösung von den objektiven Anforderungen an die Vertragsmäßigkeit der Ware möglich. Die dafür zu überwindenden Hürden sind allerdings ausgesprochen hoch ausgestaltet. Diese Hürden sind nach der hier vertretenen Auffassung zu stark am Online-Warenhandel ausgerichtet. Im

619 Siehe dazu im Einzelnen Kapitel J. Abschnitte I. und IV.

analogen Handel werden sie aufgrund des faktischen, formalen Aufwands nur schwer zu überwinden sein.

Die Warenkaufrichtlinie wird nach alledem zu einer spürbaren Umgestaltung des Mangelbegriffs im BGB führen. Die – teilweise nominelle – Aufnahme einzelner, zusätzlicher Anforderungen ist dabei weniger bedeutsam. Einschneidende Veränderungen ergeben sich vielmehr aus der Berücksichtigung von Entwicklungen nach Gefahrübergang sowie dem erstarkten Schutz der objektiven Anforderungen.

Der Umsetzungsvorschlag des Referentenentwurfs des Bundesministeriums der Justiz und für Verbraucherschutz bedarf vor diesem Hintergrund einiger Korrekturen. Die Aufspaltung des Mangelbegriffs in einen allgemein kaufrechtlichen Mangelbegriff und einen speziell verbrauchsgüterkaufrechtlichen Mangelbegriff, die je nach den Parteien des Kaufvertrags zur Anwendung kommen sollen, scheint in erster Linie politisch und wirtschaftlich motiviert. Unter rechtlichen Gesichtspunkten ist sie unbedingt zu vermeiden.[620] Auch die Regelungstechnik des Referentenentwurfs, nach der die in Art. 6 und Art. 7 Warenkaufrichtlinie enthaltenen, umfangreichen, aber auch voneinander abweichenden Kataloge zum Bestandteil der Beschaffenheit gemacht werden, sollte dringend überdacht werden.[621] In Bezug auf die Anforderungen der Montage, der Montageanleitungen sowie der Aktualisierungen weicht der Referentenentwurf von den Vorgaben der Richtlinie ab. Insbesondere fehlt in allen drei Fällen das Tatbestandsmerkmal einer Auswirkung auf die Mangelfreiheit der Kaufsache als solcher. Eine Reaktion auf die in Art. 9 Warenkaufrichtlinie enthaltene Regelung der Rechte Dritter fehlt vollständig.

In Bezug auf diese zentralen Kritikpunkte enthalten weder der Regierungsentwurf noch das Umsetzungsgesetz in seiner endgültigen Fassung die erforderlichen Veränderungen.

620 Siehe dazu im Einzelnen Kapitel A. Abschnitt V., Kapitel F. Abschnitt V., Kapitel H. Abschnitt V.

621 Siehe dazu im Einzelnen Kapitel B. Abschnitt IV.

Literaturverzeichnis

Literatur:

Auer-Reinsdorff, Astrid / Conrad, Isabell: Handbuch IT- und Datenschutzrecht, 3. Auflage, München 2019 (zitiert: Auer-Reinsdorff/Conrad/*Bearbeiter*, IT-Recht, 2019).

Bach, Ivo: Neue Richtlinien zum Verbrauchsgüterkauf und zu Verbraucherverträgen über digitale Inhalte, NJW 2019, 1705.

Ball, Wolfgang: Neues Gewährleistungsrecht beim Kauf, ZGS 2002, 49.

Beck-Online.Grosskommentar zum Zivilrecht, Stand 15.11.2019 (zitiert: BeckOGK BGB/*Bearbeiter*, Stand 15.11.2019).

Beck'scher Online-Kommentar zum BGB, 36. Auflage, Stand 1.8.2015 (zitiert: BeckOK BGB/*Bearbeiter*, Stand 1.8.2015); 55. Auflage, Stand 1.8.2020 (zitiert: BeckOK BGB/*Bearbeiter*, Stand 1.8.2020).

Boerner, Dietmar: Kaufrechtliche Sachmängelhaftung und Schuldrechtsreform, ZIP 2001, 2264.

Brors, Christiane: Die Falschlieferung in der Schuldrechtsreform, JR 2002, 133.

Brüggemeier, Gert: Das neue Kaufrecht des Bürgerlichen Gesetzbuches – Eine kritische Bestandsaufnahme, WM 2002, 1376.

Bundesministeriums der Justiz: Diskussionsentwurf eines Schuldrechtsmodernisierungsgesetzes des Bundesministeriums der Justiz, https://lorenz.userweb.mwn.de/schumod/diske/eschurmo.pdf, abgerufen am 05. 03.2022.

Canaris, Claus-Wilhelm: Die Neuregelung des Leistungsstörungs- und des Kaufrechts – Grundstrukturen und Problemschwerpunkte, Karlsruher Forum 2002, 5.

Ders.: Das allgemeine Leistungsstörungsrecht im Schuldrechtsmodernisierungsgesetz, ZRP 2001, 329.

Dauner-Lieb, Barbara / Arnold, Arnd: Noch einmal: Die Falschlieferung beim Stückkauf, JuS 2002, 1175.

Doehner, Rupert: Die Schuldrechtsreform vor dem Hintergrund der Verbrauchsgüterkauf-Richtlinie, 1. Auflage, Baden-Baden 2004 (zitiert *Doehner*, Die Schuldrechtsreform).

Duden Online, Suchwörter:
Qualität, https://www.duden.de/node/116878/revision/419953;
Beschreibung, https://www.duden.de/node/21141/revision/552652;
Art, https://www.duden.de/node/8848/revision/694467;
Zweck, https://www.duden.de/node/8848/revision/694467;
„Installation“, https://www.duden.de/node/71464/revision/536678 und https://www.duden.de/node/251541/revision/669291;
„Montage“, https://www.duden.de/node/98870/revision/501144; abgerufen am 05.03.2022.

Ehemann, Horst / Sutschet, Holger: Schadensersatz wegen kaufrechtlicher Schlechtleistungen – Verschuldens- und/oder Garantiehaftung?, in JZ 2004, 62.

Eidenmüller, Horst: Rechtskauf und Unternehmenskauf, ZGS 2002, 290.

Erman Bürgerliches Gesetzbuch, 15. Auflage, Köln 2017 (zitiert: Erman/*Bearbeiter*, BGB, 2017).

Ernst, Wolfgang / Gsell, Beate: Kaufrechtsrichtlinie und BGB, ZIP 2000, 1410.

Faber, Wolfgang: Bereitstellung und Mangelbegriff, in: Das neue europäische Gewährleistungsrecht, Wien 2019, 63.

Faust, Florian: Leistungsstörungsrecht, in: Gemeinsames Europäisches Kaufrecht für die EU?, 2012, 161.

Finger, Peter: Die Verpflichtung des Herstellers zur Lieferung von Ersatzteilen, NJW 1970, 2049.

Fischer, Michael: Die Haftung des Unternehmensverkäufers nach neuem Schuldrecht, DStR 2004, 276.

Gaul, Björn: Schuldrechtsmodernisierung und Unternehmenskauf, ZHR 166, 2002, 35.

Gebauer, Martin / Wiedmann, Thomas: Europäisches Zivilrecht, 3. Auflage, München 2021 (zitiert: Gebauer/Wiedmann/*Bearbeiter*, Europäisches Zivilrecht, 2021).

Grigoleit, Christoph / Herresthal, Carsten: Die Beschaffenheitsvereinbarung und ihre Typisierung in § 434 I BGB, JZ 2003, 233.

Dies.: Grundlagen der Sachmängelhaftung im Kaufrecht, JZ 2003, 118.

Grigoleit, Christoph / Riehm, Thomas: Grenzen der Gleichstellung von Zuwenig-Lieferung und Sachmangel, ZGS 2002, 114.

Gruber, Urs Peter: Neues Kaufrecht – Umsatz- und Ertragsangaben beim Unternehmenskauf, MDR 2002, 433.

Grundmann, Stefan / Bianca, Cesare: EU Kaufrechtsrichtlinie, 1. Auflage, Köln 2002 (zitiert: Grundmann/Bianca/*Bearbeiter*, Die EU-Kaufrechts-Richtlinie).

Gsell, Beate: Fehlerbegriff und (negative) Beschaffenheitsvereinbarungen im Vorschlag für ein Gemeinsames Europäisches Kaufrecht, in: Der Entwurf für ein optionales europäisches Kaufrecht, München 2012, 229.

Haas, Lothar / Medicus, Dieter / Rolland, Walter / Schäfer, Carsten / Wendtland, Holger: Das neue Schuldrecht, 1. Auflage, München 2002 (zitiert: *Bearbeiter* in HMRSW, Neues Schuldrecht).

Haedicke, Maximilian: Die Mängelbeseitigungspflicht des Verkäufers bei fehlerhafter Montageanleitung, ZGS 2006, 55.

Häublein, Martin: Der Beschaffenheitsbegriff und seine Bedeutung für das Verhältnis der Haftung aus culpa in contrahendo zum Kaufrecht, NJW 2003, 388.

Heiderhoff, Bettina / Skamel, Frank: Teilleistung im Kaufrecht, JZ 2006, 383.

Heiderhoff, Bettina: Die Pflicht des Verkäufers zur Aufklärung über Mängel der Sache beim Kauf via Internet, BB 2005, 2533.

Heinemeyer, Susanne: Gefahrübergang und Sachmangel, NJW 2019, 1025.

Höfner, Clemens: Kein Mangel bei Erforderlichkeit von „Regenerationsfahrten" mit Dieselfahrzeug, NJW 2009, 2057.

Hoffmann, Jan Felix: Die Teilbarkeit von Schuldverträgen, JuS 2017, 1045.

Jaques, Henning: Haftung des Verkäufers für arglistiges Verhalten beim Unternehmenskauf – zugleich eine Stellungnahme zu § 444 BGB n. F., BB 2002, 417.

Jauernig Bürgerliches Gesetzbuch, 15. Auflage, München 2014 (zitiert: Jauernig/*Bearbeiter*, BGB, 2014).

Jorden, Simone / Lehmann, Michael: Verbrauchsgüterkauf und Schuldrechtsmodernisierung, JZ 2001, 952.

Jud, Brigitta: Das Recht zur Zurückweisung im Kaufrecht, JuS 2004, 841.

Kern, Cornelia: Anwendungsbereich der Warenkauf- und der Digitale Inhalte-RL, in: Das neue europäische Gewährleistungsrecht, Wien 2019, 33.

Kindl, Johann: Das Recht der Leistungsstörungen nach dem Schuldrechtsmodernisierungsgesetz, WM 2002, 1313.

Knott, Herrmann: Unternehmenskauf nach der Schuldrechtsreform, NZG 2002, 249.

Kupfer, Tim / Weiß, Johannes: Die Warenkaufrichtlinie – Schlussstein in der Harmonisierung des kaufrechtlichen Gewährleistungsrechts?, VuR 2020, 95.

Lamprecht, Philipp: Nochmals: Gewährleistung trotz Annahmeverzugs und Untergangs der Kaufsache?, ZIP 2002, 1790.

Lettl, Tobias: Die Falschlieferung durch den Verkäufer nach der Schuldrechtsreform, JuS 2002, 866.

Lommatzsch, Jutta / Albrecht, Rolf / Prüfer, Patrick: Zwei neue EU-Richtlinien zum Vertragsrecht – „Revolution" im Verbraucherrecht?, GWR 2020, 331.

Looschelders, Dirk: Beschaffenheitsvereinbarung, Zusicherung, Garantie, Gewährleistungsausschluss, in: Das neue Schuldrecht in der Praxis, Köln 2002, 395 (zitiert: *Looschelders* in Neues SchuldR, 2002, 395).

Looschelders, Dirk: Schuldrecht Besonderer Teil, 16. Auflage, München, 2021 (zitiert; Looschelders, Schuldrecht BT, 2021).

Lorenz, Stephan: Recht des Käufers zur Zurückweisung einer mangelhaften Sache – Voraussetzungen und Grenzen, NJW 2013, 1341.

Ders., Das Kaufrecht und die damit verbundenen Dienstverträge im Common European Sales Law, AcP 212, 2012, 702.

Ders., Arglist und Sachmangel – Zum Begriff der Pflichtverletzung in § 323 V 2 BGB, NJW 2006, 1925.

Ders., Aliud, peius und indebitum im neuen Kaufrecht, JuS 2003, 36.

Mertens, Bernd: Culpa in contrahendo beim zustande gekommenen Kaufvertrag nach der Schuldrechtsreform, AcP 203, 2003, 818.

Medicus, Dieter / Lorenz, Stephan: Schuldrecht I, 21. Auflage, München 2015 (zitiert: Medicus/Lorenz, SchuldR I, 2015).

Müller, Gerd: Das Mysterium der „höherwertigen Lieferung", WM 2018, 1673.

Ders., Zur Unterscheidung zwischen „Beschaffenheit" und „Umweltbeziehung" im kaufrechtlichen Gewährleistungsrecht, WM 2017, 929.

Müller, Markus / Matthes, Dirk: Notwendigkeit einer richtlinienkonformen Bestimmung der Leistung in § 323 V BGB bei Teilschlechtleistung und Teilleistung, in AcP 204, 2004, 732.

Münchener Kommentar zum Bürgerlichen Gesetzbuch, Band 4, 8. Auflage, München 2019 (zitiert: MüKoBGB/*Bearbeiter*, 2019).

Musielak, Hans-Joachim: Die Falschlieferung beim Stückkauf nach dem neuen Schuldrecht, NJW 2003, 89.

Nomos Kommentar BGB, Band 2, Schuldrecht, 2. Auflage, Baden-Baden 2012 (zitiert: NK-BGB/*Bearbeiter*, 2012).

Oetker, Hartmut / Maultzsch, Felix: Vertragliche Schuldverhältnisse, 5. Auflage, Berlin / Heidelberg 2018 (zitiert: Oetker/Maultzsch, VertraglSchuldverhältnisse, 2019).

Palandt Bürgerliches Gesetzbuch, 80. Auflage, München 2021 (zitiert: Palandt/*Bearbeiter*, BGB, 2021).

Pfeiffer, Thomas: Unkorrektheiten bei der Umsetzung der Verbrauchsgüterkaufrichtlinie in das deutsche Recht, ZGS 2002, 94.

Prütting, Hanns / Wegen, Gerhard / Weinreich, Gerd: Bürgerliches Gesetzbuch Kommentar, 15. Auflage, Köln 2020 (zitiert: Prütting/Wegen/Weinreich/*Bearbeiter*, BGB, 2020).

Rappenglitz, Uwe: Mängel der Sache durch unsachgemäße Montage und mangelhafte Montageanleitung, JA 2003, 35.

Reinicke, Dietrich / Tiedtke, Klaus: Kaufrecht, 8. Auflage, München 2009 (zitiert: Reinicke/Tiedtke, KaufR, 2009).

Reinking, Kurt: Die Haftung des Autoverkäufers für Sach- und Rechtsmängel nach neuem Recht, DAR 2002, 15.

Rieger, Gregor: Die Richtlinie zu bestimmten Aspekten des Verbrauchsgüterkaufs und der Garantien für Verbrauchsgüter vor dem Hintergrund des geltenden Rechts, VuR 1999, 287.

Roth, Herbert: Standzeit von Kraftfahrzeugen als Sachmangel, NJW 2004, 330.

Schinkels, Boris: Zum Vorrang der nach dem Vertrag vorausgesetzten Verwendung (§ 434 Abs. 1 S. 2 Nr. 1 BGB) vor damit unvereinbaren Beschaffenheitsangaben – „Ausschlacht-" und „Bastlerfahrzeuge" nur auf besonderen Verbraucherwunsch, ZGS 2004, 226.

Schlechtriem, Peter: Das geplante Gewährleistungsrecht im Licht der europäischen Richtlinie zum Verbrauchsgüterkauf, in: Zivilrechtswissenschaft und Schuldrechtsreform, Tübingen 2001, 205.

Schmidt, Detlef: Die Beschaffenheit der Kaufsache, BB 2005, 2763.

Schmidt-Kessel, Martin: Der Entwurf für ein gemeinsames Europäisches Kaufrecht, 1. Auflage, München 2014, (zitiert: Schmidt-Kessel/*Bearbeiter*, Der Entwurf für ein gemeinsames Europäisches Kaufrecht).

Schopper, Alexander: Verpflichtungen und Abhilfen der Parteien eines Kaufvertrages oder eines Vertrages über die Bereitstellung digitaler Inhalte (Teil IV CESL-Entwurf), in: Am Vorabend eines Gemeinsamen Kaufrechts, Wien 2012, 107.

Schubert, Tobias: Beck'sche Online-Formulare IT- und Datenrecht, 4. Auflage, Stand: 01.08.2020.

Schrader, Paul / Engstler, Jonathan: Anspruch auf Bereitstellung von Software-Updates? Unklare Begründung eines eingeschränkt notwendigen Anspruchs, MMR 2018, 356.

Schröcker, Stefan: Unternehmenskauf und Anteilskauf nach der Schuldrechtsreform, ZGR 2005, 63.

Schulze, Götz: Falschlieferung beim Spezieskauf – Unzulänglichkeiten des Gesetzes?, NJW 2003, 1022.

Schulze, Reiner: Bürgerliches Gesetzbuch Handkommentar, 10. Auflage, Baden-Baden 2019 (zitiert: Schulze HK-BGB/*Bearbeiter*, 2019).

Ders.: Common European Sales Law (CESL) – Commentary, 1. Auflage, Baden-Baden 2012 (zitiert: Schulze/*Bearbeiter*, CESL, 2012).

Soergel Bürgerliches Gesetzbuch mit Einführungsgesetz und Nebengesetzen, Band 3, Schuldrecht, 12. Auflage, Stuttgart 1991 (zitiert: Soergel/*Bearbeiter*, BGB, 1991); Band 5/2, Schuldrecht 3/2, 13. Auflage, Stuttgart 2005 (zitiert: Soergel/*Bearbeiter*, BGB, 2005).

Staudenmayer, Dirk: Kauf von Waren mit digitalen Elementen – Die Richtlinie zum Warenkauf, in NJW 2019, 2889.

Staudinger Kommentar zum Bürgerlichen Gesetzbuch Buch, Band 2, Schuldrecht, 15. Auflage, Berlin 2014 (zitiert: Staudinger/*Bearbeiter*, BGB, 2014); Band 2, Recht der Schuldverhältnisse §§ 433 – 534, 13. Auflage, Berlin 1995 (zitiert: Staudinger/*Bearbeiter*, BGB,1995).

Stieper, Malte: Gefahrtragung und Haftung des Verkäufers bei Versendung fehlerhaft verpackter Sachen, AcP 208, 2008, 818.

Thier, Andreas: Aliud- und Minus-Lieferung im neuen Kaufrecht des Bürgerlichen Gesetzbuches, AcP 203, 2003, 399.

Tiedtke, Klaus / Schmitt, Marco: Probleme im Zusammenhang mit einer mangelhaften Montageanleitung, DB 2005, 1555.

Dies.: Die Falschlieferung durch den Verkäufer, JZ 2004, 1092.

Tonner, Klaus: Die EU-Warenkauf-Richtlinie: auf dem Wege zur Regelung langlebiger Waren mit digitalen Elementen, VuR 2019, 363.

Triebel, Volker / Hölzle, Gerrit: Schuldrechtsreform und Unternehmenskaufverträge, BB 2002, 521.

Weiler, Frank: Culpa in Contrahendo, Anfechtung und Kaufrecht – alte Konkurrenzfragen in neuem Licht, ZGS 2002, 249.

Wendehorst, Christiane: Aktualisierungen und andere Dauerleistungen, in: Das neue europäische Gewährleistungsrecht, Wien 2019, 111.

Wenzel, Henning: Kaufrechtliche Probleme in der Unternehmenspraxis und Lösungsvorschläge, DB 2003, 1887.

Westermann, Harm Peter: Das neue Kaufrecht einschließlich des Verbrauchsgüterkaufs, JZ 2001, 530.

Ders.: Das neue Kaufrecht, NJW 2002, 241.

Ders.: Kaufrecht im Wandel, in: Die Schuldrechtsreform vor dem Hintergrund des Gemeinschaftsrechts, Tübingen 2001, 109.

Westermann, Harm Peter / Baltes, Joachim: Bürgerliches Recht: Ein Meerschweinchen bleibt selten allein, JuS 1983, 691.

Wiesemann, Hans Peter / Mattheis, Clemens / Wende, Susanne: Software-Updates bei vernetzten Geräten, MMR 2020, 139.

Willemsen, Heinz Josef: Besteht ein Update-Recht der Hersteller an der Steuerungssoftware ihrer Produkte?, AcP 182, 1982, 515.

Windel, Peter: Mankoleistungen im modernisierten Schuldrecht, Jura 2003, 793.

Wolf, Manfred / Kaiser, Jochen: Die Mängelhaftung bei Unternehmenskauf nach neuem Recht, DB 2002, 411.

Wunderlich, Nils-Christian: Die kaufrechtliche Haftung beim asset deal nach dem SchuldRModG, in WM 2002, 981.

Zöchling-Jud, Brigitta: Das neue Europäische Gewährleistungsrecht für den Warenhandel, GPR 2019, 115.

Gesetzesentwürfe:

Aus dem Jahr 2001:

Entwurf eines Gesetzes zur Modernisierung des Schuldrechts, Regierungsfraktionen des Deutschen Bundestags, 2001, Bundestags Drucksache 14/6040 (zitiert: Fraktionsentwurf, BT Drs. 14/6040).

Beschlussempfehlung und Bericht des Rechtsausschusses (6. Ausschuss) vom 09. 10. 2001, Bundestags Drucksache 14/7052 (zitiert Beschlussempfehlung Rechtsausschuss, BT Drs. 14/7052).

Aus dem Jahr 2020:

Referentenentwurf eines Gesetzes zur Regelung des Verkaufs von Sachen mit digitalen Elementen und anderer Aspekte des Kaufvertrags, Bundesministerium der Justiz und für Verbraucherschutz, 2020, Internetseite des BMJV:

https://www.bmjv.de/SharedDocs/Gesetzgebungsverfahren/DE/Warenkaufrichtlinie.html?nn=6712350 (zitiert: Referentenentwurf).

Aus dem Jahr 2021:

Entwurf eines Gesetzes zur Regelung des Verkaufs von Sachen mit digitalen Elementen und anderer Aspekte des Kaufvertrags, Bundesregierung, 2021, Internetseite des BMJV:

https://www.bmjv.de/SharedDocs/Gesetzgebungsverfahren/DE/Warenkaufrichtlinie.html?nn=6712350, (zitiert: Regierungsentwurf).

Rechtsprechungsübersicht

Bundesgerichtshof	VIII ZR 225/17	Hinweisbeschluss vom 08.01.2019	BGH NJW 2019, 1133.
Bundesgerichtshof	VIII ZR 66/17	Urteil vom 24.10.2018	BGH NJW 2019, 292.
Bundesgerichtshof	VII ZR 19/18	Urteil vom 19.07.2018	BGH ZfBR 2018, 775.
Bundesgerichtshof	V ZR 274/16	Urteil vom 09.02.2018	BGH NJW 2018, 1954
Bundesgerichtshof	V ZR 256/16	Urteil vom 19.01.2018	BGH NJW-RR 2018, 752.
Bundesgerichtshof	VIII ZR 271/16	Urteil vom 27.09.2017	BGH NJW 2018, 146.
Europäischer Gerichtshof	C-247/16	Urteil vom 07.09.2017	EuGH NJW 2017, 3215.
Bundesgerichtshof	VIII ZR 80/16	Urteil vom 26.04.2017	BGH NJW 2017, 2817.
Bundesgerichtshof	VIII ZR 234/15	Urteil vom 28.01.2017	BGH NJW 2017, 1666.
Bundesgerichtshof	VIII ZR 240/15	Urteil vom 26.10.2016	BGH NJW 2017, 153.
Bundesgerichtshof	VIII ZR 134/15	Urteil vom 15.06.2016	BGH NJW 2016, 2874.
Bundesgerichtshof	V ZR 78/14	Urteil vom 06.11.2015	BGH NJW 2016, 1815.
Bundesgerichtshof	VIII ZR 335/13	Beschluss vom 26.08.2014	BGH BeckRS 2014, 17609.
Bundesgerichtshof	VIII ZR 94/13	Urteil vom 28.5.2014	BGH NJW 2014, 3229.
Bundesgerichtshof	V ZR 113/12	Urteil vom 19.04.2013	BGH NJW 2013, 1948.
Bundesgerichtshof	V ZR 25/12	Urteil vom 30.11.2012	BGH NJW 2013, 1671.

Bundesgerichtshof	VII ZR 162/12	Urteil vom 07.03.2013	BGH NJW 2013, 1431.
Oberlandesgericht Naumburg	1 U 35/12	Urteil vom 14.08.2012	OLG Naumburg NJW-RR 2013, 568.
Bundesgerichtshof	V ZR 18/11	Urteil vom 16.03.2012	BGH NJW-RR 2012, 1078.
Bundesgerichtshof	VIII ZR 70/08	Urteil vom 21.12.2011	BGH NJW 2012, 1073.
Bundesgerichtshof	V ZR 17/11	Urteil vom 30.09.2011	BGH NJW 2012, 373.
Bundesgerichtshof	VIII ZR 202/10	Urteil vom 29.06.2011	BGH NJW 2011, 2872.
Europäischer Gerichtshof	C-65/09, C-87/09	Urteil vom 16.06.2011	EuGH NJW 2011, 2269.
Bundesgerichtshof	V ZR 228/09	Urteil vom 05.11.2010	BGH NJW 2011, 1217.
Oberlandesgericht Hamm	19 U 52/10	Urteil vom 11.01.2011	OLG Hamm MDR 2011, 472.
Oberlandesgericht Stuttgart	6 U 248/08	Urteil vom 01.12.2009	OLG Stuttgart NJW-RR 2010, 412.
Bundesgerichtshof	V ZR 30/08	Urteil vom 27.03.2009	BGH NJW 2009, 2120.
Oberlandesgericht Karlsruhe	9 U 176/08	Urteil vom 19.02.2009	OLG Karlsruhe MDR 2009, 501.
Bundesgerichtshof	VIII ZR 253/05	Urteil vom 12.03.2008	BGH NJW 2008, 1517.
Oberlandesgericht Stuttgart	10 U 84/06	Urteil vom 15.08.2006	OLG Stuttgart NJW-RR 2006, 1720.
Oberlandesgericht Düsseldorf	1 U 38/06	Urteil vom 19.06.2006	OLG Düsseldorf NJW 2006, 2858.
Oberlandesgericht München	6 U 4082/05	Urteil vom 09.03.2006	OLG München MDR 2006, 1338.
Bundesgerichtshof	VIII ZR 67/04	Urteil vom 02.03.2005	BGH NJW-RR 2005, 1218.
Bundesgerichtshof	VIII ZR 78/03	Urteil vom 18.02.2004	BGH NJW 2004, 1802

Oberlandesgericht Bremen	4 U 33/04	Urteil vom 01.10.2004	OLG Bremen OLGR Bremen 2002, 338.
Oberlandesgericht Koblenz	5 U 62/03	Urteil vom 26.03.2003	OLG Koblenz NJW-RR 2003, 1380.
Bundesgerichtshof	VIII ZR 73/99	Urteil vom 14.06.2000	BGH NJW 2000, 3130.
Landgericht Köln	23 O 26–97	Urteil vom 16.10.1997	LG Köln NJW-RR 1999, 1285
Bundesgerichtshof	VIII ZR 65/95	Urteil vom 14.02.1996	BGH NJW 1996, 1337.
Bundesgerichtshof	VIII ZR 328/94	Urteil vom 13.12.1995	BGH NJW 1996, 836.
Bundesgerichtshof	VIII ZR 53/94	Urteil vom 28.11.1994	BGH NJW 1995, 518.
Oberlandesgericht Köln	12 U 151/91	Urteil vom 16.01.1992	OLG Köln NJW-RR 1992, 1147.
Oberlandesgericht Köln	19 U 205/90	Urteil vom 19.04.1991	OLG Köln MDR 1991, 943.
Bundesgerichtshof	VIII ZR 335/89	Urteil vom 16.01.1991	BGH NJW 1991, 1223.
Bundesgerichtshof	VIII ZR 75/90	Urteil vom 05.12.1990	BGH NJW 1991, 915.
Bundesgerichtshof	VIII ZR 334/88	Urteil vom 05.07.1989	BGH NJW 1989, 3222.
Bundesgerichtshof	VIII ZR 312/87	Urteil vom 26.04.1989	BGH NJW 1989, 2118.
Bundesgerichtshof	VIII ZR 247/87	Urteil vom 23.11.1988	BGH NJW 1989, 218.
Bundesgerichtshof	VIII ZR 316/82	Urteil vom 22.02.1984	BGH NJW 1984, 2287.
Bundesgerichtshof	V ZR 109/77	Urteil vom 16.06.1978	BGH NJW 1979, 34.
Bundesgerichtshof	VIII ZR 244/74	Urteil vom 28.04.1976	BGH NJW 1976, 1353.
Oberlandesgericht Köln	2 U 64/72	Urteil vom 06.06.1973	OLG Köln VersR 1974, 584.

Bundesgerichtshof	VIII ZR 176/66	Urteil vom 16.04.1969	BGH NJW 1969, 1171.
Bundesgerichtshof	VIII ZR 208/66	Urteil vom 04.12.1968	BGH NJW 1969, 787.
Bundesgerichtshof	VIII ZR 126/65	Urteil vom 20.11.1967	BGH NJW 1968, 640.
Bundesgerichtshof	VIII ZR 32/65	Urteil vom 05.04.1967	BGH NJW 1967, 1805.
Bundesgerichtshof	V ZR 178/61	Urteil vom 10.04.1963	BGH WM 1963, 865.
Bundesgerichtshof	VIII ZR 120/60	Urteil vom 31.01.1962	BGH NJW 1962, 1196.
Bundesgerichtshof	VI ZR 139/60	Urteil vom 30,05.1961	BGH NJW 1961, 1571.
Bundesgerichtshof	VIII ZR 95/57	Urteil vom 24.6.1958	BGH NJW 1958, 1724.
Bundesgerichtshof	II ZR 296/53	Urteil vom 18.12.1954	BGH NJW 1955, 340.
Reichsgericht	VI 389/30	Urteil vom 19.02.1931	RGZ 131, 343.
Reichsgericht	II 411/24	Urteil vom 09.06.1925	RGZ 111, 86.
Reichsgericht	VI 367/17	Urteil vom 25.10.1917	RGZ 91, 60.
Reichsgericht	II 212/08	Urteil vom 04.12.1908	RGZ 70, 82.
Reichsgericht	V 251/04	Urteil vom 28.01.1905	RGZ 59, 400.

Kolibri 360 GmbH
Ferdinand-Jühlke-Straße 7
99095 Erfurt, Deutschland
produktsicherheit@kolibri360.de